史全伟 著

# 中国共产党历史上的100个第一

人民出版社

责任编辑：王世勇
责任校对：徐林香

**图书在版编目（CIP）数据**

中国共产党历史上的 100 个第一 / 史全伟著 . —北京：人民出版社，2021.6
ISBN 978-7-01-023446-5

Ⅰ.①中… Ⅱ.①史… Ⅲ.①中国共产党—党史 Ⅳ.① D23

中国版本图书馆 CIP 数据核字（2021）第 095117 号

中国共产党历史上的 100 个第一

ZHONGGUO GONGCHANDANG LISHI SHANG DE 100 GE DIYI

史全伟　著

人民出版社　出版发行

（100706　北京市东城区隆福寺街 99 号）

环球东方（北京）印务有限公司印刷　新华书店经销

2021 年 6 月第 1 版　2021 年 6 月北京第 1 次印刷

开本：710 毫米 × 1000 毫米 1/16　印张：22

字数：320 千字

ISBN 978-7-01-023446-5　定价：78.00 元

邮购地址　100706　北京市东城区隆福寺街 99 号

人民东方图书销售中心　电话（010）65250042　65289539

# 序

逄先知

从 1921 年到 2021 年，中国共产党走过了整整一百年的历程。这是用鲜血、汗水、泪水、勇气、智慧、力量写就的百年；是筚路蓝缕、披荆斩棘、艰苦创业、砥砺前行、充满艰险、充满神奇的百年；是苦难中铸就辉煌、挫折后毅然奋起、探索中收获成功、失误后拨乱反正、转折中开创新局、奋斗后赢得未来的百年。党的百年奋斗历程，是中国近现代历史最为可歌可泣的篇章。历史在人民探索和奋斗中造就了中国共产党，中国共产党团结带领中国人民砥砺奋进、不断从胜利走向新的胜利，造就了中华文明新的辉煌。

习近平总书记指出，"历史是最好的教科书""历史是最好的老师""中国革命历史是最好的营养剂"。历史是从昨天走到今天，未来是从今天走向明天的，过去、现在、未来是相通的。真正了解过去才能正确认识现在，正确认识现在才能科学把握未来。心有所信，方能行远。党中央立足党的百年历史新起点，集中开展党史学习教育，对于深入学习贯彻习近平新时代中国特色社会主义思想，从党的百年伟大奋斗历程中汲取继续前进的智慧和力量，激励全党全国各族人民满怀信心迈向全面建设社会主义现代化国家新征程，具有极其重要的现实意义和深远的历史意义。

《中国共产党历史上的 100 个第一》正是为了配合党史学习教育而精心编著的普及读本。在中国共产党百年历史中有无数个第一。本书作者所撷取的党内百个"第一"，既有大事也有细节，既有鲜活的事例也有重大的理论创新。通过这一个个"第一"，从一个侧面讲述了中国共产党的故事，反映出中国共产党团结带领中国人民不懈奋斗的光辉历程，有助于引导广大读者深刻认识红色政权来之不易、新中国来之不易、中国特色社会主义来之不易，深刻认识中国共产党为什么能、马克思主义为什么行、中国特色社会主义为什么好，不断坚定"四个自信"，不断增强历史定力，增强做中国人的志气、骨气、底气，树立为祖国为人民永久奋斗、赤诚奉献的坚定理想。

总体来看，本书有如下特点：

书中从"第一"的角度体现了党的理论探索史。我们党的历史，就是一部不断推进马克思主义中国化的历史，就是一部不断推进理论创新、进行理论创造的历史。本书从一个侧面反映了党坚持解放思想和实事求是相统一、培元固本和守正创新相统一，不断开辟马克思主义新境界，产生了毛泽东思想、邓小平理论、"三个代表"重要思想、科学发展观、习近平新时代中国特色社会主义思想，为党和人民事业发展提供了科学理论指导。

书中从"第一"的角度体现了党的不懈奋斗史。100 年来，在应对各种困难挑战中，我们党锤炼了不畏强敌、不惧风险、敢于斗争、勇于胜利的风骨和品质。这是我们党最鲜明的特质和特点。本书从一个侧面反映了一代又一代中国共产党人为实现民族独立、人民解放和国家富强、人民幸福而顽强拼搏、不懈奋斗，在这一非凡历程中涌现了一大批视死如归的革命烈士、一大批顽强奋斗的英雄人物、一大批忘我奉献的先进模范，形成了一系列伟大精神，构筑起了中国共产党人的精神谱系，为我们立党兴党强党提供了丰厚滋养。

书中从"第一"的角度体现了党的自身建设史。勇于自我革命，是我们党最鲜明的品格，也是我们党最大的优势。百年风霜雪雨、百年大浪淘沙，我们党能够从最初的50多名党员发展到今天的9100多万名党员，战胜一个又一个困难，取得一个又一个胜利，关键在于始终坚持党要管党、全面从严治党不放松，在推动社会革命的同时进行彻底的自我革命。本书从一个侧面反映了党不断总结经验、提高本领，加强和改进自身建设、保持和发展党的先进性，不断提高应对风险、迎接挑战、化险为夷的能力水平，成为永远打不倒、压不垮的马克思主义政党。

书中从"第一"的角度体现了党的践行初心使命史。我们党来自人民，党的根基和血脉在人民。为人民而生，因人民而兴，始终同人民在一起，为人民利益而奋斗，是我们党立党兴党强党的根本出发点和落脚点。本书从一个侧面反映了党把为中国人民谋幸福、为中华民族谋复兴作为初心使命，始终与人民心连心、同呼吸、共命运，赢得人民信任，得到人民支持，从而能够克服任何困难，能够无往而不胜。

书中从"第一"的角度体现了党的政治锻造史。旗帜鲜明讲政治、保证党的团结和集中统一是党的生命，也是我们党能成为百年大党、创造世纪伟业的关键所在。本书从一个侧面反映了全党如何团结成"一块坚硬的钢铁"，如何把全国各族人民团结起来，形成万众一心、无坚不摧的磅礴力量，从而战胜一切强大敌人、一切艰难险阻。

在百年接续奋斗中，党团结带领人民开辟了伟大道路，建立了伟大功业，铸就了伟大精神，积累了宝贵经验，创造了中华民族发展史、人类社会进步史上令人刮目相看的奇迹。回顾历史，我们豪情万丈；展望未来，我们心潮澎湃。中国共产党立志千秋伟业，百年正是风华正茂。中国共产党今天取得的辉煌，为明天取得更大的辉煌提供了前提、创造了条件、奠定了基础。当前，中华民族伟大复兴战略全局与世界百年未有之大变局相互激荡，在中国共产党团结带领全国各族人民以昂扬姿态奋力开启全面建设社会主义现代化国家新征程上，必将谱写新的篇章，创造出新的更大辉煌！

（逄先知同志为原中共中央文献研究室主任）

# ○ 目录  CONTENTS

# 中国第一个大力宣传和
# 强力传播马克思主义的刊物

## 《新青年》

### （1915 年 9 月 15 日创刊）

据史料记载，中国最早介绍马克思主义学说的报纸，应是《万国公报》，1889 年 4 月，该报在介绍西方各种政治伦理学说时，不经意地提到过马克思主义。之后，1903 年第 8 期《浙江潮》和 1906 年第 2—4 号《民报》都分别零星地介绍了马克思主义的一些观点和主张。第一个真正在中国大力宣传和强力传播马克思主义的刊物当属《新青年》。

1915 年夏，数次东渡日本学习考察、寻求西方新学并有多年办报经验的陈独秀从日本回到上海，目睹袁世凯复辟并与日本签订"二十一条"的危难时局，准备从舆论上唤醒沉睡的国人，立志办一种"只要十年八年的工夫，一定会发生很大影响"的杂志。

1915 年 9 月 15 日，《青年杂志》在上海创刊，由群益书社出版，每月 1 期，6 期为 1 卷。它一问世就不同凡响，因为它采取了一种与旧思想、旧观念彻底决裂的姿态。主编陈独秀所写的发刊词《敬告青年》是该刊的纲领性文章。他勉励青年崇尚自由、进步、科学，要有世界眼光，要讲求实行和进取。他总结近代欧洲强盛的原因，认为人权和科学是推动社会历史前进的两个车轮，从而首先在中国高举起"科学"与"民主"两面大旗。

1916 年 9 月 1 日，《青年杂志》更名为《新青年》出版。添加一个"新"

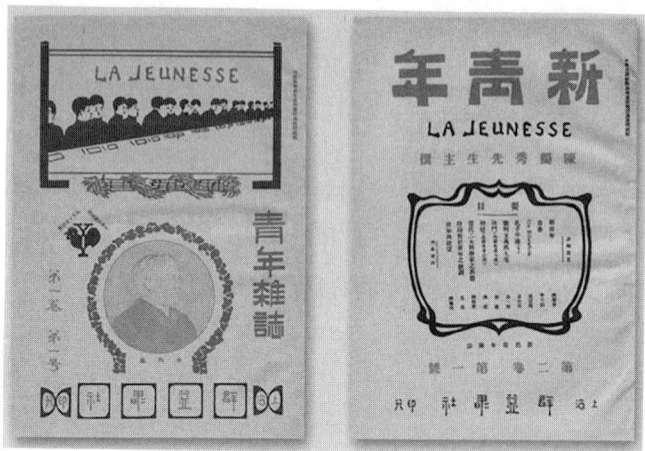

《青年杂志》和《新青年》创刊号

字，不仅使其鼓吹新思想、新文化，启发新觉悟，造就新青年的主旨一目了然，而且给人全新的感觉：起点新、内容新、目标新、形式新。该刊发表的李大钊的《青春》一文，不仅强调青年之青，而且强调一个"新"字，指出从精神上、思想上有新青年与旧青年之分，希望青年们站在时代前列，做一个有为的新青年。

《新青年》并非一创刊就名扬天下。就作者而言，《新青年》第1卷的作者几乎都是陈独秀的安徽老乡。第2卷虽然突破了"地域圈"，但仍局限于陈独秀的"朋友圈"内。即使陈独秀本人，也缺乏自信，他曾羞赧地向蔡元培说自己"从来没有在大学教过书，又没有什么学位头衔"。既缺少名家执笔，主编又非大人物，早期的《新青年》没有多大影响亦在情理之中。第一卷出完后，因为"销路不好，暂停休刊"，使得第2卷不得不延宕了7个月才出版。周作人晚年回忆说，印象中的早期《新青年》，"是普通的刊物罢了，虽是由陈独秀编辑，看不出什么特色来"。张国焘晚年的回忆也是如此："《新青年》创办后的一两年间，北大同学知道者非常少。"

《新青年》的历史机遇在1917年年初到来。此前，在新任北京大学校长蔡元培的举荐下，陈独秀被任命为这所当时中国最高学府的"文科学长"，《新青年》编辑部随之迁到北京。

陈独秀到北大后，曾经为《新青年》前两卷撰稿的作者，如胡适、李大钊、刘半农、杨昌济、高一涵等人，也陆续进入北大任教。由于北大文科教师成为《新青年》主要的供稿群体，《新青年》的作者群就打破了初创时期依赖传统的地缘、人际关系为纽带的联合，转以思想主张、价值认同凝聚同道中人。随着陈独秀、李大钊、胡适等新文化运动的倡导者荟萃北大，在北大逐步形成了一个以《新青年》编辑部为核心的新文化阵营，在哲学、文学、教育、法律、伦理等广阔领域向封建意识形态发起猛烈的进攻，使新文化运动得以迅猛发展。在这场激烈的思想文化斗争中，陈独秀表现得十分勇敢和坚决，成为新文化运动的主将。胡适后来分析说，陈独秀入北大后，一批北大教授加盟《新青年》，使杂志真正以全国最高学府为依托，正是北大教授的积极参与，使《新青年》大壮声威，以至于"外面的人往往把《新青年》和北京大学混为一谈"，杂志对一般青年读者的影响力可想而知。一向走精英路线的《学衡》杂志对此颇不服气，认为《新青年》"暴得大名"是由于借重北大，"以显其声势之赫奕"。

《新青年》和它的编撰者们以自身的言行为中国青年学生树立了关注社会、关注中国命运的榜样。围绕着《新青年》及其编撰者，聚合了一批热血而积极的中国有志青年，这不仅为五四运动培养了大量的学生运动骨干，亦为中国社会革命的深入发展锻炼了一批主力。例如，1919年3月，恽代英等致函《新青年》："我们素来的生活，是在混沌里面，自从看了《新青年》，渐渐地醒悟过来，是像在黑暗的地方见了曙光一样。"毛泽东也曾回忆："（新民学会）这许多团体大半都是在陈独秀编辑的著名新文化运动杂志——《新青年》影响下组织起来的。我在师范学校读书时，就开始读这本杂志了，并且十分崇拜陈独秀和胡适所作的文章。他们成了我的模范，代替了我已经厌弃的康有为和梁启超。"

五四运动前后，中国的先进分子从巴黎和会所给予的实际教训中，开始看出帝国主义列强联合压迫中国人民的实质。特别是青年中的一批先进分子，以救国救民、改造社会为己任，重新考虑中国的前途，探求改造中国社会的新方案。他们纷纷撰写文章、创办刊物或成立社团，以介绍、传播和研究国外的各种新思潮。

俄国十月革命的胜利给正在苦闷中摸索、在黑暗里苦斗的中国先进分子展示了一条新的出路。十月革命第一次把社会主义从书本上的学说变成活生生的现实。这次革命由于发生在情况和中国相同或相近的俄国，而对中国人民具有特殊的吸引力。十月革命发出的反对帝国主义的号召，也使饱受帝国主义列强欺凌的中国人民感到"格外沉痛，格外严重，格外有意义"。十月革命中俄国工农大众在社会主义旗帜下所进行的英勇斗争和所取得的历史性胜利，更给予中国的先进分子以新的革命方法的启示。这就有力地推动了先进的中国人倾向于社会主义，进而促使他们认真了解指导十月社会革命的马克思主义学说。瞿秋白曾说，"帝国主义压迫的切骨的痛苦，触醒了空泛的民主主义的噩梦"，"所以，学生运动倏然一变而倾向于社会主义"。研究和宣传社会主义逐渐成为进步思想界的主流，这是五四以后新文化运动的突出特点。

受俄国十月革命胜利的鼓舞，早在五四运动之前，以李大钊为代表的先进分子就开始在中国传播马克思主义并主张向俄国十月革命学习。五四运动前后，《新青年》发表了大量宣传马克思主义的文章，甚至第6卷第5号还编为"马克思主义研究专号"，全面、深入、系统地介绍了马克思主义的基本理论和主要观点。这时发生的一个新的情况，对于马克思主义在中国的进一步传播，也给予了新的有力促进。这就是：苏维埃俄国政府1919年7月25日发表的第一次对华宣言，冲破北洋军阀政府的新闻封锁，于1920年三四月间由《东方杂志》等刊物发表出来。这个宣言表示"废弃（沙俄在中国境内享有的）一切特权"，这在中国社会上产生极大的反响。《新青年》刊登了中国舆论界的反映，有人指出：我们应该由此前进一步，"研究俄国劳农政府的主义"，赞同"俄国劳农政府所根据的真理"。

中国的先进分子对社会主义的认识有一个发展过程。开始时，他们对社会主义还只是一种朦胧的向往，犹如"隔着纱窗看晓雾"，一时还分不清科学社会主义与其他社会主义流派的界限。在李大钊等人的影响和当时形势的推动下，一批爱国的进步青年，尤其是那些具有初步共产主义思想的知识分子，经过各自的摸索，逐步划清了无产阶级社会主义和资产阶级民主主义、科学社会主义和其他社会主义流派的界限，走上了马克思主义的道路。

## 1

1920年年初，陈独秀离京赴沪。他坚持在上海办刊，将《新青年》编辑部也迁回上海，并起用陈望道等人。陈独秀在五四运动的推动下，逐渐否定过去信仰的资产阶级民主主义，开始转向科学社会主义，并组织和领导工人运动。陈独秀回到上海重起炉灶后，《新青年》更加倾向于马克思主义，而北京同仁坚持自由主义、文学与哲学的办刊方向。思想是否投契是彼此结合的基础，这是《新青年》当初得以迅速崛起的原因，也是日后分道扬镳的根源。

1920年5月，《新青年》第7卷第6号发行"劳动节纪念专号"。这就有力表明，《新青年》在马克思主义的认识和把握上，达到了新的历史自觉高度，因为这是马克思主义理论与中国工人运动相结合的一个里程碑。在当时有影响的国内报刊中，唯独《新青年》把自己的重大关注投给了中国工人阶级的解放事业。这个了不起的行为宣示了马克思列宁主义的中国化由此开始了伟大而艰辛的历史起步。

1920年9月，陈独秀决定与群益书社解除关系，成立"新青年社"，具体办理编辑、印刷和发行事务。《新青年》从第8卷第1号起改为上海的共产党早期组织的公开理论刊物，极力宣传马克思主义的基本理论。随后，上海的共产党早期组织又创办半公开的刊物《共产党》，介绍革命理论和党的基本知识。两种刊物互相配合，推动建党工作的开展。毛泽东曾说："五四运动，替中国共产党准备了干部。那个时候有《新青年》杂志，是陈独秀主编的。被这个杂志和五四运动警醒起来的人，后头有一部分进了共产党。这些人受陈独秀和他周围一群人影响很大，可以说是由他集合起来，这才成立了党。"由此可见，《新青年》对传播马克思主义功不可没，《新青年》为中华民族选择了最好的思想武器，功不可没！

《新青年》第8卷第5号编订还没出版就被租界巡捕房查没，并严禁在上海印刷发行。编辑部只能由公开转向地下，在艰苦的条件下苦苦支撑，直到1922年7月不得不休刊。1923年6月15日，作为中共理论刊物的《新青年》季刊在广州创刊，已是纯政治性的中共中央机关理论刊物。1925年4月，《新青年》由季刊又改为月刊，实际上未能如期出版，成了不定期刊。改刊后只出了 5 期，1926 年 7 月停止发行。从 1915 年 9 月 15 日创刊至 1926 年 7 月终刊，《新青年》共出 9 卷 54 号。

以《新青年》的出版为标志兴起的新文化运动，使 20 世纪初的中国，开始经历了一场深刻的思想革命。回溯《新青年》走过的道路，可以说，如果认为新文化运动推开了现代中国的大门，那么，《新青年》的创刊与奋斗历程则恰恰是叩动了现代中国的门环。它是应运而生的文化阵地，是一群爱国的、有眼光的新兴知识分子大声疾呼以期唤醒中国的平台，是中国走向新生发出的先声与指引前行的旗帜，是新中国的第一缕曙光……

# 102

## 中国第一个传播马克思主义
## 并主张向十月革命学习的先进分子

# 李大钊

1949 年 3 月，毛泽东率领中共中央机关从西柏坡出发赶往北平。卫士长李银桥回忆说："当行进的队伍快到北平时，毛泽东远远地看到古都城垣，十分激动，心中又泛起了对 30 年前往事的回忆，他说：'30 年了！30 年前我为了寻求救国救民的真理而奔波。还不错，吃了不少苦头，在北平遇到了一个大好人，就是李大钊同志。在他的帮助下，我才成为一个马列主义者。可惜呀，他已经为革命献出了宝贵的生命。他是我真正的老师，没有他的指点和教导，我今天还不知在哪里呢！'"在中国革命胜利前夕，毛泽东如此深情地怀念李大钊，是因为李大钊率先在中国介绍、宣传和研究马克思主义，是以毛泽东为代表的一大批中国早期革命者最重要的领路人。

李大钊，1889 年生于河北乐亭。他在青少年时代，目睹帝国主义侵略下的国家危亡局势和社会黑暗状况，便立志要为苦难的中国寻求出路。1913 年，他东渡日本，入东京早稻田大学政治本科学习，受到日本著名马克思主义者、京都帝国大学教授河上肇的影响，开始研究马克思主义相关著作。1916 年，李大钊未等卒业即从日本回到上海，先去北方筹办《晨钟报》，后应《宪法公言》杂志之约，为该刊撰稿。1917 年 1 月，李大钊应章士钊之请，任《甲寅》日刊编辑，发表多篇反对军阀统治和反对封建文化的文章，对孔教的批判尤其深刻有力。

1917 年年底，李大钊经章士钊介绍受聘于北京大学。1918 年 1 月，他接

李大钊在《晨钟报》的工作受到某些政客的阻挠，很难继续下去，他毅然于1916年9月5日辞去总编辑的职务。后应《宪法公言》杂志之约，为该刊撰稿。图为李大钊（前排中坐者）与宪法公言社同人的合影

替章士钊任北大图书馆主任，后兼任教授。当时，北大是新文化运动的核心阵地，聚集了陈独秀、胡适等新文化运动的领军人物，兼容了各种思潮学说，李大钊称它为"黑暗中之灯塔"。李大钊一到北京，就加入了陈独秀主办的《新青年》编辑部，一面研究理论、写文章，一面到师生和职工群众中去从事革命活动。他从国内外买进大批新书，特别是关于马克思主义的外文书籍。除了讲学和参加社会活动，李大钊就在北大红楼读书，刻苦钻研马克思主义和十月革命的经验。他通过研究、比较，开始明白十月革命的意义，认识到十月革命、社会主义、马克思主义学说就是拯救中国人民走出黑暗的"天火"。他决心把这"天火"引到中国来。

李大钊是中国第一个传播马克思主义并主张向俄国十月革命学习的先进分子。1918年，他接连发表《法俄革命之比较观》《庶民的胜利》《Bolshevism

（布尔什维主义）的胜利》等文章和演讲，介绍、宣传、讴歌十月革命，充满激情地预言"试看将来的环球，必是赤旗的世界"。这些文章和演说，是我国最早宣传马克思主义的光辉篇章。为了同发表长篇论著的《新青年》相配合，他还和陈独秀发起创办了小型政治刊物《每周评论》，多是发表短篇文章，抨击反动军阀的统治，揭露帝国主义的侵略，反对封建文化，介绍社会主义思想，报道世界革命的动态，在全国影响很大。1919年10月、11月，李大钊分两期在《新青年》上发表《我的马克思主义观》一文。该文充分肯定马克思主义的历史地位，称其为"世界改造原动的学说"，系统地介绍了马克思主义的唯物史观、政治经济学和科学社会主义的基本原理。该文的发表，不但表明李大钊完成了从民主主义者向马克思主义者的转变，而且标志着马克思主义在中国进入比较系统的传播阶段。

按照当时北大的薪酬待遇，李大钊每月的工资是240元大洋，加上他在其他多所大学兼课也有收入，在当时来说属于较高收入阶层。但他"茹苦食淡，冬一絮衣，夏一布衫"。李大钊在北京10年，没有购置过房产，曾7次迁居租房，而且都在房租较为便宜的西城。李大钊在东城上班，中午不能回家，他就自带干粮，有时一块大饼就白开水下肚。李大钊虽然在生活方面严格约束自我，但在创建共产党早期组织过程中，却表现出了"无我"的奉献精神。面对活动经费紧张问题，他每月从薪俸中拿出80元供党组织开展各项工作之用。不仅如此，李大钊还经常资助生活困难的学生。用在他人身上的钱多了，有时甚至造成家中出现无钱买粮食的窘况。最后，北大校长蔡元培不得不关照会计科，每月发薪时先扣下一部分，亲手交给李夫人，免得李家"难为无米之炊"。李大钊去世后，家里的财产竟仅有1元大洋！

李大钊认为，"青年者，国家之魂"，是民族复兴、国家富强的希望所在。因此，他致力于青年启蒙，发起组织少年中国学会等进步社团，广泛结交青年朋友，积极为其排忧解难，并多方提携扶植，指引青年朝着正确方向前进。李大钊渊博的学识、高尚的人格和亲近学生的态度，使他成为深受知识青年敬仰和爱戴的导师。他所任职的北大图书馆，也成了当时宣传革命的活动中心。毛泽东回忆说，他去北大求职，受李大钊赏识，安排当助理员。在北大工作期间，他常旁听哲学和新闻课，想找名流请教，可"他们都是些大忙人，没有时间听一个图书馆助理员讲南方话"。而当时已是学界权威的李大钊，对这位只有中等师范学历的属员不仅有问必答，还常推荐新书。毛泽东深情地说："没有中国共产党以前就有马克思主义了，如果没有马克思主义怎么会有共产党呢？事实上，那时候李大钊他们就是宣传马克思主义的……""我在北大图书馆当助理员的时候，在李大钊手下，很快地发展，走到马克思主义的路上。李大钊是我的老师。"

以周恩来为代表的天津革命青年于 1919 年 9 月 16 日成立了觉悟社，后来邀请李大钊去天津演讲并座谈。1920 年 8 月，周恩来主张把五四运动以后的大小进步团体联合起来，采取共同行动，以挽救中国的危亡。李大钊非常赞赏周恩来的想法，建议他们以觉悟社的名义在北京陶然亭举行茶话会，把觉悟社、人道社、曙光社等五团体联合起来，组成了"改造联合"。"改造联合"发表《宣言》和《约章》两个文件，号召集合在"改造"旗帜下的青年，深入工农群众去开展革命活动。

在李大钊高举的红色旗帜下，不仅有毛泽东、周恩来，还会聚了邓中夏、高君宇、何孟雄、黄日葵、罗章龙、刘仁静等一批进步知识分子。李大钊对马克思主义的坚定信仰、大力宣传和不懈实践，影响了一代青年，培育了一批革命火种。

中国共产党参与创办的第一家通讯社

# 中俄通讯社

（1920 年 7 月成立）

1920 年春，共产国际代表维经斯基来华。与其同行的有旅俄华人、俄共（布）党员、翻译杨明斋等人。维经斯基在帮助陈独秀等建立上海的共产党早期组织的同时，还进行了指导创立中俄双方合办的中俄通讯社的工作。1920 年 7 月，中俄通讯社成立，由杨明斋任社长，地址位于上海市霞飞路（今淮海中路）渔阳里 6 号，即后来杨明斋任校长的外国语学社和青年团中央所在地。杨明斋本人也寓居于此。

杨明斋是山东平度人，早年侨居俄国并参加俄共（布），在陈独秀创建中国共产党时，又成为上海的共产党早期组织成员，因此，杨明斋所领导的中俄通讯社实际上具有双重领导的性质，既是维经斯基领导下的工作的一部分，又是陈独秀领导下的党的事业的一部分。正如包惠僧所说，中俄通讯社"是维经斯基到中国来首先建立起来的工作部门，由杨明斋负责"。但他又说，新渔阳里 6 号所设"通讯社、学校、青年团都是党的事业"。

为了广泛宣传马克思主义，介绍苏俄社会主义革命和建设的状况和经验，增进中国人民对俄国革命的了解，鼓舞先进分子走十月革命的道路，中俄通讯社把共产国际和苏俄提供的各种资料及一部分来自英美等国的进步杂志，翻译后发往我国各进步报刊以供采用。通讯稿内容范围较广泛，凡政治、经济、文化教育、工运、妇女问题、领袖人物活动等各方面的新闻都有。该社

上海外国语学社旧址——上海霞飞路（今淮海中路）渔阳里6号

同时将国内重要消息译成俄文，发往苏俄。外国语学社的一些学生担任该社的缮写、油印、收发等工作。

中俄通讯社成立后，成为中国较为及时反映十月革命后俄国真实情况的媒体，结束了以前中国媒体的新闻主要转自中美通讯社、巴黎通讯社、日本通讯社等的情形。自1920年7月2日上海《民国日报》"世界要闻"栏目首次发表中俄通讯社的《远东俄国合作社情形》后，中俄通讯社的大量通讯稿、电讯稿得以在该报的"世界要闻"栏目上逐日发表，同时不断亮相于国内其他报纸，逐渐引起社会各界关注。到1920年8月，它已为中国31家报纸提供消息。1921年1月，中俄通讯社在《民国日报》发表了《新俄国组织汇记》《布尔什维克沿革史》《列宁小史》《列宁答英记者质问》等文，澄清了对俄国革命的误解和污蔑，向人民客观地介绍了俄国革命。当时有人说，上海两个通讯社给人们的印象最深，一是英国路透社，专事鼓吹帝国主义利益的言论；二是中俄通讯社，专事介绍新生的苏俄国家和宣传共产主义的思想。中俄通讯社在中国报刊发表大量文章，不仅传播了马克思列宁主义，也为中国共产党的成立作了舆论准备。

1921年4月，杨明斋返回苏俄，也就脱离了中俄通讯社的工作。杨明斋负责时，称中俄通讯社，之后称华俄通讯社。1921年5月7日起，华俄通讯社又称上海华俄通讯社，这实际上是苏俄所属的华俄通讯社的上海分社，在所属权上和中国共产党已经没有关系了。

第一部中文全译本《共产党宣言》

## 陈望道所译《共产党宣言》

（1920年8月出版）

《共产党宣言》（又译《共产主义宣言》）是马克思和恩格斯为共产主义者同盟起草的纲领。全文贯穿着马克思主义的历史观，是马克思主义诞生的重要标志。该书于1848年2月在伦敦问世后，曾多次翻印、再版，并被译成很多个国家的文字。到1920年，该书问世72年后，才由中国早期传播马克思主义思想的先驱陈望道从日文译成中文出版。

陈望道，1891年1月18日出生于浙江义乌。中学毕业后，他曾到上海进修过英语。1915年年初，他东渡日本留学，开始阅读马克思主义著作。1919年5月，他学成回国，应邀在杭州担任浙江第一师范国文教员。当时正值五四新文化运动方兴未艾、自由民主思潮照亮夜空的时代，他与进步教员夏丏尊等大张旗鼓宣传新文化，支持学生反对封建家庭专制，由此遭到当局迫害，不得不离开浙江第一师范。

经历了"一师风潮"后，陈望道感到要从根本上解决中国的问题，应该从制度上进行彻底改革。因此，必须有一个更高的判别准绳，这便是马克思主义。基于这一认识，他潜心研究新思潮。1920年3月，陈望道接到上海《民国日报》主编邵力子来信，说《星期评论》主持人戴季陶约请他去沪上相商翻译《共产党宣言》一事。

《共产党宣言》在中国虽然早有不少人作过介绍，但有的只是摘译，有的

陈望道与《共产党宣言》中文全译本

译文半文不白。所以，完成一部完整的《共产党宣言》中译本就非常必要了。翻译者起码得具备三个条件：对马克思学说有深入的了解；至少得精通一门外语；要有很高的汉语言文学素养。陈望道留日时就读过日文版《共产党宣言》，出于对马克思主义的崇敬与信仰，便欣然应承。戴季陶提供给他日文本《共产党宣言》，为确保精确翻译，陈望道请陈独秀出面，从北京大学图书馆李大钊处借来了《共产党宣言》的英文本，以资对照。

为了有一个安静的环境，陈望道回到义乌老家，开始了《共产党宣言》的翻译工作。为了专心致志地译书，就连一日三餐，陈望道都是让母亲给他送过来。一盏昏暗的煤油灯，伴他度过无数个漫长的寒夜，迎来黎明前绚丽的曙光。南方山区的早春，夜里依然寒气袭人，加之坐的时间久了，手脚冰冷至发麻酸疼。陈望道却毫不介意，时时刻刻聚精会神，斟词酌句，一丝不苟。这期间就留下了习近平总书记多次讲述的陈望道"蘸着墨汁吃粽子，还说味道很甜"的感人佳话。一天，陈望道母亲送来粽子给儿子当点心充饥，外加一碟红糖，留蘸粽子。过了一阵子，母亲来取碗筷，惊奇地发现儿子满嘴乌黑，红糖却原封未动。老人家既爱怜又带几分生气，问道："吃完啦，这糖甜不甜呀？"陈望道仍浑然不觉，头也不抬，答道："甜，真甜。"

经过一个多月夜以继日，"费了平常五倍译书的功夫"，到4月底，陈望道终于完成了《共产党宣言》的翻译。他带着译稿来到上海，请李汉俊校阅，再转请陈独秀审定。陈独秀对此译稿非常满意。陈独秀深感马克思主义著作的中译本相当缺乏，因此与共产国际代表维经斯基商议，由维经斯基提供经费，租了一间房子，建立了一家名为"又新印刷所"的小印刷厂，以"社会主义研究社"的名义出版陈望道翻译的《共产党宣言》。

1920年8月，1000册中译本《共产党宣言》在上海出版。这本只有28000多字的小册子，对于推动马克思主义在中国的广泛传播起了到非常重要的作用，成为众多中国共产党人信仰共产主义的起点。1936年，毛泽东在回顾自己的思想转变情况时说："我第二次到北京期间，读了许多关于俄国情况的书。我热心地搜寻那时候能找到的为数不多的用中文写的共产主义书籍。有三本书特别深地铭刻在我的心中，建立起我对马克思主义的信仰。我一旦接受了马克思主义是对历史的正确解释以后，我对马克思主义的信仰就没有动摇过。这三本书是：《共产党宣言》，陈望道译，这是用中文出版的第一本马克思主义的书；《阶级斗争》，考茨基著；《社会主义史》，柯卡普著。到了1920年夏天，在理论上，而且在某种程度的行动上，我已成为一个马克思主义者了，而且从此我也认为自己是一个马克思主义者了。"1949年，在中华全国文学艺术工作者第一次代表大会上，周恩来当着陈望道的面，对代表们说："陈望道先生，我们都是你教育出来的！"

# 105

中国第一个共产党组织

## 上海的共产党早期组织

**（1920 年 8 月正式成立）**

　　最早酝酿在中国建立共产党的是陈独秀和李大钊。通过对马克思主义的学习和传播，通过对俄国十月革命经验的学习，通过中国工人运动的实践，他们逐步认识到，要用马克思主义改造中国，走十月革命的道路，就必须像俄国那样，建立一个无产阶级政党，使其充当革命的组织者和领导者。"五四"后的陈独秀已将关注的主要目光从青年学生转向工农大众，从进步思想文化的研究和传播转向建立共产党组织。这是一个重大的转折。

　　1920 年年初，陈独秀受湖北学生联合会邀请去汉口讲学，因发表宣传社会主义革命的演讲而被湖北军阀当局驱逐。当陈独秀回到北京时，早已收到消息的京师警察厅准备再次逮捕陈独秀。据陈独秀、李大钊的朋友高一涵回忆："我们得到这个消息，就同李大钊商议，派人先到西车站，把他接到王星拱家里，暂避一避，再设法送他离开北京。当时同李大钊计划：想保护陈独秀出北京的安全，万万不能乘坐火车或小汽车出京。李大钊挺身而出，自愿护送陈独秀从公路出走。因李大钊是乐亭人，讲的是北方话，衣着又朴素，很像生意人。就在王星拱家里准备一切。时当阴历年底，正是北京一带生意人往各地收账的时候。于是他两个人雇了一辆骡车，从朝阳门出走南下。陈独秀坐在骡车里，李大钊跨在车把上。携带基本账簿，印成店家红纸片子。沿途住店一切交涉，都由李大钊出面办理，不要陈独秀张口，恐怕他漏出南方人的口音。因此，一路顺利地到了天津，即购买外国船票，让陈独秀坐船前往上海。李大钊回京后，等到陈独秀从上海来信，才向我们报告此行的经过。"正是在这次有如传奇一般的护送中，他们"在途中则计划组织中国共产党事"。之后，在南方领头的是迁居上海的陈独秀，在北方领头的是仍居北京的李大钊。这就是后来传为美谈的"南陈北李，相约建党"的故事。

1920年3月，李大钊在北京大学秘密组织成立马克思主义学说研究会，由在五四运动中涌现出来的一批具有初步共产主义思想的学生运动骨干分子组成，成员有邓中夏、高君宇、黄日葵、范鸿劼、何孟雄、朱务善、罗章龙、刘仁静等。成立研究会的目的是使青年懂得什么是真正的马克思主义，并把马克思主义同中国的实际情况，特别是工人运动结合起来，培养中国第一批共产主义知识分子。

深入到工人中去，了解他们的疾苦，并把他们组织起来，是中国先进分子筹备建立无产阶级政党的第一步。陈独秀到上海后不久，就开始到工人群众中宣传马克思主义。他先到码头工人中了解罢工情况，到中华工业协会、中华工会总会等劳动团体中去作调查、发表演说。此外，他还约请北大的进步学生和各地革命青年，到工人中开展调查，了解工人的状况，并在此基础上编辑出版了《新青年》第7卷第6号"劳动节纪念号"。这个纪念专刊共发表28篇文章，其中大部分反映了全国各地工人的状况，介绍了各国劳动组织和工人运动的情况。"劳动节纪念号"的编辑发行，是中国先进分子与工人运动相结合的产物。同年4月中旬，陈独秀联合中华工业协会、中华工会总会等七个工界团体筹备召开"世界劳动节纪念大会"，并在筹备会上发表了题为《劳工要旨》的演讲。他受到工界团体的尊敬和拥戴，被推选为筹备会顾问。在陈独秀的指导下，上海各业5000多名工人于5月1日举行集会，提出"劳工万岁"等口号，通过了《上海工人宣言》。此后，陈独秀主持创办了《劳动界》《伙友》等刊物，向工人宣传马克思主义，启发他们的觉悟，组织真正的工会。马克思主义与工人运动相结合，必然会产生无产阶级的政党。陈独秀在发动和组织工人、向他们宣传马克思主义的过程中，同时积极开展建党工作。

1920年春，正当中国先进知识分子积极筹备建党的时候，经共产国际批准，俄共（布）远东局海参崴（今符拉迪沃斯托克）分局外国处派出全权代表维经斯基等人来华，了解五四运动后中国革命运动发展的情况和能否建立共产党组织的问题。由于当时李大钊在《新青年》上发表文章热情讴歌十月革命，公开宣传马克思主义，因此维经斯基首先到北京会见了李大钊。李大钊热情接待了这个来自共产国际的使者。会谈中，维经斯基向李大钊介绍了俄国十月革命后的情况，李大钊向维经斯基讲述了中国的五四运动及其产生的影响。维经斯基提出要会见参加过五四运动的活跃学生，李大钊就找了罗章龙、张国焘、刘仁静等到北大图书馆和维经斯基见面，并举行了座谈会。座谈会上，维经斯基谈了对中国问题的看法，认为当时中国新思想的潮流虽然澎湃，但是思想界局势混乱，而且实际行动少，不能推动中国革命，因此希望建立共产党的组织。

经李大钊介绍，维经斯基一行前往上海会见了陈独秀。李大钊对马克思主义的研究比陈独秀精深，而陈独秀有着烈火一样的性格，往往更急于行动。陈独秀对维经斯基的到来表示非常欢迎，他也一直希望共产国际的代表们对中国革命加以指导。通过陈独秀的介绍，维经斯基会见了《星期评论》编辑戴季陶、李汉俊、沈玄庐，以及《时事新报》的负责人张东荪。其间，举行了多次座谈会。参加座谈会的除了上述成员，还有李达、陈望道、俞秀松等。经过座谈，一些当时的马克思列宁主义者，更加了解苏俄和苏共的情况，开始共同商讨在中国建立共产党。

1920年5月，在维经斯基的帮助下，

维经斯基（1893—1953），俄国人，在中国化名吴廷康，共产国际驻中国代表

陈独秀等人以《新青年》杂志社、《星期评论》社、《民国日报》社为基础，组织了马克思主义研究会，探讨社会主义和中国社会改造等问题。6月，陈独秀与李汉俊、俞秀松、施存统等人开会商议，决定成立共产党组织，并初步定名为社会共产党，还起草了党的纲领。此后不久，围绕着是用"社会党"还是"共产党"命名的问题，陈独秀写信征求李大钊的意见。李大钊主张定名为"共产党"，陈独秀表示完全同意。

经过酝酿和准备，在陈独秀主持下，上海的共产党早期组织于1920年8月在上海法租界老渔阳里2号《新青年》编辑部正式成立。这是中国的第一个共产党组织，其成员主要是马克思主义研究会的骨干，陈独秀为书记。8月下旬，陈独秀致信李大钊，告诉他上海建党的情况，并希望在北京发展党组织。10月，李大钊、张国焘、张申府3人在李大钊的办公室正式成立了北京的共产党早期组织。

在上海、北京两地共产党早期组织的联络和推动下，从1920年秋到1921年春，在武汉、长沙、济南和广州这几个受五四运动影响较大、工人比较集中而且有一批具有初步共产主义思想的革命知识分子的城市先后建立起共产党早期组织。张申府、赵世炎在赴法勤工俭学时组成旅法共产党早期组织，成员有周恩来、刘清扬等；上海共产主义小组成员周佛海、施存统在去日本后，建立了旅日共产党早期组织。这样，全国范围内共产党早期组织纷纷成立。

中国共产党早期组织的名称并不统一，如北京的组织称为"中国共产党北京支部"。后来统一采用"共产主义小组"这一名称，主要是根据中共一大给共产国际的报告中有"中国的共产主义组织""小组"和"地方小组"的提法，后来统称为"共产主义小组"。

# 106

第一个明确将党的名称定为
"中国共产党"的文献

## 蔡和森致毛泽东信

（1920 年 8 月 13 日）

　　1920 年 7 月 6 日至 10 日，赴法国的新民学会会员蔡和森、向警予、李维汉等和部分勤工俭学的工学励进会会员共 20 余人，在蒙达尼召开会议，史称"蒙达尼会议"。在这次会议上，蔡和森主张组织俄式共产党，走俄国十月革命的道路，以此改造中国。会后不久，蔡和森在给挚友毛泽东的信中，明确提出"成立一个中国共产党"。这是中国革命青年第一次提出"中国共产党"这个名称。

　　此时，蔡和森年仅 25 岁。逾弱冠之年，有此卓尔不凡的思想，这主要归功于蔡和森赴法勤工俭学的经历。说到赴法勤工俭学，不得不说新民学会。1913 年，18 岁的蔡和森考入长沙湖南省立第一师范，并与毛泽东结为挚友。1917 年秋，蔡和森动员母亲，把全家迁到长沙河西荣湾镇刘家台子定居。从此，这里成了蔡和森和一师的同学毛泽东、罗学瓒、萧子升等青年畅谈理想、探讨人生观的场所。1918 年 4 月，毛泽东、蔡和森等 14 位风华正茂的青年相聚刘家台子，发起成立青年进步团体——新民学会。之后，他们又创办了《湘江评论》，宣传新思潮。新民学会是五四运动前较早成立的革命团体之一，在湖南青年中产生了深远的感召力。李立三在 1935 年撰写的《纪念蔡和森》一文中曾指出，当时的湖南青年"盛称'毛蔡'之名，而奉之为表率"。

中文

这群有理想有抱负的青年，觉得仅仅在长沙学习或者工作，不能扩大知识面，渴望出国学习，寻求革命真理。而充满着改造社会雄心壮志的蔡和森，是赴法勤工俭学运动中最坚决最积极的一个。1918年6月，新民学会确定进行留法运动。之后，蔡和森赴北京联系赴法的准备工作。在北京，蔡和森见到了北京大学校长蔡元培和著名的新文化运动领袖李大钊，深受十月革命的影响，思想矍然猛醒，并在新民学会会友中第一个介绍了十月革命。

1919年12月25日，蔡和森与母亲葛健豪、妹妹蔡畅以及女友向警予一起，举家乘坐法国邮船赴法勤工俭学。"举家留学"，壮举空前，况且葛健豪已年过半百而且是"小脚"，这个家庭内所弥漫的激进意念之强烈，可见一斑。

蔡和森抵法后进入蒙达尼男子中学就读，后来觉得学校功课太浅薄，不

1920年7月6日至10日，留法勤工俭学的湖南新民学会会员在法国蒙达尼举行会议，讨论会务发展方针和改造中国的道路问题。蔡和森主张建立共产党，走十月革命道路，并在会上同主张无政府主义和温和方法的会员展开了争论。图为会后会员与会友合影。右一为向警予，后排右二为蔡和森

到1个月就离校决心自学。尽管蔡和森的法文基础很差，但他用湖南人"霸蛮"的精神，3个月后就基本上能看懂法文报纸了。同时，他如饥似渴地阅读上百种介绍马克思主义和俄国革命的书籍，废寝忘食地"猛看猛译"，认为要救国救民，就要走十月革命的道路，就必须建立一个革命政党。

蔡和森关于建立中国共产党的思想，在他给毛泽东的两封长信中进行了全面阐述。1920年7月，30多个国家在莫斯科召开万国共产党会议，蔡和森从法文报纸上获悉后，十分兴奋，认定苏俄一定会派人到中国组织成立共产党，于是便在8月13日给毛泽东寄出第一封信。蔡和森在信中旗帜鲜明地提出："我以为先要组织党——共产党，因为他是革命运动的发动者，宣传者，先锋队，作战部。以中国现在的情形看来，须先组织他，然后工团，合作社，才能发生有力的组织。"信中还有这样一条给毛泽东的建议："我愿你准备做俄国的十月革命。这种预言，我自信有九分对。因此你在国内不可不早有所准备。"这封寄自法国的越洋信函，因为记录了最早明确要将党的名称定为"中国共产党"的文字，注定了它会在中国近现代革命斗争史上留下耀眼的位置。因当时交通条件的制约，中法之间的邮路并不是很通畅。蔡和森这封闪耀着炫目思想火花的信件，跨越重洋，辗转数月，一直到1920年11月才送达毛泽东手中。确信自己已经找到救国道路的蔡和森久等回信不至，便于9月16日又给毛泽东寄去一封6000多字的长信。这一次，蔡和森进一步坚定了自己的信念，提出"明目张胆正式成立一个中国共产党"，并系统提出了建党理论和建党原则。

蔡和森充满激情的来信，让当时同样满怀报国热情的毛泽东产生了强烈共鸣。毛泽东在1920年12月1日给蔡和森、萧子升及在法新民学会会友的回信中，对蔡和森组织共产党，实行阶级斗争和无产阶级专政表示"深切的赞同"。收到蔡和森的9月来信后，毛泽东更是热情回复："你这一封信见地极当，我没有一个字不赞成。"在信的末尾，毛泽东告诉蔡和森，"党一层，陈仲甫（陈独秀，字仲甫）先生等已在进行组织。出版物一层，上海出的《共产党》，你处谅可得到，颇不愧'旗帜鲜明'四字（宣言即仲甫所为）"。

　　得知陈独秀正在国内建党的消息，远在法国的蔡和森感到非常振奋。1921年2月21日，蔡和森给陈独秀写信，以"极端马克思派"的态度，批评资产阶级改良主义，提出中国社会改造的具体步骤和社会主义建设等问题。

　　读了蔡和森的信后，陈独秀对蔡和森的思想主张很重视。据张国焘回忆，陈独秀把蔡和森的来信拿去给张国焘等人看，说："这个蔡和森，简直就是位马克思主义青年理论家。"

　　陈独秀回信肯定了蔡和森的观点，并表示"很盼望赞成或反对马克思主义的人加以详细的讨论"。不仅如此，陈独秀还把蔡和森的来信和他的复信，以"马克思学说与中国无产阶级"为题，发表在1921年《新青年》第9卷第4号上。蔡和森提出了系统的建党思想和建党原则，不愧为中国系统宣传列宁建党学说的第一人，因此，那些信被学界誉为"建党问题的鸿篇巨著，是中国共产党诞生的'催化剂'"。蔡和森虽然没有参加党的一大，但他的建党思想和建党活动，使他成为当之无愧的中国共产党的创始人之一。

# 107

中国共产党第一个党内机关刊物

# 《共产党》月刊

（1920 年 11 月 7 日创刊）

在十月革命 3 周年纪念日，一本新杂志在上海秘密创刊。这份新杂志的编辑部地址保密，杂志上所有署名一律是化名，杂志的印刷、发行也保密，可是它的要目广告公开刊登在《新青年》上，广为人知。这份新杂志"前无古人"，在中国历史上第一次喊出了"共产党万岁""社会主义万岁"的口号，它的名字叫作《共产党》。它是上海的共产党早期组织成员创办的党内机关刊物，也是中国共产党的第一个党刊。

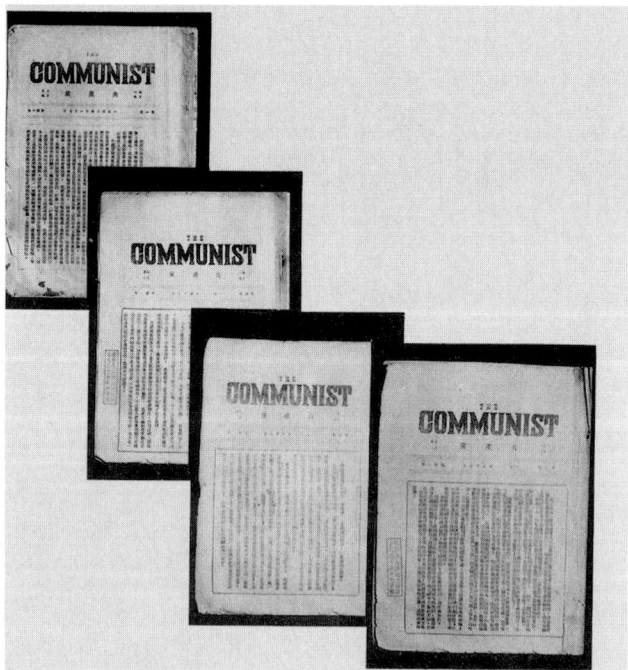

1920 年 11 月 7 日上海的共产党早期组织创办的《共产党》月刊，李达任主编

1920 年 8 月，上海的共产党早期组织

成立后，积极开展工作，推动各地共产党组织的建立。如何使分散在全国各地的党组织从思想上、组织上统一起来，增强凝聚力，从而建立一个全国性的无产阶级政党，成为摆在中国早期共产党人面前亟待解决的问题。

1920年11月7日，上海的共产党早期组织创办了最早的党内机关刊物《共产党》月刊，李达任主编。该刊为16开本，每期约50页，最初3期由"短言""正文"和"世界信息"三部分构成，从第4期开始增加了"国内消息"栏目。除了李达，其他上海的共产党早期组织成员，如陈独秀、沈雁冰、施存统等也为之撰稿。

《共产党》月刊作为中国共产党筹建时期的理论机关刊物，第一次在中国大地上树起了"共产党"的大旗，阐明了中国共产党的基本政治主张，围绕着"为什么建党""建设什么样的党""党的任务是什么"等一系列基本问题进行宣传。陈独秀在创刊号中，明确地提出"要想把我们的同胞从奴隶境遇中完全救出，非由生产劳动者全体结合起来，用革命的手段打倒本国外国一切资本阶级，跟着俄国的共产党一同试验新的生产方法不可"。创刊号刊登了《俄国共产党的历史》和列宁的演说《俄罗斯的新问题》，作者们用了种种化名："江春""胡炎"是李达；"P生"即沈雁冰，由他的笔名"丙生"衍生；"汉"是李汉俊；"CT"是施存统。相对于《新青年》侧重于理论宣传，《共产党》将重点放在了党建上。该刊用马克思主义的理论来分析中国国情，研究中国的社会性质和革命的对象、任务、动力等基本问题，对中国共产党的纲领作了初步探讨。

该刊的秘密编辑部先设于上海法租界环龙路渔阳里2号（今南昌路100弄2号），后迁到南成都路辅德里25号（今老成都北路7弄30号）。秘密发行的《共产党》月刊以各种方式分发到各地的共产党早期组织。其中，随《新青年》赠送是发行的主要方式。尽管不是公开发行，该刊的最高发行量仍达到5000多份。

《共产党》月刊所登载的文章和资料为正在筹建中国共产党的各地共产党早期组织成员提供了重要的思想武器，使他们对共产党的纲领、性质、特点、组织原则、组织机构等问题有了进一步的了解，提高了大家对共产党的认识，对于建立一个全国性的在思想上、组织上完全统一的无产阶级政党，起了很好的宣传和组织作用。1921年7月23日，中国共产党第一次全国代表大会召开。随着中国共产党的诞生，《共产党》月刊于1921年7月出版了第6期后停刊，完成了其历史使命。

中国共产党领导建立的第一个工会组织

# 上海机器工会

## （1920年11月21日成立）

上海是我国近代工业的发源地，到了20世纪一二十年代，上海工人阶级的力量已经较为强大了。五四运动之后，陈独秀等人意识到仅仅依靠学生的力量开展革命是远远不够的，必须发挥工人阶级的作用。在大力宣传新思想的同时，1920年5月1日，《新青年》第一次出版了纪念五一国际劳动节的专刊。这个专刊上第一次刊登了许多工人自己写的文章，标志着中国工人的革命意识开始苏醒，集体发出自己的"声音"。陈独秀、李汉俊、陈望道等人在创办工人半日学校对工人进行启蒙与教育后，一致认为号召有觉悟的工人联合起来组织真正的工人团体势在必行。

出于"迎世界之潮流，应时势之需要"，在"五四"及其后的两年间，上海、广州等地出现了许多自称代表工界的团体。陈独秀曾在《劳动界》发表文章指出：工人要想改进自己的境遇，不结团体固然是不行的。但是像上海现在的工人团体，就算再结一万个也都是不行的。那些工会一大半是下流政客在那里出风头，旧的工会公所一大半是店东工头在那里包办。

1920年10月3日下午，在各方的努力下，上海机器工会发起会在霞飞路渔阳里6号（今天淮海中路567弄）召开。陈独秀等6人以参观者身份出席大会。为什么起名叫"机器工会"？因为当时机器化生产开始普及、产业革命已经兴起，与原来码头工人等主要依靠体力不同，机器工人要求有一定的技术，代表了当时最先进的生产力，因此成为工会组织首先要团结的群体。

会上，工人党员李中担任临时主席并作了报告。他开宗明义，提出发起本会的宗旨是"谋本会会员的利益，除本会会员的痛苦"，明确指出上海机器工会要做到"五不"：第一，不要变为资本家利用的工会；第二，不要变为同乡观念的工会；第三，不要变为政客和流氓把弄的工会；第四，不要变为不纯粹的工会；第五，不要变为只挂招牌的工会。会议通过了《机器工会章程》，选举产生了机器工会理事会，陈独秀、杨明斋、李汉俊、李启汉等上海的共产党早期组织成员被推举为名誉会员。会议还决定将临时会所设在西门路泰康里41号（位于今黄浦区自忠路一带的一幢两层临街住宅）。党领导的中国工人第一个现代工会组织就此诞生了。

在上海机器工会发起会的推动下，1920年11月21日下午，上海机器工会在白克路207号上海公学（今凤阳路186号）举行成立大会。参加大会的有本会会员、各工会代表及来宾近千人。孙中山、陈独秀等社会知名人士到会祝贺。陈独秀在肯定了工人阶级作为社会"台柱子"的重要地位之后，引用马克思的剩余价值理论，揭穿资产阶级剥削工人的本质，号召工人阶级完成历史和社会使命，推翻资产阶级统治。同时，他驳斥资产阶级看不起工人阶级等反动言论，号召工人打破"招牌工会"的垄断，团结在维护自己利益的工会组织周围，一起和旧恶势力作斗争。

上海机器工会成立后，工会会

1920年11月，上海的共产党早期组织领导建立了中国第一个现代工会——上海机器工会。图为《劳动界》刊登的消息

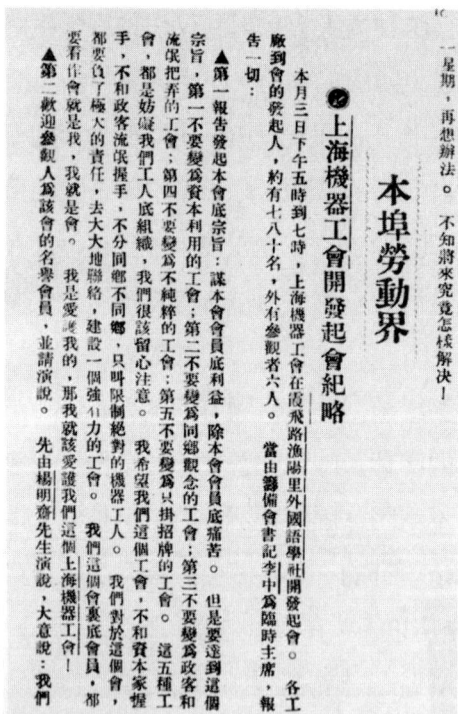

员数量迅速增加，还有了自己的刊物《机器工人》与正式的活动场所。《机器工人》创办后，便着手各式各样的理论宣传活动，以通俗的形式向工人宣传马克思列宁主义，向工人灌输社会主义思想，启发和提高他们的觉悟。机器工会创办了英文义务夜校，机器工人中的会员、非会员均可参加，每晚授课 2 小时，不收学费。因此，机器工会深受工人们的欢迎和拥护。

1920 年 12 月 14 日，美国最大的工会组织——世界工人联合会执行部总干事罗卜郎发来贺信，祝贺上海机器工会的成立。这是中国劳动界第一次和外国劳动界的联络，也是国际工会组织首次对中国工会予以肯定。

上海机器工会的成立，标志着党的早期组织在领导工人运动方面，由宣传教育阶段进入有计划地组织工人的阶段，由理论付诸实践，为党的一大的顺利召开和中国共产党的诞生奠定了阶级基础。

# 109

## 第一位女共产党员

# 缪伯英

## （1920 年 11 月入党）

截至 2019 年 12 月 31 日，中国共产党党员总数达 9191.4 万，其中女党员 2559.9 万名，占 27.9%。千千万万的女共产党员为中华民族的复兴和中国人民的幸福作出了巨大贡献。那么，谁是中国共产党第一位女党员呢？

她的名字叫缪伯英。

1899 年 10 月 21 日，缪伯英生于湖南长沙清泰乡缪家洞枫树湾的一个书香世家。在主张兴办新学、致力于"教育救国"的父亲的教育和熏陶下，缪伯英从小就喜欢读书，并以长沙地区考分第一的成绩考取北京女子高等师范学校。当时，缪伯英不满 20 岁就远赴京城，开始了新的人生之路。

到北京不久，缪伯英就结识了正在北京大学政治系学习的青年学生何孟雄。在何孟雄影响下，缪伯英对北大的活动产生了浓厚的兴趣，经常到那里看书读报、听演讲。在《新青年》上，她阅读了李大钊发表的《我的马克思主义观》等文章，并亲耳聆听他讲授"唯物史观""工人的国际运动""社会主义""女权运动史"等课程，经过反复比较，最终抛弃了资产阶级改良主义和无政府主义，开始接受马克思主义。

1920 年 3 月，在李大钊的直接指导和策划下，北大进步学生邓中夏、何孟雄、高君宇、罗章龙等发起成立了北京大学马克思学说研究会。这个中国最早学习和研究马克思主义的团体，通过收集宣传马克思主义的书籍，举办座谈讨论会、组织出版工作等，把活动开展得有声有色。不久，缪伯英经何孟雄介绍加入该会。在李大钊的引导下，缪伯英逐步成为具有初步共产主义思想的知识分子。

经过一系列准备工作，北京的共产党早期组织——"共产党小组"于1920年10月在北京大学图书

北京工读互助团是五四运动时期学生社团组织。团员以北京大学学生为主。图为北京女子工读互助团第三组团员和她们劳动的实况。该组主要经营织袜、缝纫、刺绣。上图右二为缪伯英

馆李大钊的办公室正式成立。北京社会主义青年团也随后成立，缪伯英是最早入团的成员之一。11月，诞生不久的北京共产党小组内部经历了一次思想论战，坚持无政府主义观点的成员退出了小组。为了充实北京党组织的力量，李大钊从青年团员中吸收了缪伯英、何孟雄、高君宇、邓中夏、李骏5人入党。21岁的缪伯英由此成为当时北京地区唯一的女共产党员。在党的一大前加入中国共产党的女党员只有两人，一个是缪伯英，另一个是刘清扬。据张申府回忆，刘清扬是在前往法国勤工俭学后不久被发展为党员的，时间约在1921年1月或2月。

入党之后，缪伯英一直战斗在工人运动、妇女运动和学生运动的第一线，在白色恐怖下，夜以继日地为党工作。1921年8月，缪伯英与何孟雄结婚。婚后，他们一面读书，一面从事革命运动。因他俩名字中有一"英"一"雄"，故被同志们誉为"英雄"夫妇。

1923年2月，震动全国的京汉铁路工人大罢工爆发。缪伯英与何孟雄、

罗章龙等人全力以赴地领导京汉铁路北段的总罢工。为了揭露军阀政府残害工人的暴行，缪伯英与几个同志秘密在北京骑河楼编印《京汉工人流血记》等宣传品并散发，还到长辛店等地组织救护受伤的工人、募捐援助失业工人的家属。她不辞辛劳，四处奔走，在革命的熔炉中，锻炼得更加成熟了。李大钊对缪伯英的工作很满意，曾赞誉她是"宣传赤化的红党"。

1925年1月，何孟雄、缪伯英夫妇来到湖南省省会长沙。应省立第一女子师范学校校长徐特立的聘请，缪伯英到女师附小担任主事（校长）。不久，何孟雄返回北方，指导京绥铁路的工人运动，缪伯英则留在长沙，开展湖南妇女工作。她对党忠实，对革命负责，诚实朴素，沉着勇敢，同群众有密切联系，并能灵活运用公开与秘密、合法与非法相结合的策略。她是一位杰出的妇女工作者。

1926年10月，北伐军攻取武汉，大革命的中心移到长江流域。此时，何孟雄从北京调至武汉，担任中共汉口市委组织部部长，而缪伯英也受党的指示来到了武汉，公开身份是湖北省立第二女子中学训育主任，实际上协助中共湖北省委妇委书记蔡畅做妇女工作。

1927年7月中旬，汪精卫集团背叛革命，武汉三镇顿时陷入一片白色恐怖之中。党中央被迫转入地下活动，9月迁往上海。由于斗争需要，10月初，党组织调何孟雄、缪伯英到上海工作。在上海，缪伯英任中共沪东区委妇委主任。缪伯英在华夏中学谋得一个物理教员的公开职业，为便于开展地下工作，她化名廖慕群。此时的上海，政治环境非常恶劣，缪伯英依然不忘自己身上的重担，千方百计开展革命工作。

长期紧张的工作和清贫、不稳定的生活，终于把缪伯英本来就不强壮的身体拖垮了。1929年10月，缪伯英突发伤寒住进了医院，因抢救无效，溘然辞世，时年30岁。缪伯英在病危时对丈夫说："既以身许党，应为党的事业牺牲，奈何因病行将逝世，未能战死沙场，真是恨事！孟雄，你要坚决斗争，直到胜利。你若续娶，要能善待重九、小英两孩，使其健康成长，以继我志。"

缪伯英病逝后，何孟雄将她装殓入棺，灵柩寄存在扬州会馆。令人扼腕的是，1931 年 2 月，何孟雄在上海龙华监狱被国民党反动派杀害，缪伯英的灵柩和一双儿女遂不知所踪。缪伯英为革命付出了生命的代价，尽管逝世后连遗体都不知埋在何处，但她用生命和青春书写的中国共产党第一位女党员的壮丽"春秋"，永远为后人所铭记、所传颂。

# 110

中国共产党第一个宣言

## 《中国共产党宣言》

（1920 年 11 月）

随着各地党的早期组织的建立和列宁的建党学说传入中国，建立新型的工人阶级革命政党的历史使命被提上了日程。1920 年 8 月，上海的共产党早期组织成立时，对无产阶级革命和民族解放运动的关系等问题，尚未完全弄清楚。对此，陈独秀表示："我们不必做中国的马克思和恩格斯，一开始就发表一个《共产党宣言》，我们只是要做边学边干的马克思主义的学生，现在可以先将中国共产党组织起来，党纲和政纲留待正式成立以后再去决定。"

1920 年 11 月，《共产党》月刊在上海创刊。就在创办杂志的那些日子里，为阐明共产主义的原则、共产主义者的理想和目的，规定收纳党员的标准，由陈独秀执笔，上海的共产党早期组织的笔杆子们参加讨论，起草了一个纲领性的文件——《中国共产党宣言》。

这是中国共产党最早的宣言，不是陈公博论文附录中所附的两篇宣言。那两篇，一篇是 1922 年 7 月党的二大所通过的《中国共产党宣言》，另一篇是 1923 年的《中国共产党第三次代表大会宣言》。由于种种原因，这篇最早的《中国共产党宣言》的中文稿已散失，目前能阅读到的中文文本，是从苏共中央移交给中共驻共产国际代表团的档案中选出来，由参加远东劳动人民代表大会的中共代表团成员张国焘于 1921 年 12 月 10 日根据英文稿翻译的。

这篇宣言全文约 2300 字，包括共产主义者的理想、共产主义者的目的、阶级斗争的最近状态三部分，第一次比较系统地表达了中国共产主义者的理想和主张。宣言重申了《共产党宣言》开宗明义揭示的阶级社会是阶级斗争历史的原理，表示坚信资本主义必然灭亡和共产主义必然胜利的规律以及无产阶级是资本主义的掘墓人，强调无产阶级努力的发展和团结"会使资本主义寿终正寝的"，公开阐明自己崇信马克思的国家学说和无产阶级革命理论以及最终目的是要建立一个没有经济剥削、没有政治压迫、没有阶级的共产主义社会，指出革命的关键在于"组织一个革命的无产阶级的政党——共产党"。

宣言全文用"共产党"7次，用"阶级争斗"14次（另用"阶级冲突"1次），用"无产阶级专政"7次（另用"劳农专政"1次），用"共产主义""共产主义者""共产主义社会"合计16次，用"资本家""资本主义""资本制度"合计28次，提到"俄国""俄罗斯"合计10次。《中国共产党宣言》的拟定，不仅为中国共产党的成立作了理论上的准备，而且为党的彻底反帝反封建的民主革命纲领的制定奠定了理论基础和思想基础，指出了中国无产阶级革命的正确方向。《中国共产党宣言》当时没有对外发表，仅作为发展党员的标准，但它实际上起到了临时党纲的作用，为后来党的一大通过的中国共产党纲领奠定了基础。

毛泽东后来在《党史资料汇编》上读到这篇《中国共产党宣言》时写道："不提反帝反封建的民主革命，只提社会主义的革命，是空想的。作为社会主义革命的纲领则是基本正确的。但土地国有是不正确的。没有料到民族资本可以和平过渡。更没有料到革命形式不是总罢工，而是共产党领导的

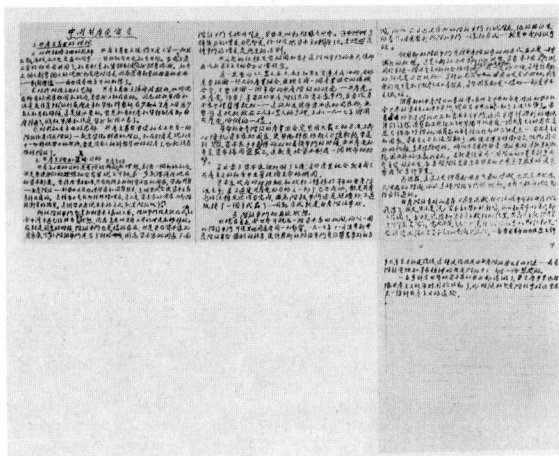

1920年11月，上海共产党早期组织起草的《中国共产党宣言》

人民解放战争，基本上是农民战争。"这言简意赅的批语，既肯定了这份历史文献作为党的革命纲领"是基本正确的"，又指出它在革命阶段、土地纲领、对民族资产阶级的方针以及革命斗争主要形式等方面存在的认识错误或不足之处。

第一位向中国人民系统报道
苏俄情况的中国共产党人

# 瞿秋白

（1921 年开始报道）

　　瞿秋白既是一位伟大的马克思主义者、卓越的无产阶级革命家，也是一位杰出的思想家、翻译家、社会学家、散文作家、文学评论家、金石书法家。他知识渊博，才华横溢，曾创造了中共历史中诸多个第一：他是中国报道十月革命后苏俄实况的第一人，是中国用文艺体裁描写列宁风采的第一人，是中国完整译配《国际歌》词曲的第一人……著名的新闻理论家、原《人民日报》副总编辑梁衡在《觅渡，觅渡，渡何处》一文中评价瞿秋白："如果他一开始就不闹什么革命，只要随便拔下身上的一根汗毛，悉心培植，他也会成为著名的作家、翻译家、金石家、书法家或者名医。"

　　1899 年 1 月 29 日，瞿秋白出生在江苏常州一户官宦之家。因家道中落，天资聪颖的瞿秋白只读到中学就辍学了。1917 年春，瞿秋白随堂兄瞿纯白到北京参加文官考试，但没有考取，随后到北京大学旁听。同年 9 月，他考入外交部办的俄文专修馆。

　　1917 年十月革命爆发后，俄国顿时成为世界革命的中心。1920 年冬，北京《晨报》公开招聘 3 名懂俄语的记者去苏俄。当时兼任上海《时事新报》驻北京外勤记者的孙九录向主持《晨报》笔政的孙光圻推荐瞿秋白。得到推荐后，对十月革命充满景仰的瞿秋白毫不犹豫地搭上了赴俄的列车。当时他在俄文专修馆只差两个月就将获得文凭，等待他的将是体面的外交官职务和优厚的俸禄，但他放弃了这一切。

1920年10月15日晚，瞿秋白到北京饭店，从远东共和国派驻中国的第一个使节优林那里取得了以《晨报》记者身份去莫斯科采访的签证。因为路遇苏维埃红军和白匪军激战等原因，走走停停，直到1921年1月25日夜，瞿秋白一行才终于抵达"震荡于资本主义飓风之中的孤岛"——莫斯科。

对于瞿秋白等3位东方记者，苏俄政府给了他们最高的待遇。当时苏俄过着极其艰苦的军事共产主义生活，一切都实行配给制，尤其是食物，更是严格按一定标准分配。即使瞿秋白一行享受的是最高待遇，但生活质量仍是他们所无法想象的。瞿秋白回忆说："我们头一天到食堂去早餐，看见人人吃完之后，把所剩下的面包、糖、牛油，或是用盒子装，或是用纸包起来，每个人都自己带回去。我们还笑他们真可谓穷极了。不想到午餐的时候，人人都有面包、糖、牛油，独我们3人没有，后来打听才晓得早晨所给的东西是整天的。"

瞿秋白进入苏俄时，苏俄正处于向新经济政策过渡时期。在这段时间，以列宁为首的布尔什维克党人，克服了难以想象的困难，领导人民平定了各地叛乱，废除已不适应形势需要的战时共产主义政策，使人们生活水平短时间内大幅度提高。

1921年的五一劳动节，正巧与基督教复活节同一日。瞿秋白兴奋地记录了经济改革后第一个

1920年年底，瞿秋白以北京《晨报》特派记者的名义赴苏俄考察，写了大量反映十月革命后俄国实际情况的通讯。图为瞿秋白（右）与同事李宗武在莫斯科留影

节日的热闹气氛："啊呀，恭喜恭喜，今天在我们这里吃过节饭——你们正忙着做菜呢，我来帮你。肉是市场上买的，新鲜哟。"瞿秋白感慨道，"回忆二三月间，我们到俄人家里，那冷淡枯寂的生活，现在丰富多了。"

在莫斯科期间，作为记者的瞿秋白多次见到列宁。这在他的回忆中均有鲜活的记录。1921年6月22日至7月12日，瞿秋白以记者身份参加了在莫斯科举行的共产国际第三次代表大会，并对列宁的讲话描述道："列宁的德、法语非常流利，谈话时沉着果断，演说时绝没有大学教授的态度。有一次在走廊上略谈几句，他给我几篇东方问题材料，公事匆忙，略略道歉就散了。""每逢列宁演说，台前拥挤不堪，椅上、桌上都站着人，电气照相灯开时，列宁伟大的身影投射在共产国际'全世界无产者联合起来'的标语题词上。"

11月7日，瞿秋白参加了在莫斯科第三电力劳工工厂举行的十月革命4周年庆祝会，列宁出席了这次大会并登台演说。瞿秋白写道："工人群众的眼光，万众一心，都注射在列宁身上。大家用心尽力听着演说，一字不肯放过。列宁说时，用极明显的比喻，证明苏维埃政府之为劳动者自己的政府，在劳工群众之心中，这层意义一天比一天明了。列宁末后的几句话，埋在热烈的掌声中。"

在苏俄的两年时间里，瞿秋白先后撰写了《共产主义人间化》《苏维埃俄罗斯经济问题》等数十篇通讯报道和散文集《饿乡纪程》《赤都心史》等不朽之作。仅据1921年6月至1922年11月《晨报》统计，瞿秋白就撰写通讯35篇，对苏俄的政治、经济、外交、文化、教育、工人组织、农民组织、党的建设以及知识分子等问题作了系统阐述。在著述文论中，瞿秋白热情赞扬十月革命是惊天动地的伟大事业，认为"俄国革命史是一部很好的参考书"，并断言中国人民要"走俄国人的路"。这些对当时的中国思想界产生了重大影响。爱国作家郑振铎回忆说："那些充满了热情和同情的报导，令无限的读者们对这个人类历史上出现的崭新的社会主义国家，发生了无限向往的心情。"

在对苏俄的考察、体验和研究中，瞿秋白深刻认识到布尔什维克在领导苏俄人民摆脱贫困中所表现出来的大智大勇，从而坚定了他的共产主义信仰。1921年5月，他由张太雷介绍，加入俄共（1922年2月加入中国共产党），完成了由激进民主主义者到共产主义者的转变。同年11月5日至12月5日，共产国际在彼得堡（后移到莫斯科）举行第四次代表大会，列宁在这次大会上作了报告。瞿秋白作为"俄国通"陪同陈独秀等中国共产党人参加了这次大会，并为陈独秀做翻译。他及时将列宁在大会上的报告和其他重要文件译成中文，寄回国内。

在瞿秋白心中，革命后的俄国有使人们觉醒的真理，有使中国从黑暗通向光明的火种。因此，"有志于救国救民的觉悟青年，应当到那里学到真理，把它播散给中国的劳苦大众；取得火种，把它点燃在中国的黑暗的大地"。他坚信，只有走列宁指引的道路，被压迫民族才能获得真正的解放。受陈独秀邀请，瞿秋白于1923年1月回到北京，随后便投入中国共产党领导的民族独立与民族解放的伟大事业之中。

中国共产党人第一次在共产国际的讲坛上发言

# 张太雷在共产国际第三次代表
# 大会上的 5 分钟演说

### （1921 年 7 月 12 日）

在中国国家博物馆，藏有张太雷烈士唯一现存于世的一封家书手稿。它，写于革命者踏上征程的前夜，其残破的外表述说着几十年的风雨颠簸，涂改的笔迹抒发着书写者内心的踌躇与谨慎。

在中国共产党早期历史上，张太雷是一位赫赫有名的人物，与瞿秋白、恽代英并称"常州三杰"。张太雷生于 1898 年 6 月，原名张曾让，字泰来，投身革命后使用过多个名字，后因立志化作"巨雷"，以期冲散阴霾，击碎旧世界，遂取其字"泰来"的谐音，改名"太雷"。

历经五四运动的洗礼，张太雷参加了李大钊等人发起的马克思主义研究会。1920 年春，共产国际派维经斯基等人来中国了解情况，希望与中国革命组织建立联系。张太雷担任了维经斯基的英文翻译，积极参加在北京、上海创建中国共产党早期组织和在上海创建社会主义青年团组织的活动。12 月底，共产党北京支部成立。随后，张太雷被发展为支部成员，成为中国共产党最早的党员之一。

1921 年年初，共产国际在伊尔库茨克成立远东书记处，远东各国共产党的组织不再由俄共（布）下属组织联络，而改归共产国际直接领导，要求中国的共产主义组织派一个代表前去。李大钊等商定，派曾与维经斯基有过联系（维经斯基已被任命为远东书记处的日常工作负责人）、年仅22岁的张太雷前往。

张太雷在赴俄之前给妻子陆静华写了开头提及的这封信。他写信的目的，是要向巫盼他毕业后找到如意工作、进而改善家境的母亲和妻子诉说自己放弃了读书做官的老路、走上了共产主义之路的决定，并希望获得她们的理解。为保守党的秘密，张太雷在信中不能言及此行目的，只好从母亲妻子最为蔑视的官员腐败入手，称做官发财是一种害人的东西，与自己所追求的幸福是完全相悖的。自己所追求的幸福，不仅仅是家庭温饱，更是人民将来永久的幸福，坚定地表明了自己的共产主义信仰。

张太雷乔装打扮后越过中俄边界，乘上西伯利亚铁路的火车，在漫天风雪里于1921年3月抵达远东书记处。他在伊尔库茨克短短的3个月里干了许多事情：他与书记处多次开会，详细讨论有关中国共产党的问题；负责筹备中国科，他被任命为书记，忠实地完成了传达共产国际给中共的指令、为中苏双方互通情况的任务；参加了筹建朝鲜共产党及促进日本工人运动的活动等。同时，他还受中国共产党早期组织指派准备了致共产国际第三次代表大会的报告。虽然工作很辛苦，但张太雷感到很充实，在异国他乡的陌生工作环境里充分体现了一个中国红色外交使者的风采。

共产国际第三次代表大会是在资本主义世界相对稳定的形势下，为制定共产主义运动新的战略策略而召开的。初夏的莫斯科一派生机勃勃，到处充满了"澎湃赤潮"的浓烈气氛。1921年6月22日晚，共产国际第三次代表大会开幕。张太雷和上海社会主义青年团书记俞秀松作为中国共产党早期组织的代表，第一次参加共产国际大会。张太雷的中学同窗挚友瞿秋白以记者身份列席了会议。他们十分荣幸地见到了列宁，目睹了列宁的风采，聆听了列宁先后两次在大会上的演讲，感到无比振奋并深受鼓舞。

7月12日是大会的最后一天，瑰丽宏伟的莫斯科大剧院楼上楼下座无虚席，连走廊里都挤满了人。列宁、季诺维也夫、布哈林及大会主席团成员都出席了会议。按原计划，张太雷将在大会上代表中国的共产党早期组织宣读致共产国际三大的长篇报告。这份报告最初由共产国际远东全权代表舒米亚茨基和张太雷起草，署名张太雷和杨好德（亦为杨厚德，即杨明斋）。张太雷到莫斯科后，根据共产国际有关指示，需要进一步修改报告。鉴于报告篇幅之长、思想容量之大、牵涉问题之多、分析难度之高，加上时间之紧迫，舒米亚茨基又很忙，张太雷便请瞿秋白协助整理、修改。修订后的报告翻译成中文长达 15000 多字，由中国的政治形势、经济状况、知识分子等 9 个部分构成，是中国共产主义者第一次对中国国情、中国共产主义运动所作的高水平的全面分析。会议进行了 1 个多小时后，大会执行主席郑重宣布：由于要求上台发言的人多，每位代表发言不得超过 5 分钟。这突如其来的变化，使毫无思想准备的张太雷深感为难。要知道，这是中国的共产党早期组织代表第一次走上共产国际讲坛，第一次向全世界发布宣言，意义可谓十分重大。但他迅速镇定下来，知道照原来的讲稿发言是不可能了，便决定干脆不用讲稿。正当他凝神调整思路时，大会执行主席宣布"现在请中国共产党代表张太雷同志发言"。

张太雷迅即起身，把讲稿交给瞿秋白，从容不迫地走上讲台，用洪亮有力的声音开始了演说。他站在世界革命的高度，把远东的问题尖锐地摆出来，使那些长期以欧洲为中心而忽视东方的革命者们心头一震。他大声疾呼："共产国际和西欧各国的共产党，今后有必要对远东的运动更多地给予关注和支援，特别对中国的发展应予更进一步的注意。"他同时指出，中国的无产阶级和其他革命力量也会在这个伟大的事业中给他们巨大援助。"在必将到来的世界革命中，中国丰富的资源和伟大的力量是被资本家用来同无产阶级斗争呢，还是被无产阶级用来同资本家作斗争？"这一沉重的发问，震撼着整个会场。他接着用明确而坚定的语气回答道："那就要看中国共产党，主要是看共产国际的支持如何而定了。"最后，他举起右手，握紧拳头，高呼："世界革命万岁！共产国际万岁！"全体代表为他的演说所打动，纷纷站起来向他热情鼓掌，主席台上列宁等领导人也都含笑站了起来，长时间鼓掌，会场上同时响起了用各种语言高唱的《国际歌》。

1924年六七月间，出席共产国际五大的中共代表和在莫斯科东方劳动者共产主义大学学习的部分同志合影。前排左一为张太雷

　　张太雷这1000多字的演讲，刚好讲了5分钟，达到了寻求共产国际支持的目的。至于那15000多字的讲稿，会后递交给大会主席团，刊登于共产国际远东书记处机关刊物《远东人民》1921年第3期，成为重要的历史文献。舒米亚茨基曾称它是"中国共产党人在国际舞台上最早发表的文献"。通过这份报告，共产国际对中国的早期共产主义运动有了较多的了解。大会结束后不久，共产国际就派马林到中国来指导成立中国共产党。

# 113

# 中国共产党第一次全国代表大会

## （1921年7月23日开幕）

"上海党的一大会址、嘉兴南湖红船是我们党梦想起航的地方。我们党从这里诞生，从这里出征，从这里走向全国执政。这里是我们党的根脉。"2017年10月31日，在党的十九大胜利闭幕一周之际，习近平总书记带领中共中央政治局常委专程赶赴这里，探寻中国共产党的精神密码。两个具有重要标志意义的中国革命原点，在时隔百年后的中国大地上依然闪耀着指引未来的光芒。让我们沿着早期共产党人的足迹，翻开那风云激荡的红色篇章。

五四运动后不久，随着马克思主义在中国的传播及其同中国工人运动的初步结合，各地共产党早期组织相继成立。这些共产党早期组织积极开展工作，有力地促进了马克思列宁主义与中国工人运动的进一步结合，一批工人阶级的先进分子在这个过程中成长起来。这样，在中国建立全国统一的共产党的条件就基本具备了。

1921年3月，李大钊著文公开呼吁创建工人阶级政党。他指出："中国现在既无一个真能表现民众势力的团体，C派（指共产主义派）的朋友若能成立一个强固的精密的组织，并注意促进其分子之团体的训练，那么中国彻底的大改革，或者有所附托！"

1921年6月初，共产国际代表马林和共产国际远东书记处代表尼克尔斯基先后到达上海，并与上海的共产党早期组织成员李达、李汉俊建立了联系，建议及早召开全国代表大会，宣告党的成立。李达、李汉俊同当时在广州的

中国共产党第一次全国代表大会会址——上海望志路 106 号（今兴业路 76 号）

陈独秀、在北京的李大钊通过书信商议，决定在上海召开中国共产党第一次全国代表大会。随即，他们写信通知各地党小组，各派代表二人到上海开会。据当时一份档案记载："代表大会定于六月二十召开，可是来自北京、汉口、广州、长沙、济南和日本的代表，直到七月二十三日才到达上海，于是代表大会开幕了。"

1921 年 7 月 23 日晚，中国共产党第一次全国代表大会在上海法租界望志路 106 号（今兴业路 76 号）开幕。国内各地的党组织和旅日的党组织派出十几名代表出席大会。他们代表着全国的 50 多名党员。这些代表是：上海的李达、李汉俊，北京的张国焘、刘仁静，长沙的毛泽东、何叔衡，武汉的董必武、陈潭秋，济南的王尽美、邓恩铭，广州的陈公博，旅日的周佛海；包惠僧受陈独秀派遣，出席了会议。出席党的一大的上述人员平均年龄 28 岁，其中最年长的是 45 岁的何叔衡，最年轻的是 19 岁的刘仁静。马林和尼克尔斯基也出席了这次大会。参加会议的这些代表都是社会上还不知名的"小人物"。而陈独秀和李大钊这两位"大人物"恰好有事，一个在广州，一个在北京，没有来参加这次大会，但就是这些年轻人却以改天换地的豪迈气概，一心要在中国这块古老的国土上创立一个崭新的合理的社会。28年后，中国革命终于在全国范围内取得胜利，并开始建设新社会的实际探索。

会场的陈设十分简朴，气氛却很庄重。会议原定由陈独秀主持，因他未能来上海，临时推选北京代表张国焘主持。毛泽东、周佛海担任记录。在开幕式上，首先由张国焘报告会议筹备经过，说明召开这次大会的重要意义，并提出大会议题。接着，由共产国际代表马林致辞。马林除了对中国共产党成立表示祝贺外，还介绍了共产国际的概况，并建议把会议的进程及时报告共产国际远东书记处。马林"精力充沛，富有口才"，一口气讲了三四个小时，一直讲到将近半夜，给代表们留下深刻印象。随后，代表们具体商讨了会议的议程和任务，一致同意先由各地代表向大会报告各地区的工作，然后讨论和通过党的纲领，制订今后的实际工作计划，最后选举党的中央领导机构。这些议程分别安排在随后几天的会议中逐项进行。

7月30日晚，代表们正在开第六次会议的时候，一名身穿灰布长衫的陌生男子突然从虚掩的后门闯了进来。李汉俊问他找谁，他说找社联的王主席，接着又说找错了地方，然后就退了出去。马林富有地下工作经验，立即说这是一个"包打听"（旧中国巡捕房密探、线人），建议会议马上停止，大家迅速离开。果然，十几分钟后，法租界巡捕房派出两辆车停在了望志路，法国警官带着中国密探进入楼内搜查。由于没有发现什么可疑迹象，没多久就离开了。

望志路肯定不安全了，于是李达夫人王会悟提议，会议可以转移到浙江嘉兴继续召开，并得到与会代表的同意。第一批代表由王会悟带领离开上海后，李达带着其余代表乘后一趟车出发。马林和尼克尔斯基怕再引起别人注意，没有继续参加会议。李汉俊和陈公博也没有去嘉兴。王会悟回忆说，"到嘉兴后，我去鸳湖旅社租了房间，作为代表们歇脚之处。又托旅社代雇一艘中等画舫，要了一桌和餐。代表们上船前，我还出主意，让他们带了一副麻将牌""代表们上船后，以打麻将为掩护，继续开会。我坐在船舱外望风，见

047

嘉兴南湖游船（仿制）

有船划近了，就敲窗门，提醒代表们注意"。就这样，代表们在游船上召开了最后一天的会议。

党的一大通过了党的第一个纲领，确定党的名称为"中国共产党"，规定党的纲领是"以无产阶级革命军队推翻资产阶级""采用无产阶级专政，以达到阶级斗争的目的——消灭阶级""废除资本私有制"，以及联合第三国际。大会虽然也主张"与其他政党合作，反对共同的敌人"即军阀，但并没有制定出党在民主革命阶段的明确纲领。大会在讨论党的实际工作计划时，"因为党员少"，关于"组织农民和军队的问题成了悬案"，决定集中精力组织工厂工人。大会通过的党的第一次决议规定党在当前的"基本任务是成立产业工会""党应在工会里灌输阶级斗争的精神"，要派党员到工会去工作。为了保证党的先进性，大会"决定接受党员要特别谨慎，严格审查"；鉴于当时的党"几乎完全由知识分子组成"，大会"决定要特别注意组织工人，以共产主义精神教育他们"。大会通过的纲领还规定，申请入党的人不得具有非共产主义的思想倾向。他们在入党之前，"必须断绝同反对我党纲领之任何党派的关系""在公开时机未成熟前，党的主张以至党员身分都应保守秘密"。

考虑到党员数量少和各地组织尚不健全，大会决定暂不成立中央执行委员会，只设立中央局作为中央的临时领导机构。大会选举陈独秀、张国焘、李达组成中央局。陈独秀为中央局书记，张国焘负责组织工作，李达负责宣传工作。

具有划时代意义的中国共产党第一次全国代表大会，正式宣告了中国共产党的成立。毛泽东后来说："中国产生了共产党，这是开天辟地的大事变。""自从有了中国共产党，中国革命的面目就焕然一新了。"

# 114

中国共产党领导工人运动的第一个公开机构

## 中国劳动组合书记部

（1921 年 8 月 11 日成立）

中国共产党成立后，中央局依据党的一大通过的纲领和决议，领导各地党组织迅速开展各项工作。在工人运动方面，为加强统一领导，中央局于 1921 年 8 月 11 日在上海成立中国劳动组合书记部（中华全国总工会的前身）。这是党领导工人运动的第一个公开机构。自成立之日起，这个先进组织就向工人宣传马克思列宁主义，帮助工人组织工会，领导罢工斗争，掀起了第一次中国工人运动高潮，在中国工运史上具有开拓性的重要地位。

为什么要在中国共产党正式成立仅仅十几天后，就迅速成立了中国劳动组合书记部？这与当时中国工人的实际状况和党所面临的任务是分不开的。

20 世纪初，中国产业工人数量很少，主要是手工业工人和苦力。工人中只有行会、同乡式帮口、青红帮等秘密结社和同孙中山有联系的少数南方工会。工人有过一些自发的罢工斗争，大多是经济性的，规模不大，时间也不长。第一次世界大战期间，随着民族工业的发展，中国产业工人的队伍迅速扩大。20 世纪 20 年代初，上海工人总数已达 50 多万人，其中产业工人达 18 万余人，约占全国工人总数的 1/4。然而，工业繁荣的背后，是资本家对工人阶级的经济剥削和政治压迫。在资本家、殖民者的层层剥削压迫之下，工人阶级自身维权意识逐渐觉醒。五四运动后不久的六三运动中，上海工人声援被捕的北京学生，罢工的大约有六七万人，这使人们开始认识到工人的力量。

1920 年和 1921 年，在俄国十月革命影响下，欧洲一些国家的工人运动达到高潮。特别是十月革命的胜利，更使得中国工人受到深刻的影响和强烈的鼓励。就在这种情形之下，"中国职工运动开始它的黎明期了"。邓中夏于 1930 年在《中国职工运动简史》一文中写道："中国职工运动就是在这个世界革命时期发展起来的，因为革命怒潮导源于俄国，泛滥于欧洲，很快的也就浩浩荡荡的冲到远东，中国的万里长城堵不住了，中国的工人群众被这种潮流惊醒了。"虽然中国的工人群众被这种潮流惊醒了，但由于缺乏先进理论的指导和有计划有组织的推动，工人阶级在此阶段还没有认清自己的阶级利益和历史使命，不能充分体现和发挥自身的革命性，担当起中国革命的领导责任。

党的一大通过的决议指出："本党的基本任务是成立产业工会。凡有一个以上产业部门的地方，均应组织工会；在没有大工业而只有一两个工厂的地方，可成立比较适于当地条件的工厂工会。"成立之初的党还不能在上海进行合法公开活动，党中央急需成立一个可以公开领导工人运动的总机构。为加强统一领导工人运动，中央局于 1921 年 8 月 11 日在上海成立中国劳动组合书记部，张国焘担任书记部主任，办事机关设在北成都路 19 号（今成都北路 899 号）。8 月 16 日，张国焘等 26 人发表《中国劳动组合书记部宣言》。《宣言》分析了中国工人的悲惨景况，强调工人阶级联合起来的重要性。

为了扩大宣传和联络，中国劳动组合书记部于 8 月 20

《共产党》月刊发表的《中国劳动组合书记部宣言》

日出版机关刊物《劳动周刊》，由李启汉、李震瀛负责编辑。周刊的任务是"专门本着中国劳动组合书记部的宗旨为劳动者说话，并鼓吹劳动组合主义"。

劳动组合书记部的英语原文是"Trade Union Secretary"，为什么不翻译成"工会书记部"？因为现代汉语中有许多词汇源于日文，"劳动组合"也是日本人对"Trade Union"的翻译。而且，当时工人中间已有一些"招牌工会"，采用"劳动组合"，也是为了与这些鱼龙混杂的旧式组织有所区别。

中国劳动组合书记部成立后不久，相继在各地建立分部。毛泽东为湖南分部主任，工作重点是湖南各地以及江西安源路矿工人。各分部在本地区开设工人夜校，创办工人刊物，领导罢工斗争，对工人运动的发展起了重要作用。

中国劳动组合书记部及各分部成立后，在有计划有组织的推动下，中国的工人运动进入一个新的阶段。它们的工作重点，最早从京汉铁路（特别是北京附近的长辛店）、安源路矿、开滦煤矿和上海小沙渡一带的纱厂集中区开始。那时的共产党人大多是知识分子，如何深入到工人中去，在他们中间开展宣传和组织工作并不是一件容易的事情。史学理论家金冲及回忆说，他在50多年前曾听陈望道说过：陈望道和沈雁冰（茅盾）常在工厂放工、大批工人从厂门里出来时站在稍高处对工人演讲，却没有多少人听这样的讲话。他们在实践中逐步摸索出一些行之有效的做法：以"提倡平民教育"为名，举办工人学校，帮助他们补习文化。从这里着手，一方面同工人们熟悉起来，和他们交朋友，从中发现和培养一些积极分子，不断扩大团结面；另一方面，在讲文化课时加上一些内容，帮助工人了解自己受剥削受压迫的真相和需要团结起来进行斗争的道理。到条件成熟时，就组织工会或工人俱乐部，团结更多工人，为他们谋福利，组织他们进行斗争。这样，就把工作局面一步步打开了。曾经在中国劳动组合书记部工作过的董锄平回忆："在教工人认识'工人'两字时，就把两个字拼成一个'天'字，并讲工人就是天，是多么了不起啊！"

从1922年1月起开始了中国第一次工人运动高潮。这个高潮持续到1923

年 2 月，前后共 13 个月，大小罢工在 100 次以上，参加罢工的人数达 30 万人以上。这次高潮是从香港海员大罢工开始的，它并不全是由共产党领导的。罢工持续了 56 天，最后取得胜利。在此期间，中国劳动组合书记部干事兼《劳动周报》编辑李启汉等在上海成立"香港海员罢工后援会"，支援香港海员大罢工。1922 年 1 月 17 日，黄爱、庞人铨因领导湖南华实纱厂工人索取年终双薪罢工，被军阀赵恒惕杀害，他们是中国最早为无产阶级事业奋斗而死难的革命先烈。3 月 26 日，中国劳动组合书记部在上海举行追悼会纪念他们，李启汉主持大会，陈独秀到会演讲。4 月 24 日，在李启汉等人的组织领导下，上海邮政信差 700 余人举行罢工，要求改变不合理规定，增加工资和减少工时。罢工取得一定胜利后，成立了上海邮务友谊会。1922 年 5 月 1 日至 6 日，中国劳动组合书记部在广州召开了全国第一次劳动大会，出席代表 173 人，代表 110 余个产业工会的 30 多万名有组织的工人。大会讨论并通过《八小时工作制案》《全国总工会组织原则案》等 10 项决议案，并公开发表《全国劳动大会第一次会议宣言》。大会实际接受了"打倒帝国主义""打倒军阀"的口号，并且决定在全国总工会未成立之前，中国劳动组合书记部为全国总通讯机关，事实上承认了中国共产党在工人运动中的领导地位，引导工人阶级开始走向全国团结的道路。

中国劳动组合书记部支援和领导罢工斗争，使英租界当局感到十分恐惧。1922 年 6 月，上海公共租界工部局以"扰乱治安"等罪名，逮捕了被工人誉为工运"健将"和"先锋"的李启汉，查封了《劳动周刊》。7 月 17 日，又封闭总部办事处并通缉其成员。当时北京尚可公开活动，于是中国劳动组合书记部迁往北京，邓中夏任总部主任，上海改设分部，改《工人周刊》为总部机关刊物。

北京总部成立后，联合各分部开展了"劳动立法运动"，以争取工人阶级的政治自由。同时，继续派特派员深入重点工矿企业，积极参与工人罢工运动的组织与领导。如毛泽东、刘少奇到安源路矿，罗章龙、林育南等深入京汉铁路沿线等。1923 年 2 月 7 日，京汉铁路工人大罢工惨遭军阀镇压。中国劳动组合书记部上海分部联合沪上各工会团体，连续发出《通电》《敬告国民书》《二七大屠杀的经过》《告全国工人书》，在揭露军阀祸国殃民和残酷屠杀工人滔天罪行的同时，还鼓励"工人阶级组成一个极大极强的团体，再联合农民、商界、学界同心努力，打倒大家的共同敌人——军阀，建设真正的民主共和政治来代替军阀政治"。

京汉铁路工人大罢工遭镇压之后，北京书记部也遭查抄，被迫迁回上海，转入秘密活动。1925年5月1日，第二次全国劳动大会在广州召开，宣布成立中华全国总工会，中国劳动组合书记部完成历史使命而被撤销。

从成立到撤销的3年零9个月时间里，中国劳动组合书记部为壮大党的事业和工人阶级自身的解放做了大量的工作，在中国工运史上谱写下壮丽诗篇。正如蔡和森后来指出的："此组织在中国共产党历史上、在中国职工运动历史上都算最有力量、最有意义的组织及主要组织。"

中国共产党第一个出版机构

# 人民出版社

（1921年9月成立）

　　上海辅德里625号（今成都北路7弄30号），这户看似普通的石库门建筑，在20世纪20年代初却有着三重身份：中共中央局宣传工作负责人李达的寓所、中共二大第一次全体会议会址所在地、中国共产党第一个秘密出版机构——人民出版社所在地。

　　中国共产党从成立开始，就非常注重宣传工作。中央局发出的第一份通告明确提出，"中央局宣传部在明年（指1922年——引者注）之前，必须出书（关于纯粹的共产主义者）二十种以上"。

　　1921年9月，在《新青年》第9卷第5号上，刊登了一则通告，它标志着中共中央直属的第一家出版机构——人民出版社正式诞生。出版社的创始人就是中央局宣传工作负责人李达。通告列出了人民出版社将要出版的49种书目，

李达（1890—1966），中国共产党创始人和早期领导人。由于各种原因，他在1923年脱党。之后，他一直从事教育工作，长期坚持马克思主义学说的研究和宣传，并于1949年重新加入中国共产党

其中包括马克思全书 15 种，列宁全书 14 种，共产主义者丛书 11 种，其他社科著作 9 种。这是一个雄心勃勃的计划，远远超出了中央局的要求。

出版计划宏大高远，办社条件却十分艰苦。当时，在北洋政府统治下，出版马克思主义经典著作和其他革命理论书籍是非法的。在中共二大会址纪念馆一楼，至今还保存着一个灶间，内有一个当年李达家烧饭的灶头，灶头旁堆满了稻草和木柴。如遇军警搜查，就把印刷器材和出版物藏在木柴堆里；如果碰到紧急情况，只能把印刷物放进灶台里统一烧毁。由于当时广州是国民革命的根据地，为确保安全，人民出版社编辑的书籍都以"广州人民出版社"名义出版。辅德里 625 号二楼是李达的卧室和书房，多少个日日夜夜，李达就在这里伏案工作，奋笔疾书。除注译书稿外，丛书的编辑、付印、校对、发行都由李达一人承担。马列主义的思想火种从这个不足 6 平方米的楼梯间里不断播向全国。

除了人力不足，更有经济压力。人民出版社的图书大部分是秘密赠送，而非公开发售，很快就入不敷出。从后来沈雁冰和李达的回忆中得知，他们经常写文章卖给商务印书馆，赚取稿费，补贴出版社的经费。在人员紧张、经费缺乏的情况下，出版社坚持不断出书，在 1922 年 6 月 30 日陈独秀写给共产国际的报告中，详细列出了人民出版社成立 9 个月来的出书目录，共 12 种。但长期的亏空使出版工作实在难以为继。1922 年 11 月，李达应毛泽东邀请前往长沙，担任湖南自修大学校长。随后，人民出版社并入广州新青年杂志社，后来大革命失败，出版工作转入地下。

李达主持的人民出版社开拓了我国出版事业的新路子，对促进马克思主义系统地有计划地在中国传播起了很大作用。这些著作在党初创时期成为众多共产主义者的启蒙读本。党的早期领导人蔡和森在《中国共产党的发展（提纲）》中指出："人民出版社为我党言论机关，出版了很多书籍，对思想上有很大的影响。"

人民出版社的出版工作告一段落，但其精魄犹在，在以后的革命实践中党的出版事业如同凤凰涅槃，浴火重生。1926 年，广州新青年杂志社以人民出版社名义出版《我们为什么斗争》；1931年至1932年，河北保定北方人民出版社出版了数十种图书；1938年，延安解放社以人民出版社及陕西人民出版社名义出版《毛泽东论中日战争》；1945年，生活、读书、新知三家书店的联合生产部以人民出版社名义出版人民丛刊4种；1949年，解放社再度以人民出版社名义出版了毛泽东的《新民主主义论》《论人民民主专政》……这些曾以人民出版社之名出书的出版机构，与人民出版社有着千丝万缕的联系。中华人民共和国成立后，人民出版社于1950年12月1日重建，成为党和国家重要的政治书籍出版社，也是我国第一家著名的哲学社会科学综合性出版社。

# 116

中国共产党第一位将军党员

## 李六如

（1921 年 10 月入党）

20 世纪 50 年代末，有一部名为《六十年的变迁》的小说风靡全国。小说的主人公季交恕是一位热血青年，为寻求救国救民的道路，从本土寻到东洋，从清末寻到民国，历尽磨难，最终汇入人民解放事业的洪流中。当时，北京各大报刊纷纷转载该书，一时间，"路人竞说季交恕，城乡争购六如书"。这里所提的"六如"就是小说的作者，原最高人民检察署副检察长、党组书记李六如。

李六如是中华人民共和国检察工作主要奠基人之一，为开创社会主义司法、检察工作和法制建设，培养司法、检察干部作出了重要贡献。除此之外，很多人不了解，他还是中国共产党的第一位将军。

生于 1887 年的李六如比朱德小一岁，但他革命生涯开始的时间却比朱德要早。1908 年，李六如赴武昌参加新军，加入中国同盟会。武昌起义时，李六如被黎元洪委任为第四镇十六标标统（相当于团长），参加了阳夏战争。李六如由于不满意标统职位，又觉得自己年轻，想出洋深造，几经请求，黎元洪终于同意赠他 3000 元出洋费，每月另拨官费 80 元。黎元洪为了李六如在国外有面子，还专门给他补了一个"陆军少将"头衔。那一年是 1912 年，等到朱德成为少将的时候，已经是 1917 年了。

1912 年，李六如赴日留学。5 年后，他以优异成绩毕业，谢绝日本驻上海通讯社和长沙官方的高薪聘请，回到家乡平江。他回国后，并没有步入政界，而是怀着"实业救国"梦想，集资开办救民工厂和兴业织布工厂。但由于军阀勒索，洋布倾销，不久工厂倒闭了，还欠了债。1920 年 8 月，李六如在"山穷水尽"之际来到长沙，在政法专科等校教书。这期间，他不甘于只当一名教书匠，经常在报纸上发表文章，并到处演讲，倡导平民教育运动。李六如通过湖南省政府、省议会和省教育会中许多朋友、熟人的关系，自上而下向各县推动，成立了全省平民教育促进会，被举为副董事长。通过平民教育运动，还推动四五十个县办了县报，李六如当选为全省县报联合会会长。政治进步、声名大振的李六如自然引起了毛泽东的注意。

一天，毛泽东派喻寄浑前去约见李六如。喻寄浑是李六如的同乡好友，爱国知识分子，曾同李六如一起创办《平江旬报》。李六如应邀和毛泽东、何叔衡见面后，一见如故，很快就成了无话不谈的好朋友。

社会主义青年团在上海成立两个月后，毛泽东于 1920 年 10 月间同时接到上海和北京寄来的社会主义青年团章程，遂着手在湖南建立团的组织。他首先在省立第一师范、商业专门学校和第一中学中寻觅发展对象。在一次闲谈中，何叔衡试探性地问李六如是否知道毛泽东正在建立的组织。李六如兴奋地低声问道："是不是共产党？"何叔衡说："不是共产党，是社会主义青年团。"李六如在详细了解了社会主义青年团的性质并知道这个团体是信仰科学社会主义之后，遂毅然决然地向何叔衡表示自己愿意参加。何叔衡让他去找毛泽东谈一谈。李六如同毛泽东深谈之后，即由毛泽东、何叔衡介绍，加入社会主义青年团。

毛泽东、何叔衡出席完中共一大后，于 1921 年 10 月 10 日正式成立中共湖南支部。在发展党员、建立组织的过程中，毛泽东特别注意在原有革命组织——新民学会和社会主义青年团中吸收先进分子入党。这天，在湖南自修大学听完课后，李六如应何叔衡和毛泽东的约请，来到何叔衡的住处，毛泽东、何叔衡向李六如初步介绍了中国共产党发展党员的要求以及党的纲领、奋斗目标和实行民主集中制等。

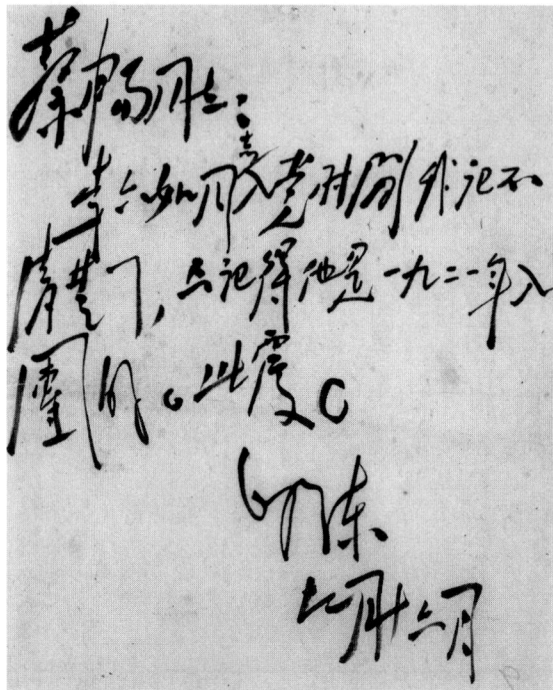

1941年12月16日，毛泽东在致蔡畅的信中说：李六如同志入党时间我记不清楚了，只记得他是1921年入团的

几天后，李六如又来向毛泽东详细谈了自己对党的认识，表明自己迫切要求入党的愿望。毛泽东遂决定由自己与何叔衡做入党介绍人，将李六如由团员直接转为党员。要知道，在十大元帅中朱德是最早入党的，那也是在1922年11月，比李六如晚了一年多。

入党后，李六如受党的派遣，到安源做过调查、开办过工人夜校。1924年国共合作后，他担任过国民革命军第二军第四师党代表。大革命失败后，在我党历史上著名的秋收起义、平江起义中，都能看到李六如的身影，而且他还是重要的组织者之一。1930年，李六如赴中央苏区，先后任福建省苏维埃政府财政人民委员兼内务人民委员、中华苏维埃中央政府国家银行总行副行长、代理行长，对苏区的政权建设和财经工作作出了贡献。1934年，红军主力长征后，他留在江西，任中央政府办事处财经委员会代理主任，转战于赣南山区，坚持艰苦卓绝的三年游击战争。

1937年10月，经党组织安排，李六如和妻子王美兰辗转到达延安。在李六如去往延安之前，毛泽东办公室秘书长的位置一直空缺，每每有人问毛泽东为什么不找一个秘书长时，毛泽东都笑而不语。而在李六如到延安之后，这个秘书长的职位就属于李六如了。

# 中国共产党组织的中国社会主义青年团第一次全国代表大会

## （1922 年 5 月）

　　五四运动后，随着马克思主义在中国的传播，接受马克思主义、愿意积极投身社会革命的，以青年学生为多。因此，在酝酿组建共产党的早期组织的时候，陈独秀吸取国际共产主义运动的经验，主张组织一个社会主义青年团作为党的后备军。

　　1920 年 8 月，上海的共产党早期组织成立后，立即委托最年轻的党员俞秀松出面筹备建立上海社会主义青年团。8 月 22 日，共产国际的代表维经斯基和俞秀松等人召开会议商讨团的成立问题。会上，俞秀松强调实行社会改造和宣传主义，要把进步、寻找出路的青年团结在共产党组织周围。这次会议，以俞秀松、施存统、陈望道、李汉俊等 8 位青年名义发起的上海社会主义青年团正式成立，俞秀松任书记。

　　上海社会主义青年团成立后，1920 年 9 月，上海的党团组织为了培养干部，公开创办了外国语学社，地点设在位于渔阳里 6 号的上海社会主义青年团机关，杨明斋担任校长，俞秀松任秘书，维经斯基的夫人任俄语教员。到学社学习的人多是通过陈独秀和上海的共产党早期组织成员介绍的，他们中的一些人在学习过程中先后加入了社会主义青年团。1921 年春，20 多名青年团员分 3 批去莫斯科东方大学学习，其中有后来成为党和国家重要领导人的刘少奇、任弼时、萧劲光等人。

上海社会主义青年团成立后不久，北京、天津、武昌、长沙、广州等地纷纷成立社会主义青年团。但是这些团体，团员成分复杂，有信仰马克思主义的，也有信仰无政府主义、基尔特社会主义和工团主义的。因此，在一些问题上往往意见不一致，使工作无法进行，影响了团的统一行动和战斗力。由于以上各种原因，加上经费困难，到1921年5月前后，上海、广州等地团组织相继暂时停止了活动。

1921年7月，党的一大专门研究了在各地建立和发展社会主义青年团作为党的预备学校的问题，决定吸收优秀团员入党，以壮大党的队伍。党的一大后，中央和各地党组织派了大批党员去恢复和加强团的工作。1921年8月，党中央决定由苏联回到上海的张太雷主持开展团的整顿和恢复工作。各地党组织在整顿和恢复青年团组织工作过程中，吸取了1920年建团的教训，注意了团的思想建设，确定社会主义青年团为信奉马克思主义的团体。在党的重视和领导下，从1921年11月至1922年5月短短几个月时间内，就在上海、北京、南京、天津等17个城市恢复和建立了地方团组织，全国团员达到5000多人，一个有着统一思想的全国性的青年团组织已具雏形。

1922年2月，上海团临时中央局通知各地团组织，准备于4月在上海召开中国社会主义青年团第一次全国代表大会。此后不久，青年团临时中央局收到中共广东支部领导人谭平山写给临时团中央书记施存统的信，谭平山在信中建议"大会地点，如能够改在广州更好，因为比较的自由"。党团中央考虑到广州的政治环境比较好，而且全国劳动大会将在广州召开，于是决定将青年团第一次全国代表大会延期至5月5日，会议地点定在广州。由此，中国共青团的诞生地就从上海移至广州。

1922年5月5日，中国社会主义青年团第一次全国代表大会在广州东园开幕。大会确定在马克思诞辰104周年纪念日这天召开，意在表明中国社会主义青年团是信仰马克思主义的革命团体，是代表劳动青年利益的革命组织。出席大会的除来自上海、北京、广州等15个地方团的25名代表及青年共产国际的两名代表外，还有出席全国劳动大会的代表和来宾共1500余人。中共领

1924年3月，中国社会主义青年团第二届中央扩大会议部分与会者在上海合影。前排右一为邓中夏，右二为夏明翰；后排右二为恽代英

导人陈独秀、张国焘以及彭湃、李启汉等也出席了会议。下午1时，张太雷首先向大会致开幕词。陈独秀和青年共产国际代表达林在会上作了演讲。

大会一共开了6天，举行了8次会议。会议听取了施存统代表的青年团临时中央局和上海团的情况报告，以及各地代表所作的关于本地团的情况报告。会议通过认真讨论，于5月10日晚通过了《中国社会主义青年团纲领》《中国社会主义青年团章程》等7项章程或议决案。大会接受了中国共产党的主张，第一次明确地提出"铲除武人政治和国际资本帝国主义的压迫"。大会以无记名投票、过半数当选的原则，选出了团的第一届中央执行委员会，高君宇、施存统、张太雷、蔡和森、俞秀松当选为执行委员，施存统当选为书记。

中国社会主义青年团第一次全国代表大会的召开，宣告了中国共青团正式诞生（1925年1月改称中国共产主义青年团）。大会使中国社会主义青年团实现了思想上、组织上的完全统一，成为在政治纲领和奋斗目标上与中国共产党保持一致的全国性的先进青年组织，是中国青年运动发展史上的一个里程碑。

# 118

## 中国共产党第一次发表对于时局的主张

# 《中国共产党对于时局的主张》

### （1922年6月15日）

　　第一次世界大战结束后，1919年的巴黎和会没有提出解决战后远东和太平洋地区问题的方案。美国因在巴黎和会上没有获得预期的利益，遂打着"维护世界和平"的幌子，于1921年11月12日至1922年2月6日在华盛顿发起召开一次新的国际会议，史称华盛顿会议。参加会议的有美国、英国、日本、中国、法国、意大利、荷兰、比利时、葡萄牙九国。会议有两项议程：一是讨论限制军备问题；二是讨论远东和太平洋地区的问题，主要是讨论中国问题。会议签署了《九国关于中国事件应适用各原则及政策的条约（草案）》（简称"九国公约"），其核心是肯定美国提出的"各国在华机会均等"和"中国门户开放"的原则。所谓"机会均等"，是指每一个帝国主义国家在中国都应得到同样的好处；所谓"门户开放"，是指每一个帝国主义国家都不能关闭它在中

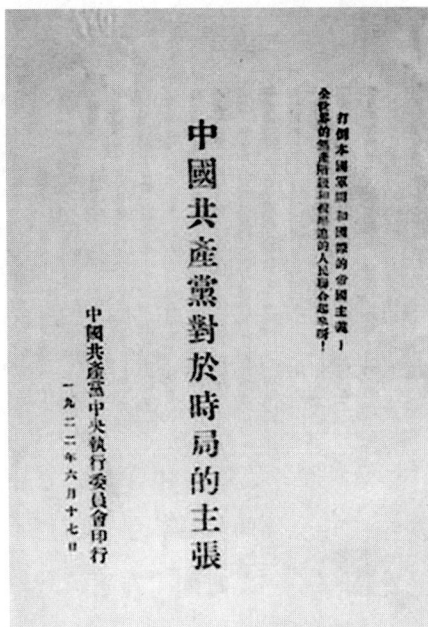

1922年6月，中国共产党中央执行委员会印行的对于时局的主张

国所控制地区的门户而不让其他国家进来。其实质是在确认美国所占优势的基础上，由帝国主义列强对中国进行联合统治和共同控制，并限制日本独占中国的企图，防止英、日两国结盟的可能性。

在中国国内，袁世凯去世后，其军阀团体内部分化，直、奉、皖三系斗争不断。1922 年 4 月底至 5 月初，直、奉两系爆发了第一次直奉战争，结果是亲日的奉系大败，被驱逐到山海关外，于是北京政权完全被直系军阀所掌握。直系军阀首领吴佩孚鼓吹"武力统一"，希望建立一个中央集权的统一政府，但各地方军阀为了自身利益，主张"联省自治"，以维护自己在地方的绝对权力，并牵制中央权力。此时，资产阶级改良主义者胡适、梁漱溟等人对吴佩孚寄予厚望，在《努力周报》上发表文章，提出要不分党派，由全国公认的"好人"出来组织一个"好人政府"，实行废督裁兵、财政公开、尊重国会、制定宪法、联省自治、停止内战等措施，以实现和平统一。而此时，也有其他党外人士希望中国共产党对"好人政府"予以支持。

党的一大召开后不久就成立了中国劳动组合书记部，集中力量领导工人运动，并掀起了第一次工人运动高潮。随着工人运动受阻，革命实践遇到挫折，党开始根据马克思列宁主义基本原理，结合中国的客观实际，进一步探索中国社会和革命问题。综合当时国内外形势，中共中央认为，华盛顿会议并不能改善中国的国际地位，外力始终在阻碍中国的进步，而"废督裁兵"也是不可能的，恰恰相反，"好人政府"的主张只会阻碍中国革命思潮的发展，因此共产党反对这一主张而且认为有必要旗帜鲜明地表达出自己的观点。于是，推举陈独秀起草文件，经党内讨论修改一致后，发表了《中国共产党对于时局的主张》（以下简称《主张》）。

《主张》全文共 10 个部分，内容大致可以分为对近代中国革命的总结和对中国社会性质的认识、对时局一些观点和主张的认识及批判、对中国革命道路的探索三个方面。在对近代中国革命的总结及对中国社会性质的认识方面，《主张》分析了近代中国革命的不足与经验，对辛亥革命进行了较为客观的评价，指出了当时中国人民受到帝国主义和封建军阀的双重压迫，这也是中国人民困苦的根源所在，所以需要用民主政治来代替军阀政治。此时对反动军阀统治的判断正是后来促成北伐战争的导火线。对时局的一些观点和主张的认识及批判方面，《主张》认为民主政治需要民主派来掌握政权，而真正的民主派要依据两个方面来判断，一是它的纲领和政策，二是它的行动，国民党在当时"比较是革命的民主派"，但是国民党也还存在一些问题。对于资产阶级改良派提出的"好人政府"等改良妥协幻想，中国共产党则予以明确的批判和反驳。在对中国革命道路的探索方面，《主张》指出了革命的对象是军阀和帝国主义，提出中国共产党作为无产阶级的先锋军，要进行无产阶级革命，并应与国民党等革命党派合作，建立联合战线解放人民。

尽管《主张》在分析资产阶级领导的政治革命的不彻底性根源方面，在只联络工人阶级而忽视农民阶级方面等有一些认识上的局限性，但这是中国共产党第一次就中国民主革命的重大问题，向社会各界公开自己的主张，也是党运用马克思主义列宁主义分析中国社会状况，解决中国革命问题的新起点，为党的二大制定党的民主革命纲领奠定了基础。

# 119

中国共产党第一部正式党章

## 中共二大制定的《中国共产党章程》

（1922 年 7 月）

党的章程本应伴随着党的诞生而产生，然而，因为种种原因，中国共产党第一次全国代表大会没有单独制定党章，只是在党的一大所通过的党纲中包含了党章的部分内容，如入党条件、接收党员的手续、党的委员会等。一大党纲具有了党章的初步体例，实际上起了党章的作用。

党的一大后，中央局要求各地党组织尽快发展和壮大自己的组织和队伍。1922 年 6 月，党员由一大时的 50 余人发展到 195 人，党的地方组织也有所增加。党在宣传、群众运动等方面的工作也有了明显进展，中国工人运动出现了第一次高潮。这些情况迫切要求党制定一个符合中国革命实际情况的明确纲领和适应党的组织发展需要的正式的章程。同时，随着革命斗争经验的积累，党对国际形势和中国无产阶级革命的认识进一步深化。党的马克思主义理论水平的提高，也为中国共产党第一部党章的制定奠定了基础。

1922 年 7 月 16 日至 23 日，党的二大在上海公共租界南成都路辅德里 625 号（今成都北路 7 弄 30 号）举行。会议通过了《中国共产党章程》。党章采取分章的体例，包括党员、组织、会议、纪律、经费、附则，共 6 章 29 条，分别对党员的条件和审批程序、党的组织系统及其构成、党的会议和活动方式、党的组织纪律、党的经费来源及使用等方面作了较详细的规定。制定首部党章时有两份参考蓝本，一份是党的一大所通过的党纲，另一份是苏联共产党八大党章。当时中国共产党尚处于幼年时期，没有过多的理论和实践经验积累，所以制定党章的过程中有所参考临摹。

与一大党纲相比，二大党章从内容到结构，从实体规定到程序规定，都有长足的进步。从根本原则到具体制度上，二大党章初步形成了一套相对完整的体系，明确阐释了党的民主集中制的原则。更为重要的是，我们党第一次有了正式的党章，反映出党的理论的进一步发展和实际工作经验的增多，对于规范党员和党组织的行为，健全党内生活，促进党组织的巩固发展，提高党的战斗力都起到了积极的作用。党章的制定标志着中国共产党创立工作的最后完成。

党的二大目前唯一存世的中文文献——一本汇集《中国共产党章程》等二大文献的小册子，珍藏于北京中央档案馆。穿越百年历史风云，这本记录着中国共产党起点的珍贵文献得以留存，有一段鲜为人知的故事。故事的线索是小册子封面盖的收藏章——"张静泉（人亚）同志秘藏"。

张静泉，又名张人亚，1898 年出生在浙江省宁波市霞浦镇。16 岁时，张静泉到上海凤祥银楼当金银首饰制作工，1921 年加入上海社会主义青年团，随后加入中国共产党，成为上海最早的工人党员之一。张静泉先后担任上海金银业工人俱乐部主任、中国社会主义青年团上海地方执行委员会书记、中共江浙区委宣传部分配局负责人等多个职务。

党的二大后，中央决定将大会通过的章程和 9 个决议案送给莫斯科的共产国际；与此同时，还铅印了小册子，分发给党内的有关人员学习贯彻。没有参加党的二大的陈公博得到一本，赴美以后将其翻译成英文并附入自己的论文《共产主义运动在中国》，由此有了文献的英文稿；张静泉也获得一本。1927 年四一二反革命政变后，严重的白色恐怖笼罩着上海，一旦被搜出与共产党相关的文件，就会招来杀身之祸，很多人为了安全起见忍痛把有关文件烧掉了。1928 年冬，张静泉奉命赴莫斯科中山大学学习。临行前，他最放心不下的是这些党内文件、书刊的安危，既不能让国民党将它们搜去，也不舍得轻易付之一炬。怎么办？经再三考虑，他决定将这些文件、书刊从上海秘密带到宁波乡下，托父亲张爵谦代为保管。

对于儿子的重托，张爵谦经过一番深思熟虑后，首先编了个"不肖儿子在外亡故"的故事，接着就在霞浦镇东面为张静泉和他早逝的妻子修了一座合葬墓穴。张静泉一侧是衣冠冢，放置的是空棺。老人把张静泉带回去的那一大包文件、书报用油纸细心裹好，藏进空棺，埋在墓穴里。为了安全起见，老人并没有将儿子的全名刻于碑上，只刻了"张泉"两个字。老人十分清楚这些东西的重要性，始终将这个秘密埋在心底，希望有朝一日儿子回来后"原物奉还"。

1932年，张静泉因病去世，但噩耗一直没有传到家乡。直至中华人民共和国成立，老人也没有盼到儿子归来，想想自己年事已高，这批重要的东西不能再"秘藏"下去了，便让在上海工作的三儿子张静茂连登几期寻人启事，但几个月后仍无音讯。老人便让张静茂回趟家乡，向他揭开了"衣冠冢"之谜，并将从墓穴中取出的一大包文件、书报交给他，要他带回上海交给相关部门。

张静茂把这批文件、书报带回上海后，专门刻了两枚上书"张静泉（人亚）同志秘藏""张静泉（人亚）同志秘藏山穴二十余年的书报"字样纪念图

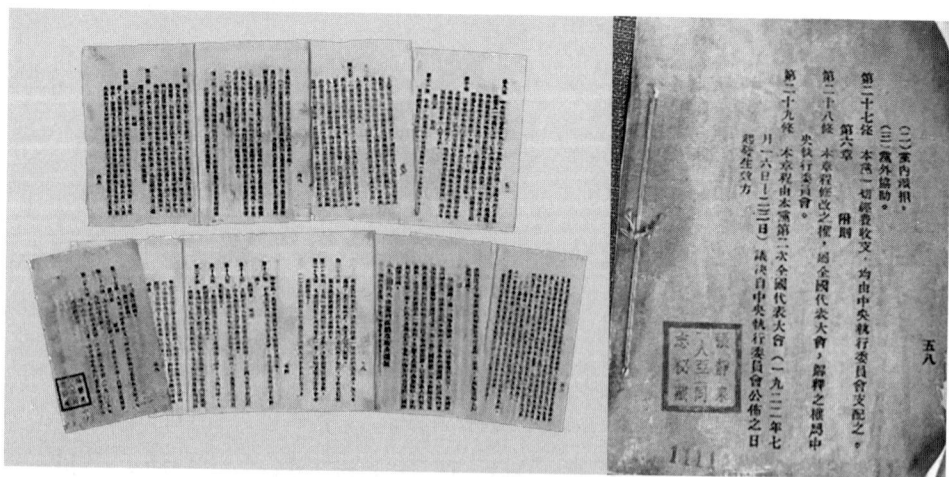

盖有"张静泉（人亚）同志秘藏"图章的文献

章，分别盖在文件和书报上。在这些秘藏文献中，就包括了铅印的党的二大小册子。党的二大通过的所有正式文件由此得以完好保存下来。

20 世纪 50 年代初，上海相关部门根据政务院和中共中央文件精神，将这些珍贵文献上交中央档案馆。正是凭借老一辈中国共产党人的智慧、勇气以及对党的事业的高度的责任心和无比忠诚，今天我们才得以看到包括《中国共产党章程》在内的党的二大系列文献。

# 120

## 中国共产党第一次特别会议

# 西湖会议

## （1922 年 8 月）

1922 年 8 月 29 日至 30 日，在美丽的西子湖畔，相比盛夏烈日的炙热，年轻的中国共产党的高层领导们围绕中国共产党与中国国民党的合作形式的问题的辩论，似乎更为热烈。

1922 年 6 月，成立还不到一年的中国共产党第一次发表对于时局的主张，首次公开主张同国民党以及其他革命民主派建立"民主主义的联合阵线"，共同推翻军阀统治。7 月，党的二大在上海举行。会议第一次提出了反帝反封建的民主革命纲领，并提出了与国民党实行"党外合作"的设想。而共产国际及其驻中国代表马林，鉴于其对国民党的地位与影响的判断，认为国民党是一个民族主义的革命政党，要求共产党人支持国民党，并在国民党内进行工作。当时，孙中山真诚地欢迎中国共产党与国民党进行"党内合作"，欢迎苏联援助中国革命。

中国共产党中央执行委员会在杭州的全体会议（史称"西湖会议"）正是在这种情况下召开的。出席会议的有陈独秀、李大钊、蔡和森、张国焘、高君宇及共产国际代表马林和翻译张太雷。会议由陈独秀主持。会上，马林转达了共产国际对中国革命的看法和与国民党联合的意图，并指出，党的二大通过的与国民党建立"民主联合战线"的决议，是"空洞不能实行的左倾思想"，进而阐述了其必须实行"党内合作"的理由。

马林讲话后，与会人员围绕共产党员是否可以加入国民党的问题展开了激烈的讨论，大致形成了三种意见：第一种，明确反对"党内合作"，认为国民党是资产阶级政党，共产党员加入会丧失自己的独立性。第二种，基本同意"党内合作"，认为国民党组织非常松散，共产党员加入不会受到约束，而且这种加入的方式，是实现民主联合战线易于通行的办法。第三种，认为共产国际的决议可以服从，但孙中山要根据民主主义原则改组国民党，取消加入国民党必须"打手模"以及向个人宣誓等入党手续。

会议开了整整两天，最后通过了陈独秀提出的加入国民党必须取消"打手模"以及向个人宣誓的

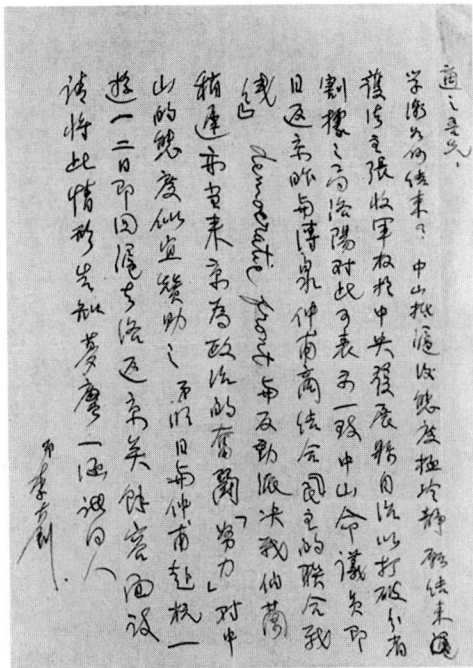

1922 年 8 月 28 日至 30 日，应共产国际代表马林的要求，中共中央在杭州西湖召开特别会议，讨论国共合作问题。图为李大钊在会前写给胡适的信。信中谈到不久将去杭州参加会议，商谈"结合'民主的联合战线'与反动派决战"的问题

入党手续之后，中共的少数负责同志可以根据党的指示加入国民党成为国民党党员的决定，从而为实现国共合作迈出了重要一步。西湖会议后不久，李大钊、陈独秀、蔡和森、张国焘等首先以个人身份加入国民党。但是党内大多数人对于这种做法仍有疑虑。直到一年以后，西湖会议的决定才得到贯彻执行。

西湖会议是中国共产党历史上召开的第一次特别会议，也是党在共产国际的帮助下政治主张和策略方针的一个重要转折点，为党的三大确定全体党员加入国民党、建立国共合作统一战线的策略奠定了基础。

# 121

中共中央公开发行的第一个政治机关刊物

# 《向导》周报

（1922 年 9 月 13 日创刊）

1922 年 7 月，党的二大在上海召开，会议决定出版党中央的政治机关刊物——《向导》周报。1922 年 9 月 13 日，《向导》在共产国际的指导和以陈独秀为首的中共中央领导下，创刊于上海。首任主编是蔡和森，继任主编先后有彭述之、瞿秋白。《向导》为 16 开本周刊，每期 8 页，后增至 12 页、16 页，设有"寸铁""时事评论""各地通讯""读者之声"等多种固定栏目。陈独秀为《向导》题写了刊名，并撰写创刊词《本报宣言》。在创刊宣言中，他对当时中国的政治、经济和社会现状作了精辟的剖析和论述。最后呼吁："本报同人依据以上全国真正的民意及政治经济的事实所要求，谨以统一、和平、自由、独立四个标语呼号于国民之前！"宣言充分体现了创办《向导》的宗旨。

《向导》正如其刊名一样，在向人们宣传中国共产党的主张、进行思想理论战线上的斗争中发挥了充分的舆论"向导"作用。纵览《向导》周报，其内容主要涉及以下四个方面：通过大量的典型事例和充分的理论分析，以极大的努力进行了打倒封建军阀的宣传；用大量的笔墨揭露各帝国主义国家竞相控制中国政治、经济命脉，操纵军阀混战，压榨中国民众的真相；大力宣传各革命阶级建立统一战线、实现国内和平的主张，并指出当时建立革命统一战线的一项首要工作，就是帮助孙中山改组国民党，建立并巩固国共合作，统一中国为真正的民主共和国；用大量的篇幅及时报道国内外的政治局势及革命运动。中国共产党早期著名领导人陈独秀、李大钊、蔡和森、李达、高君宇、向警予等都在《向导》上发表过多篇政治文章。毛泽东的《湖南农民运动考察报告》也在《向导》上刊登过。

经过两年多不懈的努力，《向导》逐步唤醒了民众的认识，也为一些彷徨者指明了方向，得到了广大人民

1923年11月，中国共产党在上海创办上海书店，经售革命书刊，并出版《向导》《新青年》《前锋》《中国青年》等。图为上海书店旧址

的支持和喜爱。它的发行量由开始的两三千份很快增至4万份，最高达10万份，还汇集成5册合刊再版，并迅速销售一空。它的读者不仅遍布国内，而且远及日本、德国和法国等海外国家。群众来信称赞《向导》是当时各报刊"真敢替受压迫的工人阶级呼冤而确能指示民众的革命大路"的唯一报纸，是"二千年来历史上破天荒的荣誉作业"。

广大人民对《向导》的欢迎以及《向导》传播带来的震慑力引起了中外反动势力的恐慌。他们对《向导》恨之入骨，进行了种种迫害。上海租界的外国巡捕采用武力搜查它的通讯处，北洋军阀政府多次通过邮局暗中没收它，甚至下令查禁它。在反动势力的内外夹攻下，《向导》于1927年7月18日出版至第201期时被迫停刊。

《向导》周报开创了党报由党中央统一管理、政治家办报的优良传统，始终把宣传党的纲领和政策放在首要地位，旗帜鲜明地宣传党的反帝反封建的民主革命纲领，构建了政治宣传与理论宣传结合的话语体系，在革命斗争中很好地发挥了舆论宣传和政策指导的作用。

中国共产党第一位秘密党员

# 朱德

（1922年11月入党）

在取得执政地位之前，根据工作需要，中共党员分两种：一种是公开身份的党员，另一种是不公开身份的秘密党员。我党知名的秘密党员有：被称为"前龙潭三杰"的李克农、钱壮飞、胡底，"后龙潭三杰"的熊向晖、申健、陈忠经，以及白崇禧身边的机要秘书谢和赓等。很多秘密党员和上级都是单线联系，有的直至病逝或牺牲人们都不知道他的真实身份。那么，谁是中国共产党历史上第一位秘密党员呢？答案是从旧军阀阵营中走过来的朱德。

朱德少年时代曾在乡下读过私塾，20岁时到成都考取了高等师范，毕业后回县城当了体育教员。看到社会黑暗和时局动荡，他徒步跋涉3个月到昆明，考入蔡锷所主办的云南讲武堂。在讲武堂，朱德加入同盟会，参加了辛亥革命。从讲武堂毕业后，朱德在滇军中由少尉排长干起，在讨袁和军阀混战中一直升至少将旅长，名震川滇。虽然有着高官厚禄，朱德却对黩武争权日益感到厌倦，在战事间隙开始冷静地思索过去的经历，陷入了一种怀疑和苦闷的状态，在黑暗中摸索而找不到真正的出路……

受俄国十月革命和五四运动影响，朱德意识到"用老的军事斗争的办法不能达到革命的目的"。1921年，朱德主动离开月收入数以千计大洋的军界，开始接受马克思主义并寻找中国共产党。同时，他也打算外出学习，去"看看外国怎样维护它们的独立"。

  1922 年 8 月中旬，朱德和好友孙炳文一同到上海。他们在上海见到了孙中山。孙中山对朱德的来访十分高兴，希望他回云南去重整滇军，再讨陈炯明，并愿先付 10 万元军费。朱德对孙中山希望借助一部分军阀的力量去打击另一部分军阀的做法已不再相信。他表示自己已决心出国学习，婉言谢绝了孙中山的要求。几天之后，朱德跟随孙炳文悄悄走进上海闸北一所简陋的小屋即中国共产党党中央的处所，见到了时任中共中央执行委员会委员长的陈独秀。朱德坦诚地叙述了自己的经历，并满腔热情地提出了入党的申请。但陈独秀认为像朱德这样从旧军队过来的人申请入党还需要考察。陈独秀说："共产党是极为严密的组织，与国民党不同，不是申请一下或者经人劝说就可以加入的。我们现在发展党员，都是在一起共事参加革命活动经过考验认为合格才发展的，共产党党员必须有坚定的革命意志，必须经受严峻斗争的考验，而且，这样的考验不是一个很短的时间，而应该是长时间的。我觉得，像你这样的身份，还是回到旧的军队去起积极的作用比较好，站在国民党那儿帮助革命也是一种办法，何必非要参加到中国共产党中来呢？"陈独秀的回答让朱德当时感到非常的痛苦，后来他回忆说："我当时感到十分的绝望、混乱。我的一只脚还站在旧的秩序里面，而另一只脚却不能在新的秩序中找到立足之地。"

  朱德没有因陈独秀的拒绝而对共产党失去希望和信心，他已经认清学习马克思主义是自己唯一的出路，去国外研究共产主义和寻找拯救中国道路的计划仍然不变。1922 年 9 月初，朱德与孙炳文离开上海，前往欧洲。10 月 22 日，在德国柏林，朱德、孙炳文找到周恩来并提出入党申请。周恩来在了解了朱德的身份、经历及其对共产党的认识后，被他异乎寻常的经历和执着的追求深深感动。周恩来替他们办理加入党在柏林的支部的手续，在入党申请书寄往中国而尚未获批之前，暂作候补党员。

  当时，《中国共产党章程》在党的二大刚通过不久。依据党章第二条规定："党员入党时，须有党员一人介绍于地方执行委员会，经地方执行委员会之许可，由地方执行委员会报告区执行委员会，由区执行委员会报告中央执行委员会，经区及中央执行委员会次第审查通过，始得为正式党员。但工人只须地方执行委员会承认报告区及中央执行委员会即为党员。"由于朱德不是工人，依据党章的规定，他入党必须经过中央执行委员会审查通过方可成为中共正式党员。

陈独秀接到报告后，认为朱德经受住了党的考验，又有中共旅欧组织负责人张申府、周恩来的介绍，于是代表党中央于 1922 年 11 月批准了朱德的入党申请。但朱德的中国共产党党籍对外是保密的，对外的政治身份仍然是国民党党员。这是陈独秀经过深思熟虑后的决定。因为在当时的环境下，党很难接受一个像朱德这样曾在旧军队身居高位的人入党，以免产生不良的影响；同时，陈独秀考虑到朱德的党籍对外保密更有利于革命。对朱德采取了"秘密党员"的方式来解决问题，这是陈独秀的一个创举，为日后中共吸收秘密党员开了先河。

朱德的党籍起初对外保密，确实有利于党的工作，在策反旧军阀易帜方面作出了重大贡献。北伐战争开始后，1926 年 7 月，朱德从苏联回国。他一

1923 年，四川籍中国留德学生在哥廷根欢迎朱德（前右三）时的合影

到上海，陈独秀就在上海闸北区党中央处所会见了他，同他作了两次交谈后，立即委以重任，并派他到四川军阀杨森处做秘密统战工作，争取杨森支援北伐。与此同时，朱德在上海逗留期间，陈独秀又要他利用在滇军中的老关系去调查军阀孙传芳的实力。不久，朱德赶往四川，经他努力，原先想勾结吴佩孚的杨森终于通电易帜，就任国民革命军第二十军军长。这时，朱德才公开了他的共产党员身份。

中国共产党最早英勇牺牲的党员

# 林祥谦

（1923 年 2 月牺牲）

　　林祥谦，1892 年 10 月出生于福建闽侯的一个农民家庭，不到 20 岁就先后经历了马尾造船厂的学徒工阶段和武汉铁路工人的生活，对中国工人所遭遇的压迫与苦难有深刻的感受，蕴含着渴求翻身解放的革命性。

　　1921 年 12 月，林祥谦结识了陈潭秋、包惠僧、李汉俊等湖北早期共产党人，开始自觉地接受党组织的教育与培养，逐渐意识到中国工人阶级的历史使命，阶级觉悟迅速提高。他办事公正，乐于助人，全心全意为工人谋利益，深受工友们的信任和爱戴。1922 年年初，江岸工人俱乐部成立，他当选为财务干事，"公私分明，丝毫不苟，为同事所敬服"。同年 10 月，江岸工人俱乐部改名为江岸京汉铁路工会，林祥谦被推选为江岸分会委员长。当时，在武汉铁路工人中存在"湖北帮""三江帮""安徽帮""福建帮"等帮口派别，林祥谦身为福建人，却在武汉被众望所归地推举为铁路工人的领袖，并积极投身于为维护劳动者的利益、为民族解放而奋斗的事业之中。

　　在从事工人运动的实践中，经陈潭秋、项英等共产党人的教育培养，林祥谦很快成为工人阶级的先锋战士。1922 年夏天，林祥谦光荣地加入中国共产党。当时，全国党员总数为 195 人，工人党员只有 21 人。林祥谦是堪称凤毛麟角的中共早期工人党员之一。

　　1923 年 2 月初，在中国共产党领导下，京汉铁路工人为"争自由、争人权"举行全体总罢工，林祥谦义无反顾地站在斗争最前线。2月3日，京汉铁路总工会从郑州迁移到江岸办公，江岸就成为京汉铁路总同盟罢工斗争的中心。4日上午9时，林祥谦按总工会的指示，下达罢工令。7日，罢工进入剑拔弩张的紧要关头，林祥谦深知斗争形势的严峻，认为斗争越危急，共产党员越要站在前头，随时做好应变准备。他趁回家之机对妻子说："咱工人结团体、立工会，争自由、争人权是光明正大的事。但敌人是不甘心的，是会下毒手的，咱要有思想准备。死了一个工人，会有千百万工人站起来。"随后，他把工会的图章藏好，抱着慷慨赴义的决心又赶到罢工指挥部。邓中夏在《中国职工运动简史》中记述道：军队包围工人宿舍，搜捕工人，江岸分会委员长林祥谦同志亦被捕。被捕工人数十皆缚于车站电杆上，（湖北督军府参谋长——引者注）张厚生亲自提灯找出林同志，回顾段长说："此人是否工

林祥谦（1892—1923），福建闽侯人，中共党员，京汉铁路总工会江岸分会干事，后当选为分会委员长，1923年2月7日在汉口江岸被军阀逮捕并遭杀害

会长？"段长答："是！"张乃令刽子手割去绳索，迫令林同志下上工命令，林同志不允，张乃令刽子手先砍一刀，然后再问道："上不上工？"林同志抗声说："不上！"张又令再砍一刀，怒声喝道："到底下不下上工命令？"林同志忍痛大呼："上工要总工会下命令，我的头可断，工是不上的！"张复令再砍一刀。此时林同志鲜血溅地，遂晕，移时醒来。张狞笑道："现在怎样？"林同志切齿大骂："现在还有什么话可说！可怜一个好好的中国，就断送在你们这般混账的军阀手里！"……张听了大怒，不待林同志说完，立令枭首。

二七惨案是中国共产党成立以后第一次有党员捐躯的流血事件。在二七惨

案殉难者中，除林祥谦外，还有共产党员施洋以及江岸的曾玉良，长辛店的杨诗田、葛树贵，郑州的高斌等著名烈士。但是，在历史文献中难以找到关于曾玉良等人是共产党员的记载。在"二七"烈士中可以确认是共产党员的仅有林祥谦、施洋两人。而较早就义的林祥谦则是公认的中国共产党党员中壮烈牺牲的第一位烈士。

在林祥谦等烈士身上，我们也可以看出共产党人为"争自由、争人权"而英勇奋战的气概，为劳苦大众的利益不惜牺牲自己一切的精神，证明了中国共产党不愧为中国工人阶级的先锋队，同时是中华民族的先锋队。林祥谦作为中国工人阶级的杰出代表、中国工人运动先驱、中国共产党党员中最早的英烈必将彪炳史册，光照千秋！

# 124

第一次完整译配《国际歌》词曲

## 瞿秋白从法文译来的《国际歌》歌词和简谱

（1923 年 6 月 15 日）

　　1975 年的一天，病重住院的周恩来让妻子邓颖超把《国际歌》和《三大纪律、八项注意》的歌片从家里带给他。歌片送到了医院，周恩来很认真地看了几遍，还轻轻地哼唱起来。十几天后，周恩来的精神好像还不错，他让邓颖超坐到病床边，"团结起来到明天，英特纳雄耐尔就一定要实现"，重病中的周恩来突然张开嘴唱起了《国际歌》，虽然只有短短的两句，却让在场的人都感动不已。即使到了生命的倒计时时刻，周恩来也没有露出一点悲观失望的情绪，也没说过半句沮丧消极的话。

　　周恩来临终时吟唱的《国际歌》源于法国。1871 年 3 月，法国巴黎工人为了争取工人阶级的权利，发动了一场轰轰烈烈的革命，建立了自己的政权——巴黎公社。这是人类历史上第一个工人阶级的政权。后来，巴黎公社遭到了血腥镇压。为了纪念巴黎公社、鼓舞无产阶级的革命斗争，巴黎公社重要领导人之一、工人出身的著名诗人欧仁·鲍狄埃，于公社失败之后，在硝烟瓦砾中酝酿构思，写出了《国际》这首诗篇。该诗刚一问世，迅速在巴黎和整个法国传诵。17 年后，即 1888 年，法国共产主义者、优秀工人作曲家皮埃尔·狄盖特把《国际》谱成曲，《国际歌》诞生了！

　　《国际歌》能在中国唱响与普及，瞿秋白起到了重要的作用。

　　1920 年 10 月，瞿秋白以北京《晨报》特约通讯员的身份和另外两名记者从北京启程前往莫斯科采访。途经哈尔滨时，瞿秋白应邀参加了中东铁路工人联合会举办的庆祝十月革命 3 周年大会。在这里，他第一次听到《国际歌》。那豪迈的歌词和激昂的旋律使瞿秋白热血沸腾、激动不已，当即便萌生了翻译《国际歌》、让它在中国广泛传播的想法。他在《饿乡纪程》一书中赞道："《国际歌》声调雄壮得很！"

　　1923 年年初，瞿秋白从莫斯科回到北京，暂住在供职于外交部的堂兄瞿纯白家中。就是在这一时期，瞿秋白重新翻译了《国际歌》的歌词。瞿纯白家里有一架风琴，瞿秋白就一边弹奏风琴，一边反复吟唱译词，不断推敲、斟酌。如法文"国际"（International）一词，意译成中文只有两个字，而这个词有 8 拍，不易唱好。瞿秋白反复琢磨后，把它音译成了"英德纳雄纳尔"6 个字（萧三、绿野等译为"英特纳雄纳尔"），这一唱法一直沿用到今天。我国著名文学翻译家曹靖华的《罗汉岭前吊秋白并忆鲁迅先生》，以隔空对话的口吻，留下了珍贵的关于这段译歌记忆的速写片段："大约是在 1922 年吧……我记得，你住的房间里有一张小风琴。你正在译国际歌，斟酌好了一句，就在风琴上反复地自弹自唱，要使歌词恰当地合乎乐谱。"据曹靖华回忆，《国际歌》已有 3 种译文，但是没有一种译得完好，且能够唱颂。瞿秋白要译出"能够让千万人用中文唱出来"的《国际歌》。1923 年 6 月 15 日在广州出版的《新青年》

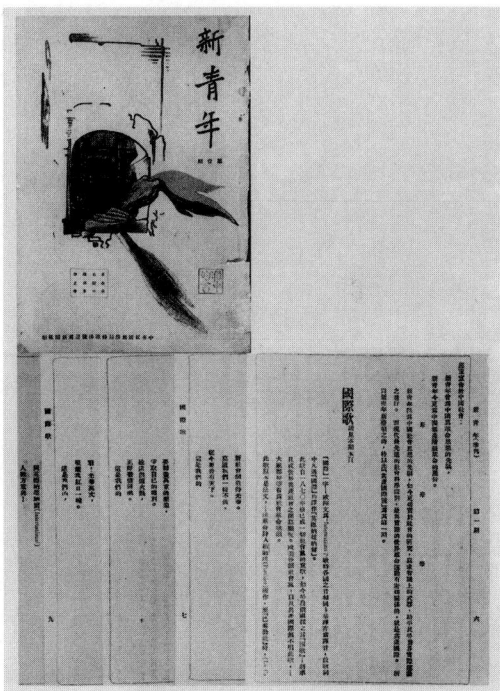

瞿秋白译《国际歌》歌词，配有简谱。此《国际歌》发表于 1923 年 6 月 15 日的《新青年》季刊第 1 期，署"柏第埃"著，未署译者名。"柏第埃"，今译鲍狄埃

季刊第 1 期上，发表了瞿秋白从法文译过来的《国际歌》歌词和简谱，这便是我国最早能唱的《国际歌》。

1935 年 2 月，中央苏区陷落前夕，瞿秋白在向闽西突围途中被俘，自称医生，因叛徒出卖而暴露身份。6 月 18 日清晨，福建长汀罗汉岭下身着黑衣白裤、时年 36 岁的瞿秋白在一块草坪上盘膝而坐，对刽子手微笑说："此地甚好。"而后，高唱自己翻译的《国际歌》，壮烈牺牲。

"起来，饥寒交迫的奴隶！起来，全世界受苦的人！满腔的热血已经沸腾，要为真理而斗争！旧世界打个落花流水，奴隶们起来，起来！不要说我们一无所有，我们要做天下的主人！这是最后的斗争，团结起来到明天，英特纳雄耐尔就一定要实现！（萧三译文）……"那气势磅礴的旋律，发自劳动者肺腑的歌词，激励着无数仁人志士，高唱着《国际歌》，奔赴疆场，英勇奋斗；无数革命先烈，高唱着《国际歌》，大义凛然，慷慨捐躯。

中国共产党第一个农村党支部

# 台城特别支部

## （1923 年 8 月）

台城，冀中平原腹地河北省安平县的一个普通村庄，在中国版图上只是一个微不足道的点。然而，就是在这偏远的华北农村，却孕育出中国共产党第一个农村支部——台城特别支部。它的诞生，开创了中国农村党建的先河，从这里点燃的革命火种迅速燃遍了冀中大地。

说起台城特别支部，就不能不介绍它的创始人弓仲韬。

1886 年，弓仲韬出生于安平县台城村的一个乡间士绅家庭。1916 年，30 岁的弓仲韬只身一人到北京求学，考入了北京法政专门学校，初步接触到新思想。1919 年，他参加了五四运动，后与李大钊结识并在其启发教育下，开始学习、研究马克思列宁主义。1923 年 4 月，经李大钊介绍，弓仲韬加入中国共产党。入党后不久，弓仲韬受党的派遣，回原籍传播马克思列宁主义，建立和发展党组织。

回到家乡后，为了让农民兄弟们更好地接受进步思想，弓仲韬在村中创建了"平民夜校"和农会，从中培养党的积极分子，并发展村民弓凤洲、弓成山加入中国共产党。经过弓仲韬几个月艰苦细致的工作，经李大钊批准，1923 年 8 月的一天晚上，在弓仲韬的家中，弓仲韬、弓凤洲、弓成山 3 人围坐在油灯下，成立了中国共产党第一个农村支部，弓仲韬任支部书记，受中共北京区委直接领导。因当时尚未建立省委、县委，台城党支部定为特别支部,所以也称作"台城特别党支部",简称"台城特支"。台城特别党支部的建立,像一粒火种,迅速形成燎原之势。一年后安平县就建立了 3 个党支部,党员发展到 20 余人。李大钊对安平县党组织的迅速发展非常欣慰,写信鼓励弓仲韬继续努力,并指示可建立安平县委,加强党对全县工农运动的领导。

为了加强对全县党组织的统一领导,弓仲韬于 1924 年 8 月 15 日召集 3 个党支部的代表共 9 人在敬思村召开了安平县第一次党员代表大会,选举产生了中共河北省第一个县级党组织——中共安平县委,弓仲韬任县委书记。党的机关设在弓仲韬家中,将台城特支改为"台城支部"。

"作为共产党人,就要舍得出家财,豁得出性命。"这是弓仲韬为党的事业散尽家财的真实写照。为了掩护党的机关,弓仲韬在自家开办了"列宁小学",对外称"台城私立女子小学"。为解决办学经费及县委办公费用,弓仲韬卖地 20 亩,筹资上千元,全部交给了党组织。为培养革命后备力量,他经常到"列宁小学"讲授革命道理、教唱革命歌曲等。学生们经过几个月的学习,思想觉悟得到普遍提高,其中 6 人被发展为共青团员。

李大钊将自己的信仰传递给了弓仲韬,弓仲韬又将这星星之火燃遍冀中大地。经过 3 年多的发展,到 1927 年年底,安平县已有 7 个党支部、5 个团支部,党员、团员共 100 多人。弓仲韬为了党的事业,不仅散尽了全部家财,更付出了亲人牺牲的沉痛代价。弓仲韬的大女儿弓浦在父亲的影响下于 1925 年入党,先后任台城女支委书记、中心县委妇女委员,1926 年她在北京参加"三一八"游行时身负重伤,为革命献出了年轻的生命。1934 年春,弓仲韬的老母亲在敌人无休止的搜抄威胁下,不幸去世。为了防止在母亲出殡的时候被敌人逮捕,弓仲韬只好于夜间怀揣手枪,含泪将母亲匆匆安葬。然而,凶残的国民党特务在抓捕弓仲韬未果的情况下,用毒煎饼把他年仅 8 岁的独子毒死了。

全面抗战开始后,弓仲韬与党组织失去了联系。为了重新回到党的怀抱,他带上卧病的妻子,毅然离开家乡到西北去找党。这期间,妻子病逝,他流落到一家工厂当伙夫,仍坚持在工人中宣传革命道理,鼓动抗日,为此竟被工厂资本家害瞎双眼，踢出厂门。1943 年，双目失明的弓仲韬历尽千辛万苦返回家乡，和安平县委取得了联系，受到党组织的关怀和照顾。1951 年，弓仲韬由女儿弓乃如接到哈尔滨安度晚年。1964 年 3 月，弓仲韬病逝于哈尔滨。临终前，他再三嘱咐："一定把我节余下的 1000 元钱交给党，作为我最后的一次党费……"

# 126

## 中国共产党与中国国民党第一次合作

# 国民党第一次全国代表大会标志合作正式形成

（1924 年 1 月）

　　台湾中国国民党党史馆内藏有一份泛黄的会计单据，上面记载：毛泽东、120 块大洋。这是国民党党部拖欠毛泽东的月薪。欠薪的原因，是由于国民党中央研议全面减薪，致使党工罢工抗议，上海党部隔年元旦虽核发薪水，但毛泽东已转往广州党部任职，由此欠下毛泽东半年薪水 720 块大洋。那国民党怎么会欠毛泽东的薪水呢？ 1936 年，毛泽东回忆说："我到广州不久，便任国民党宣传部部长和中央候补委员。"所以说，毛泽东这个高薪是他作为国民党"高官"的收入。毛泽东是怎么加入国民党的呢？这还得从第一次国共合作谈起。

　　中国共产党 1921 年成立后，从 1922 年 1 月的香港海员大罢工至 1923 年 2 月的京汉铁路工人大罢工，在短短的一年零一个月的时间里，由中国共产党领导和支持的大小罢工就达 100 多次，参加人数在 30 万人以上。罢工运动在全国形成了巨大的声势，提高了中国共产党在工人群众以及社会其他阶层中的影响力。但是终因革命力量的薄弱，工人运动遭到血腥镇压。严酷的现实给年轻的中国共产党人上了深刻的一课：在半殖民地半封建的中国社会，要打倒帝国主义和封建主义势力，仅仅依靠工人阶级是不够的，必须争取一切可能的机会，联合一切可能的同盟者，组成强大的革命统一战线。

　　就在中国共产党酝酿建立民主联合阵线的同时，共产国际也派人与孙中山取得联系。孙中山领导的国民党，是中国资产阶级民主派的主要代表。当时，孙中山想实现统一中国的大业，但手下只有几万杂七杂八拼凑起来的军队，美国、英国和日本在中国看中的是北洋军阀，谁也不支持孙中山，他连广东都统一不了，迫切需要外来援助。当时，他向刚刚取得十月革命胜利的苏俄政府求援。这个时候的苏俄恰恰刚刚驱逐了日本支持的白俄武装，进入远东，但是在国际上受到了列强包围，因此苏俄想在中国找一个有实力的派别结盟，便看中了孙中山。正是由于这种共同的利益使双方走到了一起。1923年1月，苏俄特使越飞专程来华，与孙中山签订了著名的《孙文越飞宣言》，确立了国民党联俄的基本政策，也表明了苏俄政府对孙中山的支持，这也为后来建立第一次国共合作奠定了基础。

与此同时，孙中山在革命屡遭失败之后，深感国民党正在"堕落中死亡"，下决心要寻找新的力量和新的出路，提出要改组国民党。由于中国共产党在领导工人运动中表现出了卓越的组织才能并取得了突出的成绩，引起了孙中山的高度重视，使他产生了与中国共产党合作的愿望。在当时的中国政治舞台上，国民党不仅是一个资格老的党，也是一个大党，已经有数十万名党员，还拥有广州作为大本营，而中国共产党不过是一个成立仅一年多、人数200人左右的小

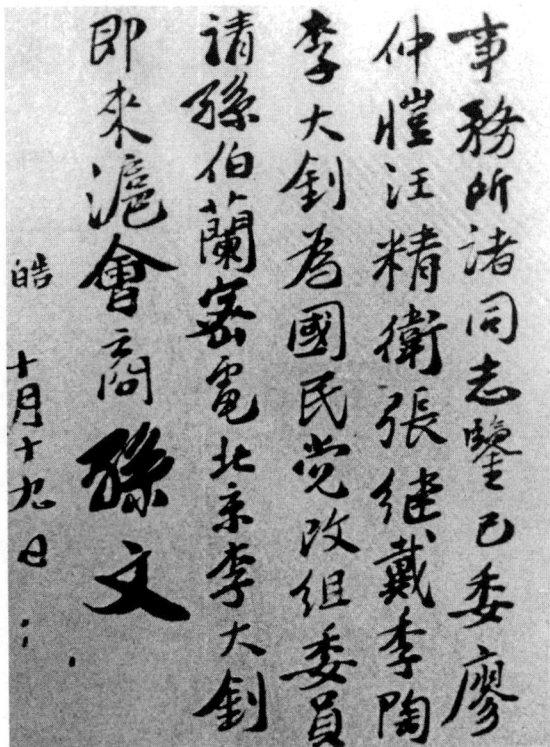

1923年10月19日，孙中山在广州致函国民党上海事务所，电邀李大钊到沪与他商谈国民党改组事宜的信件手迹

团体。因此，从表面上看，无论从哪方面，共产党都难以与国民党平起平坐。孙中山夫人宋庆龄曾不解地问："为什么需要共产党加入国民党？"孙中山回答道："国民党正在堕落中死亡，要救活它就需要新血液。"毫无疑问，中国共产党就是可以救活中国国民党的"新血液"，后来的事实也证明了这个判断。

关于建立统一战线的方式，1922年7月党的二大提出的设想原本是实行"党外合作"，但共产国际驻华代表马林倡议实行"党内合作"，即共产党员、青年团员加入国民党，把国民党改造成为各革命阶级的联盟。这个倡议得到了共产国际的赞同。1923年6月，党的三大正确解决了建党初期党内在国共合作问题上存在的重大分歧，统一了全党的认识，正式确定了共产党员以个人身份加入国民党、与国民党进行党内合作的策略方针。这是当时孙中山和国民党所能接受的唯一合作方式。它既有利于国民党的改组和发展，又有利于中共从原来比较狭小的圈子里走出来，在更加波澜壮阔的大革命洪流中得到锻炼、发展壮大，对双方都是有利的。

1924年1月20日至30日，在共产国际和中国共产党的参与和帮助下，中国国民党第一次全国代表大会在广州召开，大会通过了共产党人参与起草的以反帝反封建为主要内容的宣言，确定了联俄、联共、扶助农工的三大政策，从而把旧三民主义发展为新三民主义。大会选举出国民党中央执行委员会，共产党员李大钊、谭平山、毛泽东、瞿秋白等10人当选为国民党中央执行委员或候补执行委员，约占委员总数的1/4。随后，全国大部分地区以共产党员和国民党左派为骨干改组或建立了各级国民党党部。这样，国民党就由资产阶级的政党开始转变为工人、农民、城市小资产阶级和民族资产阶级的革命联盟，成为国共联合战线的组织形式。国民党一大的召开标志着第一次国共合作的正式建立。

在国民党第一次全国代表大会上，毛泽东以其优异的表现受到孙中山的注意和赏识。1月30日下午，选举中央执行委员和候补委员时，孙中山亲自拟了一个候选人名单，交付大会表决，其中就有毛泽东。此次会议，毛泽东当选为国民党候补中央执行委员，而此时蒋介石连中央委员都不是。

　　孙中山病逝后，广东政府于 1925 年 7 月改组，汪精卫当选为国民政府主席。汪精卫对毛泽东的才华很赏识，以政府事繁、难以兼顾宣传部部长职务为由，向会议提出调毛泽东代理宣传部部长。10 月 7 日，毛泽东到国民党中央宣传部就职，并主持召开宣传部第一次部务会议。当时，除了毛泽东在国民党中担任要职外，在国民党中央党部担任重要职务的共产党员还有组织部部长谭平山、农民部部长林伯渠等。

　　以国共两党合作为标志的革命统一战线的建立，加速了中国革命的进程，在中国革命历史上掀起了声势浩大、轰轰烈烈的反帝反封建的革命运动。1927年，由于蒋介石集团和汪精卫集团先后公开叛变革命，致使第一次国共合作破裂。

# 127

中国共产党第一个少数民族支部

## 蒙古族支部

（1924年成立）

　　1923年秋，位于北京西单石虎胡同的一所北洋政府开办的蒙藏专科学校（平日俗称"蒙藏学校"）来了40多名蒙古族青年，他们大部分是土默特人。土默特部族的人大部分定居在大青山南北，即现今的呼和浩特周围。这里虽然地处边疆少数民族地区，但距北京并不遥远，且有一条（北）京包（头）铁路贯通，消息并不闭塞。

　　这批新进北京蒙藏学校的蒙古族青年，在归绥（今呼和浩特）读书时就闹过学潮，参加过五四运动一周年纪念活动和抵制日货等爱国斗争。到北京入蒙藏学校不久，遇上为反对丈量土地进京请愿的土默特旗农民代表，就主动进入请愿行列；后又因北洋政府取消蒙藏学生的官费待遇而闹起了学潮，把北洋政府专司蒙藏事务的机构——蒙藏院及受其指使的蒙藏学校当局搞得狼狈不堪。他们这种"不羁"行为很快被中国共产党北方组织和党的创始人之一李大钊发现并给予了特别关注。

　　1923年秋后，北方党组织派邓中夏、赵世炎等中共早期著名活动家去接触这批蒙古青年。李大钊也亲自去和他们谈心，对他们进行革命的启蒙教育，并于1923年冬创办马克思主义研究小组，提高他们的觉悟。年底，这批蒙古族青年中的部分先进分子加入了中国社会主义青年团，建立了第一个由蒙古族青年组成的团支部。将近一年后，他们中进步快的人先后加入了中国共产

李大钊领导一些同志在北京蒙藏学校学生中进行工作，于 1923 年至 1924 年发展乌兰夫等第一批蒙古族党员，在蒙藏学校建立了党的组织，使之成为我党在少数民族中从事革命活动的重要据点。图为 1923 年 11 月 11 日，内蒙古在京学生与有关人员的留影

党，在蒙藏学校成立了第一个由蒙古族党员组成的党支部，这也是中共历史上第一个由少数民族党员组成的党支部。

这个党支部建立之初，有十多个党员，多松年任支部书记。尽管人数不多，但每个党员都是经过学习马克思主义提高了觉悟、又在群众运动的斗争实践中经受了锻炼的优秀分子。有了这个党支部，不仅蒙藏学校的政治气氛发生了深刻变化，更重要的是，这个支部是面向内蒙古的，很快就成了当时内蒙古革命的指挥中心。

在一场革命的发动期，最重要的是唤起民众。在北方党组织和李大钊的启发下，1925 年年初，乌兰夫、多松年、奎璧在条件极为艰苦的情况下，办起了内蒙古的第一个革命刊物——《蒙古农民》。这个刊物的办刊目的十分明确，第一期就提出"蒙古农民的仇敌是——军阀、帝国主义、王公"，一针见血地指出了内蒙古农民遭受的压迫和剥削"一是军阀压迫剥削，二是王公专制压迫，三是帝国主义侵略掠夺"。刊物还设有"政论""诉苦""醒人录""好主意""蒙古族"和"外蒙古人民的生活"等栏目，从多方面指出了蒙汉族同胞受压迫、受剥削、受苦难的根源，告诉他们要过安宁幸福的日子，就得自己起来，和全国同胞团结在一起，打倒军阀、王公和帝国主义。在大革命时期，这个小刊物像一盏明灯，照亮了内蒙古无数蒙汉族农民的心；像响彻长空的春雷，唤醒了沉睡的北疆大地。

中国共产党直接领导的第一支武装力量

# 建国陆海军大元帅府铁甲车队

## （1924 年 11 月开始组建）

1924 年 12 月上旬，广州大沙头一幢四层楼高的洋房门口挂起了"建国陆海军大元帅府铁甲车队"的牌子。当时广东的军队番号杂七杂八，多如牛毛，一般人都没有注意到这个新建的小小的军事单位。人们更不会想到，后来迅速发展壮大的中国共产党领导的人民军队，最早的源头就在这里。

1924 年的国共合作使广东成了全国革命的中心，工农运动蓬勃发展。自 1924 年 8 月以来，广州商团武装就在广州发动反革命军事叛乱，给大元帅府的警卫造成极大压力。在中国共产党和广大革命群众的支持下，孙中山果断采取措施，下令镇压商团的叛乱。同年 10 月，时任中共广东区委委员长周恩来从平定商团叛乱的斗争实践中，逐渐认识到区委在组建工农武装方面虽然有很大进展，但工农武装力量是分散的、弱小的，党亟须掌握正规军队的指挥权。

考虑到广东政权由国民党掌握，周恩来到大元帅府面见孙中山，提出建立一支革命武装的想法，并说明经费和武器由中共方面自筹。考虑到当时广东盘踞着十几支军阀武装，再多一支小小的共产党的武装也无所谓，何况又不需要出钱，孙中山一口答应，并给了一个"建国陆海军大元帅府铁甲车队"的番号。

1924 年 11 月，铁甲车队开始组建。铁甲车队所属成员的配备与调动都由中共广东区委来决定。周恩来亲自选调黄埔军校特别官佐徐成章和第一期毕业生周士第、赵自选分别担任铁甲车队队长、副队长、军事教官。铁甲车队的党代表和政治教官分别由中共广东区委选派的廖乾五、曹汝谦担任。上述5人都是共产党员。中共广东区委还从各地调来130名队员，除少数几人是从大元帅府卫士队调来担任班长、排长职务外，士兵基本上是工人、农民和青年学生。

周恩来找到黄埔军校的苏俄军事顾问，从苏俄援助黄埔军校的大批武器中抽出100余支日造"三八式"步枪、10支德造驳壳枪和3挺手提机枪协调给了铁甲车队，还为铁甲车队配备了一列加装了铁板的有5节车厢的铁甲列车。这在当时已是非常先进的武器装备了。

铁甲车队官兵的服装沿用了黄埔军校的军装式样：冬季着装是大檐帽，黄色或灰色中山装，打绑腿；士兵穿草鞋或布鞋，军官穿皮鞋或长筒马靴。从外观上看，铁甲车队与国民党其他部队并无二致。

名义上，铁甲车队的任务是加强大元帅府的机动警卫力量，保卫孙中山的住地。实际上，这个番号纯属对外掩护，虽挂在大元帅府旗下，却完全由中共广东区委掌握和指挥。周恩来和铁甲车队的领导们特别注重提高铁甲车队官兵的思想认识、阶级觉悟和工作能力。

铁甲车队借鉴苏俄红军的做法，非常重视政治训练和军事训练工作。铁甲车队成立时，徐成章等5名中共党员成立了一个党小组，定期召开党小组会议。铁甲车队每天白天上两小时政治课，主要讲授三民主义、社会发展史、工农运动情况等，晚上进行小组讨论。在军队进行政治教育是中国共产党的新创造。对一些思想有问题或犯了错误的队员，不采用旧军队的惩罚措施，注重进行耐心的说服教育和启发引导。整个队伍气氛融洽，上下团结。

铁甲车队的军事训练基本上是参照黄埔军校的模式，按照正规阵地攻防战进行的。军事训练科目主要是步枪射击、投弹、刺杀以及排连规模的战术演练等，并利用多种方法，千方百计地提高士兵的军事技能。

铁甲车队的伙食费、办公费与杂支费等开支账目采取民主管理。队长、党代表和队员的伙食标准一样。苏联顾问沙菲爱夫听说这支队伍有些不同，特意在开饭时前往，并与大家一起就餐。他发现每个人都只有一份青菜和一块咸鱼，自己并没有被作为贵宾特别招待，对此很满意。更令他想不到的是，他当天的伙食费被列入队里杂费开支，并于月底向全队进行了账目公布。

通过正规系统的教学和训练，士兵们的政治素质和训练水平提高得很快，许多人都成了革命斗争的骨干。铁甲车队除了执行保卫以孙中山为首的广东革命政府的任务外，还经常执行中共广东区委下达的命令，先后在支援广宁农民运动、东征军阀陈炯明、平定滇桂军阀叛乱、肃清反革命武装、支援省港大罢工等反帝反封建斗争中打出了威名，立下了战功。毛泽东在广州农民运动讲习所讲课时，对铁甲车队也给予了很高的评价。

1925 年 11 月，中共广东区委决定，以铁甲车队为基础、黄埔军校部分学员为骨干，在广东肇庆组建国民革命军第四军第十二师第三十四团，后改为第四军独立团。这支在北伐开始前只有 2100 人的部队，就是日后赫赫有名的叶挺独立团。至此，铁甲车队完成了它的历史使命。

铁甲车队当时虽然也有相对独立的番号，还算不上是中国共产党独立建军，但这支从组建到改组仅一年时间的具有新型军队特征的武装力量，在中

大元帥甲車隊爲東江事告各界

陳烱明以梟雄之資，降仇叛變，梗頑不化，盤固東江，假聯治之虛名，造割據之實禍，誑騙鄉邦，阻撓革命，其邪已在不赦；今者曹吳雖倒，而國民奧起之日：我大元帥抱匡世之熱忱，爲全民而奮鬥，毅然北上，全國從風，乃陳賊竊敢乘機肆虐，啓釁閭里，是真天下之大盜而國民之公敵也！此賊不除，國難未已，凡我同志，熟發冲冠，誓滅此朝食，逆賊所至，逆賊披猖，更不除，國難未已，詩滅征誅，戰師所至，早靖大難，挽救中華，瀝血陳詞，願各猛省！徧邑工商學各發天良，共平逆寇，早靖大難，挽救中華

中國青年軍人聯合會甲車隊幹部

1925 年 3 月《中国军人》第 2 号上登载的铁甲车队干部为东征讨伐陈炯明事告各界书

国共产党尝试武装力量建设、培养革命战斗骨干、探索工农革命实践方面，发挥了不可代替的作用。至今，人民军队中还留存着它的血脉，一代又一代官兵传承着它的历史与荣光。

中国共产党第一所党校

## 安源党校（亦称团校）

（1924 年年底开学）

安源是中国工人革命运动的发源地之一。安源路矿是江西萍乡的安源煤矿和由湖南株洲到萍乡安源的株萍铁路的合称。该企业是德国、日本资本控制的汉冶萍公司的一部分，共有工人 1.7 万人。工人们深受帝国主义和封建主义的残酷剥削与压迫，劳动条件差，生活非常困苦。

湖南党组织非常关心安源路矿工人的疾苦。1921 年秋冬，中共湖南支部书记毛泽东两次到安源调查，向工人进行宣传。年底，湖南党组织派李立三等到安源开展工作。李立三遵照毛泽东的指示，在安源开办平民学校，开始发动和组织工人运动。随后，安源党组织通过创办工人补习学校、妇女职业部、工人师范班等，初步形成了一个比较完整的工人学校教育体系，并积累了丰富的经验。

1922 年 2 月，中共安源支部成立，到 7 月，党员发展到十余人。同年 5 月，安源路矿工人俱乐部成立，李立三被推选为俱乐部主任。9 月初，毛泽东再次来到安源，对罢工作了部署。接着，党组织又派刘少奇到安源，加强对罢工的领导。9 月 12 日，李立三主持召开安源支部会议，并成立罢工指挥部，由李立三任总指挥，刘少奇任俱乐部全权代表。同时，还成立侦察队等组织，以负责维持罢工期间的秩序。

经过充分的准备，安源路矿工人于 9 月 14 日举行大罢工。这次罢工迅速得到全国各地工会的声援和社会舆论的支持。迫于压力，路矿当局不得不于 9 月 18 日派出全权代表，同工人代表签订条约。条约的签订，标志着安源路矿工人罢工取得了完全胜利。这次罢工，是中国共产党第一次独立领导并取得完全胜利的工人斗争，是中国工人运动史上的一次壮举。

1923 年 2 月，京汉铁路工人大罢工失败后，全国工人运动暂时转入低潮。为了适应形势变化，中共安源地委开始将工人运动工作的重点放在思想和文化教育方面。在 1923 年党的三大召开前后，中共安源地委在工人学校内开设了"特别班"，专门用来对"工人居领袖地位者"实行"主义和政治上之训练"，使党员、团员"对主义之观念较前略有明确"，这实际上是中共安源地委党校的前身。

1924 年，随着工人运动的发展，安源党、团地委等组织也随之成立，安源的党员人数骤增，到这一年年底，安源地委已经拥有 198 名党员，占当时全国党员总数的 1/5，成为全国最大和产业工人最多的地方党组织。但大批党员未接受系统的马克思主义理论教育，党的基本知识十分缺乏，因此迫切需要参加学习和培训。

这一时期，安源路矿工人俱乐部也十分重视教育经费的投入。在 1924 年 9 月至 1925 年 5 月俱乐部会计年度预算中，教育经费占总收入的一半以上。所有这些，为安源党校的创办在政治上、组织上、经济上作了准备。安源党、团地委于 1924 年 10 月底、11 月初召开联席会议，决定合办党校（亦为团校），训练党、团骨干力量。时任汉冶萍总工会临时执行委员会委员长刘少奇指示安源路矿工人俱乐部要对党校的创办予以大力支持。遵照刘少奇的指示，俱乐部腾出安源路矿工人第一补习学校作为党校校舍，于 1924 年 12 月开学，首批学员有 60 人。这样，中国共产党最早的地方党校，也是中国共产党历史上的第一所党校诞生了。

首批学员，是由安源党、团地委派来的，分成初级班和高级班，由中共安源地委书记兼宣传部部长汪泽楷和地委组织部部长任岳、新任青年团安源地委书记袁达时和地委委员胡士康，以及安源工人俱乐部游艺股股长萧劲光

## 29

刘少奇（第三排右二站立者）与安源路矿工人俱乐部工人补习学校教职员工合影

等任教，刘少奇也曾到党校授课。

此时，中国共产党成立仅 3 年，党校授课的教材是由瞿秋白、王伊维翻译的《政治经济浅说》《俄共党史》《少年运动史》等。党校每周授课 3 次，共计 6 小时。授课时，教员结合教材，用通俗易懂的语言及生动形象的比喻，从原始社会讲到袁世凯复辟称帝、与日本签订丧权辱国的"二十一条"止。经过在安源党校的学习后，学员们有的去基层担任领导工作，有的调往外地被委以重任，有的派到苏联留学深造。

1925 年 9 月 21 日，安源党校被迫停办。安源党校的创办，是安源路矿工人运动对中国革命所作的开创性贡献。它办学的时间虽然不长，却为党培养了一批人才，增强了党员的组织力和战斗力，同时为中国共产党以后创办党校积累了丰富的经验。

# 130

中国共产党第一个女中央委员

## 向警予

（1925 年 5 月增补当选）

向警予，原名向俊贤，1895 年 9 月出生于湖南省溆浦县。这位土家族姑娘有一个"很好"的出身，她的父亲是溆浦县最大的商号"鼎盛昌"的经理。8 岁时，向警予进入哥哥在县城开创的新式小学，成为全县第一个女学生。她在校品学兼优，幻想成为花木兰式的人物。15 岁在常德读书时，她就与丁玲的母亲余曼贞等结拜姐妹，对天起誓："姐妹七人，誓同心愿，振奋女子志气，励志读书，男女平等，图强获胜，以达教育救国之目的！" 1912 年，向警予以优异成绩考入湖南省立第一女子师范学校，两年后转入周南女校，并改名为向警予，表示对封建势力的高度警惕和反抗。她关心国事，当丧权辱国的"二十一条"签订后，她和长沙的同学们一起走上街头演讲，唤起同胞们救国救民的热情。在周南女校，向警予因与蔡畅的同学关系而结识蔡和森、毛泽东。她积极参与对社会和人生问题的讨论，爱国主义感情得以深化，革新自强、求索奋斗、以身许国的意志得以坚固。1916 年，向警予从周南女校毕业，怀着"妇女解放""教育救国"的抱负回到家乡。她四处奔波，克服重重困难，得到当地进步人士的支持，在县城西街文昌阁创办了男女合校的溆浦小学堂。这位外表俊秀、性格直率的女校长，积极传授新知识，提倡新风尚，宣传新思想。她上任后做的第一件事就是要女生们放脚，并亲自为学生们解开裹脚布。学校在她的主持下，规模不断扩大，由 1 个班几十个学生发展到 8 个班

## 30

300 多人，培养了不少人才。

1919 年秋，向警予参加了毛泽东、蔡和森等创办的革命团体——新民学会。同年 10 月，她与蔡畅等组织湖南女子留法勤工俭学会，成为湖南女界勤工俭学运动的首创者。12 月，向警予和蔡和森一起赴法勤工俭学。在法国，她发奋学习马克思主义经典著作，积极参加工人运动实践，从一个激进民主主义者迅速成长为共产主义战士。她与周恩来、赵世炎、李富春等一起筹建旅欧的中国共产党早期组织，是党的创始人之一。

中国共产党"唯一的一个女创始人"、第一个女中央委员向警予

共同的革命理想，使向警予与蔡和森这两颗青春火热的心融合在一起。1920 年 5 月，他们在法国蒙达尼的一间木板平房里正式举行婚礼。他们把热恋中互写的诗作印制成一本《向蔡同盟》，在婚礼上择篇朗诵，表示要在革命的征途中，互相勉励，共同向上。婚后，他们还给国内的亲人寄来了结婚照片。照片中他们两个人肩并肩坐着，共同捧着一本打开的《资本论》，看得出他们的结合是建立在马克思主义信仰的基础上的。1922 年年初，向警予回国，在上海加入中国共产党。1922 年 4 月，任上海平民女校教员。1924 年 4 月，兼任国民党上海执行部妇女部负责人。1925 年 5 月，向警予增补为中共中央执行委员和中央局委员，同时担任中共中央第一任妇女部部长。

向警予在理论和实践上为中国妇女运动的发展作出了卓越贡献。她为党的妇女工作起草了许多重要指导文件和决议，撰写了大量有关女权和妇女解放的文章。在具体斗争实践中，她直接领导上海 14 家丝厂 1.5 万多名女工联合举行的大罢工和南洋烟厂 7000 多名工人的大罢工，并先后取得胜利，打破了二七惨案后中国工人运动暂时处于低潮的局面。五卅运动爆发后，向警予亲自带领妇女部的一些同志深入工厂、街道发动女工参加罢工，并到南京路和其他一些街头去做宣传鼓动工作。向警予站在街头，挥舞着拳头，滔滔不绝地揭露帝国主义者镇压工人运动的罪行。柳亚子曾赋诗赞美这位挥洒自如的女权革命家。

1925年10月，向警予赴莫斯科东方劳动者共产主义大学学习。1927年回国后，在中共汉口市委宣传部和市总工会宣传部工作。大革命失败后，党的大部分领导同志先后转移，向警予主动要求留在武汉，坚持地下斗争。有的同志考虑到她的影响很大，劝她离开武汉到上海去。可向警予拒绝了这一建议。她说："武汉三镇是我党重要的据点，许多重要负责同志牺牲了，我一离开，就是说我党在武汉失败了，这是对敌人的示弱，我决不能离开！"

1928年3月20日，由于叛徒的出卖，向警予不幸被捕。敌人对她严刑逼供，但她始终坚贞不屈，表现出共产党人的浩然正气和崇高品格。国民党反动派决定在5月1日这个全世界工人阶级的节日里杀害她。在赴刑场的路上，向警予视死如归，沿途向群众讲演："我是中国共产党党员向警予，为解放工农劳动大众，革命奋斗，流血牺牲！"敌人对此极端恐惧，宪兵们殴打她，想使她不再说话，但她仍然坚持讲下去。残酷的刽子手在她嘴里塞上石头，又用皮带缚住她的双颊，街上许多群众看了都忍不住流下了眼泪。向警予为中国人民的解放事业英勇牺牲，时年33岁。她用青春和生命践行了"为主义牺牲，视死如归"的铮铮誓言。

中国共产党第一份日报

## 《热血日报》

（1925 年 6 月 4 日创刊）

1925 年，英国巡捕在上海制造了震惊世界的"五卅惨案"，而外国报纸却鼓噪"五卅事件"是"赤俄"聚众造反、是"共党"武力暴乱，上海诸多媒体屈服于军阀虐政，不敢报道事实真相，许多国人都被蒙在鼓里。

5 月 30 日深夜，中共中央召开紧急会议，决定把斗争扩展到各阶层人民中去，建立反帝统一战线，号召全上海人民起来举行罢工、罢市、罢课斗争。同时决定由瞿秋白、蔡和森、李立三、刘少奇和刘华等组成行动委员会，具体领导展开反帝斗争，立即成立上海总工会，发布总同盟罢工宣言。5 月 31 日晚，上海党组织领导人召开紧急会议，作出成立上海市总工会、开展更大规模斗争等重大决策，还决定由中央局委员瞿秋白任主编，出刊《热血日报》，公布"五卅惨案"真相，揭露帝国主义的暴行。

6 月 1 日，瞿秋白选调中共党员郑超麟、沈泽民、何味辛等 6 人组建热血日报社。著文撰稿对这些文化人来说并不难，但在极短时间内白手起家出版一张报纸谈何容易。瞿秋白主持召开了一次简短的会议布置任务，众人便分头去采访、约稿，联系租房、印刷、发行等事宜。

奔波忙碌一天，傍晚开碰头会，瞿秋白和沈泽民租到了房子，还与胡愈之、郑振铎创办的公理日报社谈妥，由他们临时承担《热血日报》的排版、印刷、发行。郑超麟等人也采访、约谈了一些进步人士和记者，稿源基本落

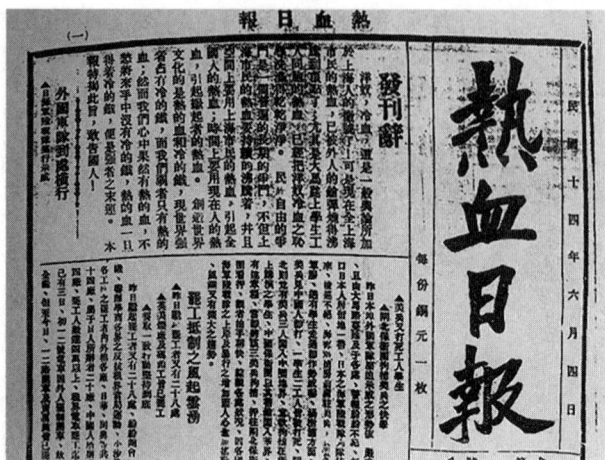

中共中央机关第一份日报《热血日报》于1925年6月4日创刊，瞿秋白担任主编。《发刊辞》为瞿秋白撰写

实。这晚，报社全体人员都彻夜未眠，策划、敲定各版主要栏目：一版《我们的要求》《外人铁蹄下的上海》；二版《紧要新闻》《舆论与批评》等。瞿秋白亲题报头，撰写《发刊辞》《社论》等。

经过紧张地编撰、修改、审核以及排版、印刷等工作，6月4日，中国共产党创办的最早的日报创刊号付梓，2000份创刊号派发给报童，不到中午便卖光；报童要再派发，工人们启动机器，又印2000份，黄昏时又全部告罄。第二天，应报童要求，创刊号又印了2000份，不长时间全被买走。过期报纸畅销，在上海报业发行史上实属空前。

当时党组织处于秘密活动状态，报上不能印主办单位，连版面上报社门牌号其实也不存在，编辑部真正地点在闸北华兴路56号一间客堂，屋中间放一张白茬木桌，几条长凳，为防特务发觉，门窗全都堵严，闷得像蒸笼，大家在昏暗的灯光下工作，挥汗如雨。瞿秋白既要撰写文稿，又要审核清样。他患有支气管扩张，发作时常常咯血，血点溅到文稿上，大家既敬佩又心痛地说："'主编为革命事业'呕心沥血'，我们的报纸是名副其实的'热血'日报。"瞿秋白办报不到一个月，体重掉了十多斤。

《热血日报》出刊后，编辑们用"热""血""沸""腾""了"5个单字做笔名，撰写了《中国人不要做外人爪牙》《推翻媚外的军阀官僚》等23篇评论，揭露、抨击帝国主义、反动军阀、买办资产阶级的丑陋嘴脸和罪恶行径。

这份通俗的政治性小型报纸，每天出版8开4版一张，约12000字。《热血日报》在密切配合政治斗争，及时宣传报道上海和全国各地反帝反封建的群众爱国运动，坚持正确舆论导向和战斗性的同时，还注重文章的通俗性、群众性和形式的多样性，让一般的工人和市民群众都能看懂。这份共产党最早主办的日报，虽然只出版了24期就因被租界巡捕房查封而停刊，但以鲜明的政治主张、强烈的革命感召力、广泛的社会影响，激励人民同军阀政府、外国列强进行顽强抗争，在揭露帝国主义暴行、支持革命斗争中发挥了重要作用，真正起到了民之喉舌、党之号角的作用，在中国现代革命史和新闻史上写下了光辉的一页。

# 132

中国共产党第一部党史

# 《中国共产党史的发展（提纲）》

（1926 年）

　　1925 年 10 月下旬，中共中央决定由蔡和森、向警予、李立三为代表赴莫斯科参加共产国际执委会第六次扩大会议。蔡和森一行于 11 月下旬抵达莫斯科后，蔡和森经常到莫斯科东方大学看望在那里学习的中共党员干部，详细探访他们的学习，特别是对中国革命和中国共产党的活动情况的了解。为更多地了解中国国内的实际情况，包括政治、经济和国民运动等，共产国际东方部和中共东方大学旅莫支部邀请蔡和森给他们作报告。蔡和森知道大家愿意听这些内容，自己也愿意讲，便欣然答应。但他认为，还有"比此更重要的"内容，这便是中共党史。

　　1925 年年底至 1926 年年初，蔡和森在莫斯科两次为东方大学中国班的学生作关于中共党史的报告。蔡和森以中国共产党产生的背景为切入点，详细论述了党所面临的政治责任和所必然要担负的历史使命。

　　这时中国共产党刚刚成立 5 年，有多少历史值得回顾、有多少经验教训值得总结呢？蔡和森在报告中阐明了三点理由：第一，研究党史是中国革命的迫切要求；第二，中共党史和中国革命有其特殊性，因而值得研究；第三，要用党史教育每一个党员。对中国共产党成立后的历史，蔡和森以时间为经，以党的几次代表大会和重要会议为纬，依历史的逻辑，系统地回顾和总结了中国共产党从无到有、从党的一大发展到党的四大的这段历史。这个报告经施益生等人整理并油印装订成册，在蔡和森校阅后，形成约5万字的《中国共产党史的发展（提纲）》。

蔡和森是党内早期卓越的领导人和著名的理论家，他在手边缺少更多的实际材料的情况下，在莫斯科仅凭记忆撰写的这份精彩的党史报告，为中共早期历史研究开拓出一条清晰的思路，同时也留下了这篇当时最为系统的研究中共党史的开篇之作。他的许多精彩的观点和内容相当丰富深刻的论述，在今天看来仍然精辟。

蔡和森在阐述中国共产党产生的历史背景时，指出中国工人阶级的发展壮大为党的产生奠定了阶级基础，而五四运动中涌现出来的大批倾向并宣传社会主义的先进分子，则为党的成立打下了思想基础，并在干部上作了准备。这里，蔡和森把五四运动作为中共党史的时间上限，是符合历史事实的。

蔡和森在报告中第一次区分了中国民主革命的两个阶段，即五四运动以前的"旧的阶段"和五四运动以后的"新阶段的革命运动"。他还将整个党的发展过程划分为三个部分：一是党的路线发展史；二是党内生活史；三是党领导人民进行革命斗争的历史。

蔡和森明确指出："中国共产党就是十月革命与中国工人阶级发展的一个产物。"这是中国共产党早期领导人对党的成立给予的历史唯物主义的科学解释。这个提法特别重要，是"中国共产党是马克思主义与中国工人运动相结合的产物"的最早表述，其历史意义不可低估。蔡和森总结了近代以来中国革命的历史经验，明确指出："无产阶级应是各种势力之组织者、领导者，他应该领导中国革命到底，并去完成中国无产阶级解放的事业。"为党的新民主主义革命基本思想的形成作出了重要贡献。

蔡和森认真分析了中国社会的阶级关系，指出中国共产党的历史使命就是领导中国民主革命和社会主义革命取得胜利。他还指出：无产阶级为"民族革命的领导阶级"，农民是"工人阶级的同盟军"，过去"中国革命之所以尚未成功，即在缺乏领导阶级"，提出了无产阶级领导权和农民同盟军问题是中国革命的基本问题。蔡和森强调要将马克思列宁主义的普遍真理和中国革

1927年4月2日，共产国际代表罗易同谭平山、蔡和森一起到达武汉。图为他们途经湖南时和国民党湖南省党部成员合影，二排左三为蔡和森

命实际相结合。这在中国共产党早期领导人中是十分难能可贵的。

蔡和森在研究宣传党史时，特别注意澄清事实，明辨是非。他提出，要正视历史和现实，既要肯定党的成功、成就，也要"正确认识党的错误"，吸取经验和教训。正确认识错误，正是为了更好地改正错误。

《中国共产党史的发展（提纲）》作为党内早期的党史专著，对中共党史学具有开创性的价值，不仅为此后中共党史学的研究开辟了一条宽阔的道路，也为今天中共党史学的发展奠定了理论与方法论的基础。

中国共产党第一份反腐文件

# 《中央扩大会议通告——坚决清洗贪污腐化分子》

（1926 年 8 月 4 日颁行）

1925 年，中国共产党在领导五卅运动的过程中得到很大发展。党员从年初的不足 1000 人，发展到年底已达 1 万人。不少原来没有党组织的地方建立了党组织。但就是在这样"可喜"的形势下，中国共产党未雨绸缪，敏锐地察觉到党内混入"投机腐败分子"的危险。为此，中共中央于 1926 年 8 月 4 日发出了《中央扩大会议通告——坚决清洗贪污腐化分子》。文件指出，"在这革命潮流仍在高涨的时候，许多投机腐败的坏分子，均会跑在革命的队伍中来"，"投机腐败分子之混入，也恐是一件难免的事，尤其在比较接近政权的地方或政治、军事工作较发展的地方，更易有此现象"，"最显著的事实，就是贪污的行为，往往在经济问题上发生吞款、揩油的情弊"。中共中央作出上述决定并非空穴来风。当时，一些党组织在发展党员时忽视了对要求入党人员的考察和教育，有的地方甚至搞突击发展。如湖北举行征集党员一次，"加入者达二千人"，其中，"大概一半以上须淘汰出去"，造成了"党员数量增加而质量确是退化了"的情况，甚至使得一些投机分子乘机混入党内。

关于腐败分子对党和革命工作的危害，文件也作出了清醒的判断，反复强调其严重性。指出，"一个革命的党若是容留这些分子在内，必定会使他的党陷于腐化，不特不能执行革命的工作，且将为群众所厌弃"，"个人生活上表现极坏的倾向，给党以很恶劣的影响"，"这不仅丧失革命者的道德，且亦为普通社会道德所不容"，"使党腐化，且败坏党在群众中的威望"。在当时的革命高潮中，这种清醒尤其显得难能可贵。

为了防止腐败分子给革命事业造成危害，中共中央在通告中特别训令各级党组织，"应该很坚决的洗清这些不良分子"，"迅速审查所属同志，如有此类行为者，务须不容情的洗刷出党，不可令留存党中"，"望各级党部于接此信后，立即执行，并将结果具报中局，是为至要"。

这份文件只有寥寥数百字，虽然不长，但言简意赅，把腐败的危害和中国共产党对此的态度讲得清清楚楚。它表明党在幼年时期就十分警惕剥削阶级思想对党的腐蚀，并郑重表示党对腐败现象是根本不能容忍的。

中共历史上因贪污被开除出党的第一例案件，所依据的正是上述文件之规定。

1927年4月，中共山东省委组织部部长王复元出席在武汉召开的党的五大。此次大会选举产生了中央监察委员会，这是中国共产党历史上第一个设立的党内纪律检查机构。会后，中央让他带回拨给山东党组织的活动经费1000元，而王复元竟将这笔巨款据为己有，却谎称经费在途中被窃。之后，王复元利用职务之便，还曾多次贪污公款。1928年4月，他以去上海与党组织联系工作为由，从直属中共山东省委机关印刷部的集成石印局拿走2000元。当时石印局承担印刷山东党内刊物《红星》、党的文件与宣传材料的重任，最终因经济

中共五大会址内的中央监察委员会诞生地

## 33

困难而被迫停业。

王复元贪污党费的丑事被中共一大代表、中共山东省委书记邓恩铭及时发现。邓恩铭依据《中央扩大会议通告——坚决清洗贪污腐化分子》的规定，将王复元开除出党。这样，邓恩铭便成了中共历史上反贪第一人，王复元也成为中共历史上因贪污而被开除出党的第一人。

# 134

第一次形成中共中央四级领导体制

## 党的五大设立中央政治局、政治局常委会

（1927 年 5 月 10 日）

中共中央政治局是中国共产党的中央领导机构之一，由中央委员会全体会议选举产生。党的中央政治局每届任期 5 年，党的全国代表大会如提前或延期举行，中央政治局的任期也相应地改变。中央政治局在中央委员会全体会议闭会期间，行使中央委员会的职权。中央政治局的领导工作，严格按照党的全国代表大会和中央委员会的决议，按照民主集中制的原则进行。那么，中国共产党第一届中央政治局是如何设立的，组成人员都有谁呢？

这要从党的早期全国代表大会说起。

1921 年，党的一大通过了中国共产党第一个纲领，其中规定："委员会的党员人数超过五百，或同一地方设有五个委员会时，应由全国代表会议委派十人组成执行委员会。如上述要求不能实现，应成立临时中央执行委员会。"文件明确规定了党的中央领导机构的名称为"中央执行委员会"，并规定由全国代表会议选举 10 名委员构成，还明确了成立中央执行委员会的条件。但当时全国只有 50 多名党员，相关事务甚少，各地方组织也不健全，因此决定不组织正式的中央，但为了和各地支部发生联系，建立了党的中央局。党的一大通过无记名投票的方式选举了由陈独秀、张国焘、李达 3 人组成的中国共产党第一届中央局，陈独秀为书记，张国焘负责组织工作，李达负责宣传工作。党的最高领导人称为"书记"，因为书记是当时最小的官职，用今天的话

116

说，就是文书、秘书。这表明了新政党与旧社会决裂，绝不当官僚、老爷欺压百姓的决心。

1922 年 7 月，党的二大召开时，党员增加到近 200 名，因此大会选举出中央执行委员会。把中央领导机构命名为"中央执行委员会"，这在很大程度上是效仿联共（布）。"书记"相应改为"委员长"。1923 年 6 月，党的三大召开，在中央执行委员会的基础上进一步产生了中央局。1925 年 1 月，党的四大又将"委员长"改为"总书记"。

1927 年 4 月，党的五大召开，出席大会的正式代表 82 人。此时，全国各地普遍成立区、地执委会，工农运动空前发展，大革命轰轰烈烈，党员人数也由 1925 年 1 月党的四大时的 994 人激增至 57967 人。中国共产党已经成为一个大党，中央机关仅有中央局的状况已不足以有效领导全党，中央政治局应运而生。

1927 年 5 月 9 日，党的五大闭幕，大会选出了 31 名中央委员和 14 名候补中央委员组成的第五届中央委员会。随后举行的五届一中全会选举陈独秀、蔡和森、李维汉、瞿秋白、张国焘、谭平山、李立三、周恩来为中央政治局委员，苏兆征、张太雷等为候补委员；选举陈独秀、张国焘、蔡和森（后增补瞿秋白、谭平山）组成中央政治局常务委员会，陈独秀任总书记。这标志着中共中央政治局正式设立。这样，党的五大把中央执行委员会改为中央委员会，即通常所说的"中共中央""党中央"，中央局改为中央政治局，同

**中国共产党第五次全国代表大会简况**

时间：1927年4月27日—5月9日
地点：汉口
出席代表：80 人
代表党员人数：57967 人
共产国际代表：罗 易 鲍罗廷 维经斯基

大会通过议案：
《中国共产党接受共产国际第七次大会关于中国问题决议案之决议》
《政治形势与党的任务议决案》
《组织问题议决案》
《土地问题议决案》
《职工运动议决案》
《对于共产主义青年团工作决议案》
《中国共产党第五次全国代表大会宣言》
《中国共产党第三次修正章程议决案》
中国共产党第五届中央委员：
陈独秀 蔡和森 秋秋白 周恩来
刘少奇 李立三 张国焘 李维汉
苏兆征 张太雷 任弼时 陈延年
罗亦农 陈乔年 贺 昌 向忠发
邓中夏 彭 湃 夏 曦 项 英
赵世炎 恽代英 谭平山 顾顺章
彭述之 罗章龙等29人

候补中央委员：
毛泽东 陈潭秋 陆 沉 李振瀛
林育南 袁达时 郭 亮 黄 平
吴雨铭等11人
中央政治局委员：陈独秀 张国焘
李维汉 蔡和森 李立三
瞿秋白 谭平山
中央政治局候补委员：苏兆征
张太雷 陈延年 周恩来
中央政治局常务委员会委员：
陈独秀 张国焘 蔡和森
瞿秋白 李维汉（后增补）
总书记：陈独秀
中央监察委员：王荷波 杨匏安
许白昊 张佐臣 刘峻山
周振声 蔡以忱
候补中央监察委员：杨培森
萧石月 阮啸仙

中国共产党第五次全国代表大会简况

时增加一个领导层级，即中央政治局常务委员会。这是党的历史上第一次出现中央政治局、政治局常委会，由此形成中央四级领导体制：全国代表大会为中共最高领导机关；全国代表大会闭会期间，中央委员会为中共最高领导机关；中央委员会全体会议闭会期间，由中央政治局、中央政治局常委会行使中央委员会的职权；中央委员会总书记负责召集中央政治局会议和中央政治局常委会会议，并主持中央书记处的工作。坚持党的领导，首先是要坚持党中央的集中统一领导，这是一条根本的政治规矩。党的五大确立了中国共产党新的领导体制，从这以后，中央政治局及其常务委员会一直是全党的领导核心。

中国共产党打响武装反抗国民党反动派的第一枪

# 南昌起义

## （1927 年 8 月 1 日）

1927 年，蒋介石集团和汪精卫集团相继叛变革命后，第一次国共合作全面破裂，全国笼罩在血腥的白色恐怖之下，中国共产党面临被赶尽杀绝的严重危险。当时放在中国共产党面前的路只有两条：一是拿起武器，进行武装反抗；二是迟疑犹豫，坐以待毙。除此以外，没有别的路可走。

在这个重要关头和危急时刻，1927 年 7 月中旬，中共中央临时政治局常务委员会派遣李立三、邓中夏、谭平山、恽代英等赴江西九江，准备组织中国共产党掌握和影响的国民革命军中的一部分力量，联合第二方面军总指挥张发奎重回广东，以建立新的革命根据地，实行土地革命。7 月 20 日，因发现张发奎已经站在汪精卫一边，李立三等立即抛弃依赖张发奎的计划，提议独立发动反对南京和武汉的国民党政府的军事行动，即南昌起义。中央临时政治局常委会在获悉李立三等人的提议后，正式确定了在南昌举行武装起义的部署。随后，向共产国际报告了起义的计划。

这时，国民革命军第二方面军所辖的第十一军第二十四师是由共产党人叶挺指挥的；第四军第二十五师第七十三团、第七十五团是以北伐战争时期的叶挺独立团为骨干编成的，第十师第三十团是为共产党所掌握的；第二十军是由接近共产党的贺龙（在起义后南下途中入党）指挥的。这些部队在"东征讨蒋"的名义下，均已从武汉调到九江地区。7 月下旬，汪精卫、张发奎感到贺龙、叶挺的部队"不稳定"，企图以开会的名义把贺、叶召集到庐山，解除他们的兵权。第四军参谋长叶剑英得知这一消息后，秘密从庐山赶赴九江，与叶挺、贺龙商量对策，决定把部队开到南昌及其附近地区。在南昌，还有原由朱德指挥的受共产党影响的第五方面军第三军军官教育团和南昌市公安局保安队。这些部队，是党在大革命时期培植和给予重要影响的正规革命武装的主要部分，也是举行南昌起义的主要军事力量。

中央临时政治局常务委员会决定周恩来为武装起义前敌委员会书记。周恩来指定以聂荣臻为书记的前敌军委先去九江作准备，并交代何时发难要听中央命令。这次行动是极端机密的。严格遵守纪律，已是周恩来的习惯。在离开武汉的当天晚饭前后，周恩来才告诉邓颖超，说自己当晚就要动身去九江。但是，去那干什么、去多久，周恩来一句话也没提。

7月26日，周恩来到达九江，与在九江的同志确定了南昌起义的行动计划。第二天，周恩来到达南昌，住在朱德家里。根据中共中央决定，成立了由周恩来、李立三、恽代英、彭湃组成的中共前敌委员会。前委会详细研讨了有关起义的事项，进行了周密部署，决定7月30日晚举行武装起义。

7月28日，周恩来到第二十军指挥部会见贺龙。一见面，周恩来就坦诚地说："我来拜访你，不是礼节性的。开门见山，我是找你商量起义计划的。我们立刻就谈行吗？"贺龙爽快地回答："好极了，我洗耳恭听！"周恩来风趣地说："洗耳恭听是不够的。你是大将军，光洗耳恭听怎么成？还是要动手动脚动枪动炮呢！"听完周恩来的转达，贺龙立即说："我完全听共产党的话，要我怎么干就怎么干。"当时贺龙虽然还没有加入中国共产党，但一个多月前在武昌就对周恩来明确表示过："只有共产党才能救中国，只有马列主义才是救国救民的真理。我听共产党的话，决心和蒋介石、汪精卫这班王八蛋拼到底。"

正当起义准备工作紧张进行时，中共中央收到共产国际根据联共（布）中央政治局决定发来的电报。电报指出："如果有成功的把握，我们认为你们的计划是可行的。"中共中央分析形势后，认为南昌起义有成功的把握，决定派中央临时政治局常委张国焘以中央代表身份赴南昌，传达共产国际和中共中央的指示。7月30日晨，张国焘赶到南昌。由于他仍对张发奎存有幻想，所以主张一定要得到张发奎同意后方能举行起义。前委几个成员都表示："暴动断不能迁移，更不可停止，张（发奎）已受汪（精卫）之包围，决不会同意我们的计划。在客观应当是我党站在领导的地位，再不能依赖张。"张国焘一看受到那样强烈的反对，就说这是共产国际代表的意见。这样激烈的争论持续了几个小时，因为张国焘是中央代表，不能用少数服从多数来决定，问题没有得到解决。31日早晨，周恩来主持中共前委紧急会议，继续辩论了几个小时，直到得知张发奎已参加庐山反共会议，张国焘才不得不表示服从多数人的意见。会议最后决定8月1日凌晨4时行动。

31日下午，起义的准备进入最后阶段。这时发生一个意外的情况，有叛徒向敌方指挥部告密。前敌委员会当机立断，决定提前两小时起义。

1927年8月1日，中共前敌委员会书记周恩来和贺龙、叶挺、朱德、刘伯承等领导南昌起义。图为黎冰鸿所作油画《南昌起义》

8月1日凌晨2时，一声枪响划破了长夜的静寂。在以周恩来为首的前委领导下，贺龙、叶挺、朱德、刘伯承等率领在党直接掌握和影响下的军队2万余人，经过4个多小时的激烈战斗，全歼守敌3000余人，占领了整个南昌城。

南昌的枪声，如平地一声春雷，使千百万革命人民在经历了一连串的严重挫败后，又在黑暗中看到了高高举起的火炬，燃起了新的希望。从此，他们在中国共产党领导下，高举起土地革命的大旗，用武装斗争来反对国民党反动派的屠杀政策，历尽艰辛，终于打开了中国革命的新局面。

中国共产党领导下的人民军队就是在这次起义中诞生的。中华人民共和国成立后授衔的十大元帅中就有朱德、刘伯承、贺龙、陈毅、聂荣臻、林彪6人是直接参加过南昌起义的，如果加上积极策应南昌起义的叶剑英则是7人。正因为南昌起义在我军历史上具有开创性的地位和作用，1933年7月，以毛泽东为主席的中华苏维埃共和国临时中央政府批准中革军委的提议，决定8月1日为中国工农红军建军纪念日。

中国共产党领导的第一次军队改编

## "三湾改编"

（1927 年 9 月 30 日）

　　1927 年 9 月，毛泽东作为中共中央特派员被派到湖南，和中共湖南省委一起在湘赣边界发动了秋收起义。由于当时革命形势已处于低潮，敌强我弱，加上缺乏作战经验，工农革命军某些指挥员指挥失当，新收编的第四团在战斗中又临阵叛变，致使部队受到严重挫折。9 月 14 日，毛泽东在浏阳东乡上

八七会议后，毛泽东回湖南领导湘赣边界秋收起义。图为毛泽东（后排左三）在延安和当年参加秋收起义的部分同志合影

坪召开紧急会议，决定改变攻打长沙的计划，命令革命军余部迅速到浏阳文家市集中。19 日晚，毛泽东在文家市主持召开了前敌委员会会议，决定放弃攻打长沙，把革命军向南转移到敌人统治力量薄弱的农村山区寻找落脚点。革命军在向南进军途中，处境十分困难，在江西省萍乡县芦溪又遭到敌人的伏击，总指挥卢德铭英勇牺牲。

在连日的行军中，由于天气炎热、水土不服，一些战士病倒了。从文家市出发，战士们带的粮食很少，加上沿途的老百姓不了解这支部队，一看见他们到来就四处躲藏，所以部队的给养日渐困难。此时，革命军中一些人在一连串的挫折面前，在艰苦的斗争面前，惊慌失措，灰心动摇起来，一部分平江、浏阳的农军害怕远离家乡，也产生了消极的思想情绪，部队里不断发生逃亡现象。此时，工农革命军共约 1000 人，且军纪松弛，军心涣散，有的团、营甚至出现了官多兵少、枪多人少的情形。

9 月 29 日，部队进驻江西省永新县三湾村。在这种严峻的形势下，面对这样一支疲惫之师，毛泽东感到革命要靠自觉，不能勉强。当晚，他组织召开了前敌委员会扩大会议，讨论部队现状及其解决的措施，决定对部队实行整顿和改编。

9 月 30 日早晨，工农革命军全体指战员集合在三湾枫树坪，毛泽东宣布了中共前敌委员会关于部队改编的决定并宣布了革命自愿的原则。他说："我毛泽东干革命，一不图升官，二不图发财，三不图养家糊口，只图天下劳苦大众得到解放。此行前去，山高水长，任重道远，你们跟着我去开创井冈山革命根据地，可能会很艰苦，很危险，但是也很光荣。人各有志，不能相强，有愿意跟我走的，请站到左边来，我热烈欢迎；有愿意回家的，请站到右边去，我热烈欢送，并且发给路费。"最后，部队经过整顿组织，一个师缩编为一个团，称中国工农革命军第一军第一师第一团，共 700 多支枪。整编后，人员虽然减少了，但战斗力大大增强了，成为一支坚强团结的人民军队。

整编后，毛泽东就着手在部队中建立党的各级组织，班、排有小组，连有支部，营、团建立党委，在连以上各级设置了党代表，并且成立了党的"前敌委员会"。整个部队由毛泽东任书记的前敌委员会领导，重要问题都要经党委讨论决定。毛泽东第一次为部队建立了党委集体领导制度，从组织上确立了党对军队的绝对领导。这是这次改编中最为重大的措施，体现了"党指挥枪"的基本原则。

为了彻底清除诸如官兵待遇不平等、干部打骂士兵等一些旧军队里的不良作风和习气，毛泽东亲自领导部队进行了民主改革，确立了士兵委员会等集中指导下的民主制度。他指示在工农革命军的每个连队里都要建立一个士兵委员会，设主任1人，委员5至7人，均由全连官兵选举产生。它既是民主组织，又是监察机关。有什么事，士兵委员会就召集大家一起来讨论，上至各级干部下到伙夫，都有充分地发表自己意见的权利。有批评有表扬，赏罚严明，部队的领导和普通士兵一样对待，谁也没有一丝一毫的特殊。

三湾改编创造性地确立的"党指挥枪""支部建在连上""官兵平等"等一整套崭新的治军方略，初步解决了如何把以农民及旧军人为主要成分的革命军队建设成为一支无产阶级新型人民军队的问题，保证了党对军队的绝对领导，奠定了我党政治建军的基础。

# 137

中国共产党创建的第一个苏维埃政权

## 海陆丰苏维埃

（1927 年 11 月成立）

　　中国共产党成立之初，就有一些党员开始注意农民问题。农民运动最早在广东省海丰、陆丰两县兴起，主要领导者是彭湃。1896 年 10 月，彭湃出生在广东省海丰县的一个地主家庭。1917 年，他东渡日本求学。留学期间，他努力阅读马克思列宁主义著作，积极参加中国留学生的救国运动。1921 年，彭湃回国后不久加入中国社会主义青年团。他在家乡海丰县积极从事农民运动，并于 1922 年夏与另外 5 名农民组成全国早期农民协会——六人农会。为了和广大农民打成一片，他彻底背叛了自己的家庭，把父亲留给他的那份土地分给佃农，当众烧毁田契，自己和农民一样过着俭朴的生活。他用深入浅出的道理和通俗易懂的语言演说，帮助农民提高政治觉悟，团结起来为谋求解放而斗争。1923 年 1 月，他创建海丰县总农会，任会长；7 月起任广东省农会执行委员长。后兼任陆丰县总农会会长，并任惠州农民联合会会长。第一次国共合作后，他以个人身份加入国民党，任国民党中央农民部秘书。

　　1924 年 4 月初，彭湃抵达广州，转为共产党员。7 月至 8 月，彭湃任国民党中央农民部开办的广州农民运动讲习所第一届主任。1924 年 8 月，彭湃创立了广东农民自卫军并任团长。1925 年 9 月至 12 月，彭湃任第五届广州农民运动讲习所主任。他曾任中共海陆丰支部书记、中共广东区委执委会委员、广东农委负责人、国民党广东省党部执行委员兼农民部部长。1926 年 5 月至 9

126

1927 年 10 月，中共东江特委和彭湃领导了广东海丰、陆丰农民起义

月，毛泽东在广州主持第六届农民运动讲习所时，聘请彭湃为教员，讲授《海丰及东江农民运动的情况》，派出讲习所 300 多名学员在萧楚女的带领下，到海丰、陆丰实地考察。

　　彭湃曾参与领导南昌起义，任中共前敌委员会委员、革命委员会委员兼农工委员会委员，南下广东后任东江农民自卫军总指挥。在中共东江特委和彭湃的领导下，海陆丰人民继 1927 年 4 月和 9 月两次武装暴动之后，10 月举行第三次武装起义，解放了海丰和陆丰县城。这时，彭湃受中共广东省委派遣，从香港回到海陆丰，兼任东江特委书记，领导筹建苏维埃政权。11 月 13 日至 16 日，陆丰举行县工农兵代表大会，成立了陆丰县苏维埃政府。11 月 18 日至 21 日，在海丰明代学宫召开海丰全县工农兵代表大会，成立海丰县苏维埃政府，通过了"没收土地案"等 8 项政治纲领。当时，会场四周和街道都粉刷成红色，用红布覆盖墙壁，代表红色政权，因此把学宫改称"红宫"。被誉为"中国第一个苏维埃"的海陆丰苏维埃政权的建立，极大地鼓舞了全国革命仁人志士顽强探索、坚持斗争的勇气和决心，在中国革命史上写下了光辉灿烂的一页。

海陆丰政权建立后，开展了以分田、废债为主要内容的土地革命运动，掀起了分田地、掘田埂、烧田契和租簿的土地革命运动新高潮，极大调动了农民群众生产、参军、拥政的积极性，为中国共产党领导土地革命运动积累了经验。这些实践经验汇成了农村革命的伟大潮流，后来由毛泽东科学地加以总结，提出关于红色政权建设的理论，找到了以农村包围城市、最后武装夺取政权的道路。

尽管这个政权只存在了短短几个月，却如同流星般照亮了被黑暗恐怖笼罩的茫茫夜空，和南昌起义一样拉开了中国共产党独立进行武装斗争、创建工农政府的序幕，在中国革命史上写下了浓墨重彩的篇章，具有重要的意义。

中国共产党创建的第一个工农兵政权

# 茶陵工农兵政府

（1927 年 11 月成立）

秋收起义后，毛泽东率领部队向国民党统治力量薄弱的农村转移。经"三湾改编"，将部队缩编为一个团，由陈浩任团长，下辖两个营，即一营和三营，外有一个特务连。1927 年 10 月 7 日，工农革命军进驻宁冈茅坪，开始了井冈山工农武装割据。

1927 年 10 月中旬起，国内的政治局势发生重要变动，国民党李宗仁和唐生智两集团之间爆发战争。唐生智控制的两湖军队全部投入战争。江西的朱培德也将主力调往赣北。在井冈山周围各县，国民党兵力空虚，只留下一些地主武装靖卫团和挨户团。这是井冈山工农革命军向外发展的大好机会。善于战略思维的毛泽东，立即把目光投向井冈山西麓的茶陵县。此时的茶陵县号称湘赣边界地区第一大县，人口较多，物产丰富，也是井冈山的西大门。若打下茶陵，不仅可以巩固井冈山根据地，还能够得到宝贵的物资补充，扩大政治影响，增加回旋余地。

11 月上旬，毛泽东的决策在工农革命军的前委会上一宣布，几乎得到与会同志的一致拥护。会议决定由团长陈浩和第一营党代表宛希先率第一营及特务连执行这一任务。毛泽东因为脚背被草鞋磨破而溃烂，无法随军前去。部队出发前，毛泽东特别叮嘱说，打下茶陵县城之后，要尽快建立革命政权。

11 月 18 日拂晓，工农革命军攻克茶陵县城，并很快与隐蔽在茶陵的共产党员谭震林接上头。谭震林以公开身份成立了茶陵县工会。但是，在酝酿成立革命政府时，团长陈浩不同党代表商量，擅自从部队中选派谭梓生去做了县长，然后仿照旧衙门县太爷的样式升堂审案，让一些士兵站在衙门口充当衙役。地方党组织对此很有意见。军队每天活动还只是"三操两讲二点名"，出操完毕队伍就解散，对宣传群众、发动群众、组建群众武装一事，陈浩和副团长韩昌剑、参谋长徐庶等人不是推三阻四，就是置之不理。并且，他们还几次换便衣去吃馆子、听曲子……对此宛希先甚为忧虑，连忙写信报告毛泽东。在茅坪的毛泽东闻讯后立即写信对陈浩等人的做法提出严肃批评，强调要迅速建立工农兵政府，指出湖南省委前委委员宛希先可以代表前委作出决定。11月26日，在宛希先指导下，茶陵县委首先得以恢复。当晚，茶陵县委就召开县总工会、农会与革命军代表联席会议讨论建立工农兵政府的事宜。最终，会议选举谭振林为工人代表，李炳荣为农民代表，陈士榘为士兵代表，并决定从代表中产生政府主席。在讨论主席人选时，3名代表都相互谦让，宛希先见状，说："工农兵政府'工'字打头，谭震林同志，你是工人代表，你

1965年5月21日毛泽东重上井冈山，途经茶陵时与茶陵县委负责同志合影

就担任政府主席吧。"大家一致表示同意。

11月28日上午10时，茶陵各地民众聚集在县城洣江书院操坪上参加茶陵县工农兵政府成立大会。在工农兵群众的欢呼声中，大门口旧衙门的牌匾被卸下，换上了"工农兵政府，苏维埃精神"的大幅对联。工农兵政府的成立，使偏远闭塞的茶陵县一下子登上潮头，走在了时代的前列。工农兵政府成立之后，贫苦的茶陵群众喊着"打土豪，分田地"的口号，相继在几个区也建立了工农兵政府。

12月下旬，李、唐军阀战争告一段落。国民党第八军的独立团和当地地主武装向茶陵反扑。工农革命军与茶陵游击队、赤卫队、纠察队进行了顽强抵抗。这时在湖南桂东打游击的第三营营长张子清也率部星夜兼程赶到茶陵参战，增加了工农革命军的战斗力量。但是由于敌我力量悬殊，战斗打得非常艰苦。为了保存有生力量，宛希先、张子清率部队退出茶陵县城。至此，茶陵县工农兵政府在县城的40天历史也宣告结束。但茶陵县工农兵政府并没有解散，继续坚持斗争，直到1937年停止工作。

此时，团长陈浩因遭到挫败而严重动摇，公开声称工农革命军没有前途，把部队往南带，企图到湘南投靠国民党第十三军军长方鼎英。正好那时毛泽东的脚背溃烂稍有好转，得知湘军反扑的消息后赶来茶陵，在茶陵湖口赶上队伍。宛希先、张子清向他报告了陈浩等的背叛活动。毛泽东当晚召集团营干部召开紧急会议，果断地扣押了陈浩一伙，将工农革命军全部带回宁冈砻市。

如果说，南湖红船上那一次聚首，昭示了我们党关于建党的初心；南昌城内那一声枪响，打响了我们党关于建军的初心；茶陵县城那"工农兵政府，苏维埃精神"大红对联，见证的便是我们党关于建政的初心。这是千百年来受压迫的底层大众第一次翻身作主的光辉起点，是人民政权奋力启航的历史丰碑。

# 139

## 中国共产党第一任总司令

# 叶挺

（1927 年 12 月就任）

提到谁是中国共产党第一任总司令，大家可能马上会联想到朱德总司令。但实际上，毛泽东曾当面称叶挺是"共产党的第一任总司令"，并对叶挺说："人民军队的战史要从你写起。"

1896 年 9 月 10 日，叶挺出生于广东省惠阳县一个农家，原名叶为询，启蒙老师陈敬如取"人要上行、叶要上挺"之意，为他改名为叶挺。

叶挺于 1924 年 12 月加入中国共产党。1926 年 5 月，叶挺率领独立团担任北伐先遣队，率先从广东出发，开赴湖南前线。在历时半年的北伐战争中，叶挺多谋善断、身先士卒，率部摧城拔垒、屡建奇功。因此，他指挥的独立团和所在的国民革命军第四军被称为"铁军"，叶挺也被誉为"北伐名将"，以团长职务被破格提拔为少将。1927 年 8 月 1 日，在南昌起义中，叶挺任前敌总指挥。10 月初，起义军在广东潮州、汕头地区失败。叶挺、聂荣臻和杨石魂陪伴身患重病的周恩来辗转来到香港。

继南昌、湘赣边界等地起义之后，中国共产党又发动和领导了广州起义。1927 年 11 月，粤、桂军阀之间为争夺地盘爆发战争。张发奎的粤军主力调往肇庆、梧州一带，广州市内兵力空虚。中共广东省委根据中央的指示，成立指挥起义的革命军事委员会，由张太雷、黄平（后于 1932 年 12 月在天津被捕叛变）、周文雍任委员，张太雷总负责。随后任命叶挺为起义军事总指挥，叶剑英为副总指挥。当叶挺接到通知，辗转到达广州时，离起义爆发只剩下几个小时了。12月11日凌晨，在广东省委书记张太雷和叶挺、黄平、周文雍、叶剑英、杨殷等领导下，国民革命军第四军教导团全部、警卫团一部和广州工人赤卫队7个联队以及市郊部分农民武装，联合举行武装起义。在广州的苏联、朝鲜、越南的部分革命者也参加了起义。经过几个小时的激战，起义军占领广州的绝大部分市区，成立了广州苏维埃政府，叶挺被任命为工农红军总司令。

由于敌我力量悬殊，起义军不可能坚守广州。在起义的当天晚间，叶挺认为国民党军队的反扑在第二天将达到高潮。他在会议上分析了形势，说明广州周围敌人兵力太多，而且近在咫尺，一旦组织起来，向我反扑，形势对我们很不利，提出最好不要再在广州坚持，把起义部队拉到海陆丰去。这本来是避开优势敌人打击、到有利地区再图发展的正确主张，但共产国际派来的代表诺伊曼教条地认为，搞起义只能进攻，不能退却。叶挺的意见没有被采纳。

由于未能及时退出广州，起义军虽在城内同英、美、日、法等国支持的

抗日战争时期，参加南昌起义的部分人员在皖南合影，右六为叶挺

国民党粤系军阀张发奎等部进行了顽强的战斗，但终因寡不敌众，在起义的第三天遭遇失败。张太雷和许多起义者英勇牺牲。

广州起义失败后，组织上对叶挺作出了不适当的处分，调他到莫斯科学习后又对其进行批判。叶挺一气之下出走西欧，与党脱离关系。叶挺脱党后到德国学习军事，因生活困难开过饭馆，旅欧 5 年后回到澳门。国民党要人们得知后纷纷送礼拉拢，叶挺一概拒绝并积极寻找共产党。全国抗战爆发后，叶挺马上赶到延安。毛泽东为他主持召开欢迎大会。会上，叶挺激动地说："革命好比爬山，许多同志不怕山高，不怕路险，一直向上走。我有一段时间，爬到半山腰又折回去了，现在又跟上来了！"

中国共产党第一次纠正"左"倾错误

# 中共中央临时政治局发出《中央通告第44号——共产国际执委会二月会议关于中国问题的议决案》

（1928 年 4 月 30 日）

1980 年，一部由长春电影制片厂摄制的名为《刑场上的婚礼》的影片，在全国观众中引发强烈共鸣。它所讲述的，正是 1928 年为革命壮烈牺牲的周文雍和陈铁军两位烈士的故事。

1927 年，广州发生了"四一五"反革命大屠杀，白色恐怖笼罩全城。时任中共广州市委工委书记的周文雍，正夜以继日地准备武装起义。为了掩护工作，党指示他和中共广东区委妇女运动委员会委员陈铁军合租一个房子，对外假称夫妻，秘密进行革命活动。

广州起义失败后，周文雍和陈铁军继续在广州坚持地下斗争。由于叛徒的出卖，两个人同时被捕入狱。在刑场上，面对大批围观的百姓，陈铁军大声呼喊道："我和周文雍同志假扮夫妻，共同工作了几个月，合作

在刑场上，周文雍与陈铁军宣布正式结为夫妻，举行了悲壮的"婚礼"

得很好，也建立了深厚的感情。但是由于专心于工作，我们没有时间谈个人的感情。现在，我们要结婚了。就让国民党刽子手的枪声，作为我们结婚的礼炮吧！"

当我们还原当年的历史时，却发现这个故事很大程度上是党内"左"倾盲动路线所造成的一出悲剧。

1927年是乌云翻滚的年代。蒋介石、汪精卫相继背叛革命，大肆逮捕和屠杀共产党员和革命群众。正是国民党反动派的屠杀，教育了中国共产党人和革命人民，促使他们拿起武器去进行战斗。当时，中国共产党尚处在幼稚时期，对革命形势缺乏科学的、实事求是的分析和判断，没有组织正确的反攻或必要的战略退却，借以保存和聚集革命力量，而是遵从共产国际的指令，以城市为中心展开暴动。

在敌强我弱的形势下，尽管这一时期党发动了一系列的武装起义，但革命形势依然处于低潮。然而，1927年11月召开的中共中央临时政治局扩大会议没有认清形势，错误地认为革命仍处于高潮，只要党一声令下，就会有千百万工农起来暴动，建立苏维埃红色政权，从而确定了以城市为中心的全国武装暴动计划，使"左"倾盲动错误在全党取得支配地位。

广州起义，是共产国际指挥、临时中央政治局策划的典型的盲动主义路线指导下的武装起义。结果是，在大革命时期积累起来的共产党组织基础，短短几天内就断送得干干净净。红旗仅仅举了3天，换来的是几千党员、工人和群众的流血惨死。

但是，中共中央坚持认为中国革命的浪潮是高涨的，群众的革命情绪是有增无减的，还要在各地继续发起暴动。对广州起义，他们反而认为做得还不够。中央政治局候补委员李立三被任命为广东省委书记，赴港主持工作。李立三不但不吸取广州起义失败的教训，反而采取冒进态度，把参加过广州起义、失败后遭通缉、已经逃到香港的幸存干部再次派回广州，让他们"戴罪立功"，重新组织暴动。因为周文雍多次在公开场合露面，广州很多人都认识他，在广州继续工作，无疑是非常危险的。但周文雍服从上级指令，与陈铁军隐居市区，继续筹备暴动。由于叛徒告密，周文雍于 1928 年 2 月 2 日被捕。与周文雍一起被捕牺牲的广州市委干部共 10 人，这是短期内中共广州市委遭受的第二次重大挫折。许多原本可以保存和隐蔽下来为中国革命作出更大贡献的优秀干部，就这样倒在了敌人的屠刀下。"刑场上的婚礼"只是这幕悲剧的其中一个缩影。

为什么革命处在低潮时期而党内却出现"左"倾盲动错误呢？究其原因，是出于对国民党屠杀政策的愤怒，党内普遍存在着一种急躁拼命情绪。同时，一些犯过右倾错误的人，怕重犯右倾错误，认为"左"比右好，从而为"左"倾错误的发展提供了温床。这时，党对大革命失败后中国革命所面临的各种迫切问题还不可能都作出正确的分析，找出解决的办法，并且缺乏党内斗争的经验，不懂得在反右的同时必须防"左"。共产国际代表罗明纳兹对这次"左"倾错误的出现负有重要责任。以瞿秋白为首的中央临时政治局也负有直接的责任。

1928 年 2 月下旬，共产国际执委会第九次扩大全会通过关于中国问题的决议，基本正确地分析了中国革命的性质和形势，批评了罗明纳兹所谓"不断革命"的错误观点。同年 4 月 30 日，中共中央临时政治局发出《中央通告第 44 号——共产国际执委会二月会议关于中国问题的议决案》，承认中国共产党内存在着"左"倾盲动错误。至此，这次"左"倾盲动错误在全国范围的实际工作中基本停止。

"勇于自我革命，是我们党最鲜明的品格，也是我们党最大的优势。"正如习近平总书记所指出的，一部中共党史，包括我们党通过自我革命坚持真理、修正错误的历史。勇于自我革命是我们党发展壮大、长盛不衰的内在动力。

# 141

中国共产党创建的第一个革命根据地

## 井冈山革命根据地

（1928 年形成）

关于建设根据地的问题，毛泽东一直把它放在十分重要的位置。粟裕回忆说："毛泽东同志很注意对部队进行建立根据地思想的教育。他常说，人不能老走着，老站着，也得有坐下来的时候，坐下来就靠屁股，根据地就是人民的屁股。毛泽东同志深入浅出的比喻，很有说服力。"

1927 年 9 月，毛泽东领导工农革命军在湘赣边界举行秋收起义。在进攻长沙遭受严重挫折后，毛泽东审时度势，带领起义部队沿罗霄山脉南下，并在途中进行了著名的"三湾改编"，确立了党对军队的绝对领导。10 月初，部队到达井冈山脚下的宁冈县（今已并入井冈山市）古城镇。

在宁冈，毛泽东决定召开前委扩大会议，总结秋收起义的经验教训。会议着重研究了在罗霄山脉中段建立落脚点和开展游击战争问题，认为在介于湖南和江西交界处的井冈山落脚是理想的场所，原因是：大革命时期，这几个县都建立了党的组织和农民自卫军，群众基础比较好；山上很多地方都有水田和村庄，周围各县农业经济可供部队筹措给养；这里离中心城市较远，交通不便，国民党统治力量薄弱；崇山峻岭，地势险要，进可攻，退可守。当时，井冈山已被袁文才、王佐率领的两支"绿林"武装所占据，起义部队能否在井冈山立足扎根，袁、王二人的态度至关重要。

袁文才、王佐虽然参加过大革命，袁文才还是共产党员，但他们对前来的这支工农革命军毕竟没有多少了解，担心这支比他们力量大得多的部队上山会不会"火并山寨"，夺取他们原有的地盘。当时工农革命军中，有人曾提议解除袁、王的武装。毛泽东坚决反对说："我们不能采取大鱼吃小鱼的吞并政策，对他们只能用文，不能用武，要积极地争取改造他们，使他们变成跟我们一道走的真正革命武装。"这是关系到工农革命军能不能在井冈山地区站住脚跟的关键性决策。因为袁、王部队在当地有相当的社会基础，许多群众拥护他们。

在毛泽东的正确主张下，古城会议作出了团结、改造袁文才、王佐两支地方武装的决定。不久，毛泽东就会见了袁文才，并向袁赠送了100多支枪，帮助他们进一步武装起来。袁文才也回赠了几百块银元，以解工农革命军在经济上的燃眉之急，并同意革命军在茅坪建立后方医院和留守处。经袁文才介绍，工农革命军与王佐取得了联系，在帮助他消灭了多年的宿敌尹道一后，取得他的信任。毛泽东几次上山同王佐交谈。王佐逢人就夸："毛委员是最有学问的人，同他谈上一次话，真是胜读十年书！"征得袁、王同意后，在他

毛泽东同参加秋收起义、井冈山斗争的部分负责干部在陕北合影

们部队里也建立起党的基层组织和士兵委员会。工农革命军又派了20多名党员干部，分任袁、王部的连长、排长和党代表，帮助他们进行整顿和改造，使短时间内部队的政治和军事素质有了较大提高。不久，工农革命军和袁、王部队正式合为一体，在井冈山地区扎下了根。

在井冈山站稳脚跟后，在以毛泽东为书记的前委领导下，中国工农革命军帮助地方重建地方党组织，改编地方武装，加强军队建设，组织发动群众在茶陵、遂川、永新、宁冈等地开展打土豪筹款子的游击暴动，先后建立茶陵、遂川、宁冈三个县的红色政权，工农革命军也由不足一个团发展为一师两个团。到1928年2月，一个巩固的农村革命根据地在井冈山初步建立起来，打开了实现工农武装割据的新局面。

1928年4月底，朱德、陈毅率领南昌起义保存下来的部队和湘南农军到达井冈山，和毛泽东部会师。部队合编为工农革命军第四军，由朱德任军长，毛泽东任党代表，全军万余人。在中共工农革命军第四军第一次党代表大会上，选举产生第四军军委，毛泽东当选为书记。朱德率领的南昌起义军余部是以具有很强战斗力的北伐劲旅叶挺独立团为基础形成的，有两千多人、近千支枪，训练严格，装备齐整，作战有经验。他们的到来，大大增强了井冈山革命根据地的实力。

朱毛会师之后不到一个月，以毛泽东为书记的中共湘赣边界特别委员会成立，同时成立湘赣边界苏维埃政府，在区、乡各级普遍建立党的委员会和苏维埃政权。与此同时，红军在赤卫队和人民群众配合下，接连打破了江西国民党军的多次"进剿"。至1928年6月，井冈山革命根据地拥有宁冈、永新、莲花三个县，以及遂川、吉安、安福等县的部分地区。之后，又打破了湘赣两省国民党军的两次"会剿"。12月，彭德怀、滕代远率领红五军主力到达井冈山，同红四军会师，进一步加强了井冈山的武装斗争力量，成为全国各根据地中人数最多、战斗力最强的一支红军。

为什么在四周白色政权包围中能有一小块或若干小块红色政权长期存在并得到发展？这既是一个重大的理论问题，也是一个现实问题。为此，毛泽东对一年多来实行工农武装割据过程中的经验教训进行系统的总结，于 1928 年 10 月、11 月先后写成《中国的红色政权为什么能够存在？》和《井冈山的斗争》两篇光辉著作，对于排除错误思想干扰，带领党和人民朝着胜利的道路前进起到了指引作用。

井冈山斗争尽管时间不长，但意义极其重大。中国共产党人围绕动员人民、组织人民、武装人民，创造了一整套宝贵经验，为党在全国建立农村革命根据地提供了方法、指明了道路。井冈山道路开辟了"以农村包围城市，武装夺取政权"这一具有中国特色的革命道路，中国革命从此星火燎原，从胜利走向胜利。

# 142

中国共产党制定的第一部成文土地法

# 井冈山《土地法》

（1928年12月颁布）

1956年9月，在中国共产党第八次全国代表大会上，毛泽东回顾自己探索和学习战争的过程时说："我在井冈山搞的那个土地法很蹩脚，不是一个彻底的土地革命纲领。"毛泽东这里所指的就是中国共产党制定的第一部具有法律效应的、成文的土地法——井冈山《土地法》。

1927年10月，毛泽东率领秋收起义的部队上井冈山，在白色政权的包围中建立了中国第一块农村革命根据地。农民问题是中国革命的基本问题，而农民问题的核心是土地问题。毛泽东经过调查发现，罗霄山脉中段的湘赣边界大体来说，土地的60%以上在地主手里，40%以下在农民手里；遂川的土地最集中，约80%是地主的。在这种情况下，广大无地和少地的农民，为了生存，不得不向拥有大量土地的地主豪绅租地耕种，承受着封建地主阶级残酷的经济剥削和政治压迫，他们对于夺回被地主阶级所剥夺占有的土地有着强烈的愿望。

土地革命，是工农武装割据区域各项政策中最基本的内容。1928年5月召开的中共湘赣边界党的第一次代表大会制定了"深入割据地区的土地革命"政策，从此土地革命运动全面开展。在10月上旬召开的湘赣边界党的第二次代表大会上，讨论了毛泽东起草的井冈山《土地法》。经过两个多月的酝酿和修改，在12月正式颁布。

该法全文共 9 条，约 1500 字。它包括没收一切土地归苏维埃、如何分配及分配数量、征收土地税、红军人员土地的耕种办法等内容。它是 1927 年冬天到 1928 年冬天一整年内井冈山地区土地斗争经验的总结，是中国共产党领导农民在几个县

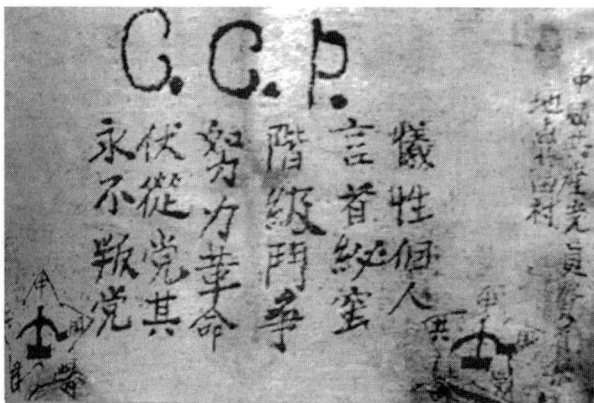

农民分得自己的土地后，积极性马上被调动起来了。图为井冈山地区一位农民写的入党誓词

的范围内实行土地改革的第一次尝试。井冈山《土地法》以法律的形式肯定农民分得土地的神圣权利，否定了封建土地所有制。由于以前没有类似经验，这个初次制定的土地法存在一些缺陷：规定没收一切土地，而不是只没收地主土地；没收土地归苏维埃政府所有，而不是归农民所有，农民只有使用权；一切土地禁止买卖，分配后除老幼疾病及服工役者外，均需强制劳动。这些规定不符合当时农民的思想和传统习惯，不利于发展革命力量。这些问题以后在实践中逐步改正了。比如，不久后，在 1929 年 4 月制定的兴国县《土地法》中，就不再没收一切土地，只没收地主的田地，而且分给农民。这等于承认农民的土地私有，这才是真正意义的"打土豪、分田地"。农民得到了真正属于自己的而不是属于公家的土地，参军、参战、保家保田的积极性马上被调动起来了。

井冈山《土地法》是中国共产党在土地革命战争初期制定的第一部较为完整的土地法。它的颁布和实施，改变了几千年来地主剥削农民的封建关系，从法律上保障了农民对土地的合法权益。它不仅指导了湘赣边界的土地革命斗争，而且为以后中国共产党领导进行伟大的土地革命斗争提供了宝贵的经验。

# 143

中国共产党领导的军队对国民党军队取得的
第一次巨大胜利

## 中央革命根据地第一次反"围剿"

（1930年11月至1931年1月）

"万木霜天红烂漫，天兵怒气冲霄汉。雾满龙冈千嶂暗，齐声唤，前头捉了张辉瓒。"这首脍炙人口的《渔家傲·反第一次大"围剿"》前半阕是毛泽东在率军歼敌第十八师后，以十分兴奋的心情填就的。这场大胜发生在毛泽东、朱德指挥的红一方面军第一次反"围剿"过程中。

1930年10月，蒋、阎、冯军阀混战（中原大战）初告结束，取得胜利的蒋介石刚腾出手来，就立刻调集10万大军，任命江西省主席兼第九路军总指挥鲁涤平为总司令，张辉瓒为前线总指挥，采取"长驱直入，分进合击"的战术，向毛泽东、朱德指挥的红一方面军和后来发展成中央革命根据地的赣西南地区发动大规模军事"围剿"。这种"围剿"和以往有着明显的不同：过去一省的"进剿"和几省的"会剿"还只是局部性的行动，这次的大规模"围剿"已成为南京政府统一指挥下的全局性行动。

这时，赣西南革命根据地已在34个县建立了县苏维埃政府，拥有9座县城，人口达200多万，并已开展分田运动。分得土地的贫苦农民积极支持红军和苏维埃政府，许多县、区、乡、村分别建立起赤卫军、赤卫纵队、赤卫大队和赤卫队。这就为红军提供了得到民众全力支持的广阔战场和充分的回旋余地，是以往红军同国民党军队作战时还不曾有过的。对于应该采取什么方针战胜敌人的问题，红一方面军总前委经过多次讨论，最后确定了毛泽东"诱敌深入"的方针。

作战方针确定后，毛泽东、朱德指挥已转移到赣江以东的红一方面军主力渐次向根据地中部的东固、龙冈一带山区退却。12月1日，到达宁都西北部的黄陂、小

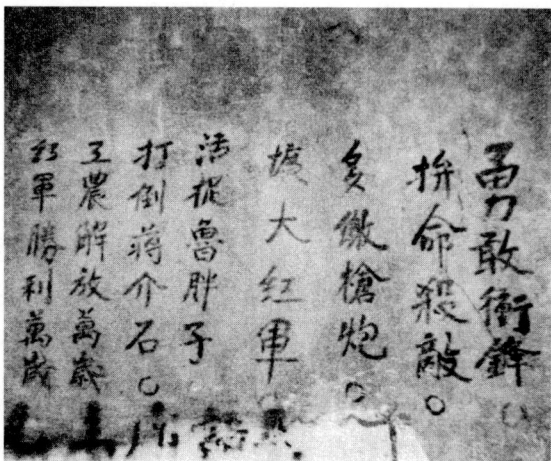

第一次反"围剿"期间，根据地人民写的标语

布地区，积极进行反攻的准备。鲁涤平指挥三路纵队到达袁水流域后，才知道红一方面军主力已经转移，扑了个空，立刻把张辉瓒、谭道源两个纵队调到赣江以东进攻，因不知道红军主力所在而接连扑空。经过这两次扑空，敌军已经现出疲惫，我军反攻的条件渐趋成熟。

12月上旬，蒋介石到南昌，决定继续由鲁涤平指挥各路兵力向根据地中部地区推进。但国民党军队一进入根据地内，就陷入困境，既找不到向导，又找不到粮食，不得不等待后方补给接上后再前进，处处耳目闭塞，对红军的行动一无所知。

红军却以逸待劳，对国民党军队的一举一动了如指掌。毛泽东随红一方面军总部到达黄陂后，在12月上旬主持召开总前委扩大会议，讨论反"围剿"的作战方案。大家认为，"进剿"敌军虽有10万，但都不是蒋介石的嫡系部队，如果消灭这次"围剿"的主力军，即张辉瓒第十八师和谭道源第五十师这两个鲁涤平的嫡系，这次"围剿"便可基本打破。张、谭两师各约1.4万人，而红一方面军有4万余人，如果一次打对方一个师可占绝对优势，取得胜利是有把握的。

12月25日，总前委在宁都小布召开盛大的誓师大会。毛泽东为大会写了一副对联："敌进我退，敌驻我扰，敌疲我打，敌退我追，游击战里操胜算；

大步进退，诱敌深入，集中兵力，各个击破，运动战中歼敌人。"会上，他以这副对联为题，具体生动地解释了"诱敌深入"的必要和好处，进一步坚定了广大指战员对即将到来的战斗的必胜信心。

毛泽东十分重视"慎重初战"的问题，认为一定要在有充分把握的情况下才打。打击的目标，最初选的是离红军隐蔽处最近的谭道源师，但因谭道源不敢孤军深入而没有打成。12月28日，鲁涤平命令所属各师向红军发动总攻击。一向骄横的张辉瓒立即出动，率军向龙冈推进。12月30日凌晨，细雨浓雾。毛泽东、朱德步上龙冈、君埠之间的黄竹岭临时指挥所。毛泽东对朱德说："总司令，你看，真是'天助我也！'三国时，诸葛亮借东风大破敌兵；今天，我们乘晨雾全歼顽敌啊！"上午10时，张辉瓒率部刚进入狭窄山路时，突然遭到预先在这里设伏的红军居高临下的猛烈袭击，退路又被切断。战至下午3时，敌军全线崩溃。张辉瓒的师部和两个旅全部被消灭，无一人一马漏网。

龙冈首战告捷，吓得谭道源惊慌失措，连忙率部向东逃窜。我军乘胜挥师东进，抄近路，直取谭道源师。经过激烈战斗，共歼该师3000余人。其他各路国民党军队仓皇退走。在5天之内，红一方面军连续打了两个胜仗，共歼"围剿"军一个半师15000多人，缴枪12000余支。敌人来势汹汹的第一次大"围剿"就这样被粉碎了。

第一次反"围剿"是中国工农红军建立后歼敌最多、战果最大的一次战役，也是红军由以游击战为主向以运动战为主的战略转变过程中取得的第一次重大胜利，取得了反"围剿"作战的重要经验，巩固和扩大了根据地，并为粉碎敌人的下次"围剿"创造了有利条件。

中国共产党及人民军队拥有的第一架飞机

## "列宁"号

（1931 年 7 月 10 日试航）

1930 年 3 月 16 日，在鄂豫皖根据地和国民党统治区的交界处河南省罗山县宣化店陈家河（今属湖北省大悟县）的河滩上，紧急降落一架"柯塞"式飞机。飞机的轰鸣声惊动了附近担任警戒的赤卫队员，在嘹亮的号角声中，红军战士、赤卫队员及数百名群众把这架尾翼上画着青天白日徽记的飞机团团围住。飞行员龙文光只好打开舱门，举着颤抖的双手喊道："我是飞行员，请各位父老不要伤害我。"他是奉命驾机从汉口飞往河南开封执行紧急空投通信任务后，返航途中因大雾迷失方向，在油料即将耗尽时无奈迫降的。中共鄂豫边特委和苏维埃政府得知消息后，指示罗山县委和驻地红军：要保证飞机驾驶员的安全，保护好飞机，并设法把它运回到根据地中心地区隐蔽起来。

在红军指挥部门口，龙文光看到持枪的红军战士，心里猛地一颤便瘫坐在旁边的竹椅上。这时，一位军装洗得发白的人走了过来。来人面容清瘦，微笑着对龙文光说："我叫徐向前，是这儿的负责人。你不用害怕，有什么话可以对我说。"一听到"徐向前"三个字，龙文光眼睛睁得老大，难道他就是蒋介石悬赏 10 万大洋取其首级的红军将领？如此普通又如此平易近人！龙文光一时难以相信眼前的一切……对红军的顾虑、恐惧和戒心随之慢慢解除了。接着，徐向前请龙文光进屋里，和他聊起了家常。龙文光和徐向前是黄埔军校的校友，之前对共产党也有一定了解。随着交谈的深入，本就有报国志向的龙文光最终决定弃暗投明,参加红军。为了表明自己的决心,他把名字改成了龙赤光。

当时,如何把飞机运送到根据地中心区域是一个难题。好在罗山县委在红军队伍中找到两个曾经当过国民党炮兵的战士,他俩把飞机的每个部分标上数码,画成草图,然后卸成八大块。赤卫队员和红军战士几经周折,将飞机部件运送到大山深处的一个小村里隐藏起来,并做了伪装。其间,国民党当局因飞机失踪、下落不明,多次派特务潜入苏区,四处侦察寻找,但终未查获飞机踪迹。1931年春,黄安(1952年更名为红安)县紫云区第三乡苏维埃政府主席吴行千挑选出150名身强力壮的人组成搬运队,马驮人扛,翻山越岭,在沿途苏维埃政府组织的协助下,历时半个月,终于将这架飞机运送到根据地中心区箭厂河。

1931年4月,鄂豫皖特区苏维埃政府军事委员会航空局成立,龙赤光被任命为航空局局长,政委由曾在莫斯科学过航空专业的钱钧担任。苏区政府不仅为龙赤光配备了必要的技术人员,还在新集(今河南新县县城)修建了一座占地百余亩的简易机场。

在钱钧、龙赤光和红军里几个懂得机械的同志共同努力下,飞机在平坦的河滩上很快被装配复原,并油漆一新,在机身侧面写下"列宁"二字,以纪念十月革命的胜利和革命导师列宁,机翼两侧银灰底色上还各绘了一颗闪亮的红五星。中国工农红军第一架飞机——"列宁"号就这样在战火纷飞的鄂豫皖根据地诞生了,龙赤光也成了工农红军的第一位飞行员。

有了飞机,却缺少燃料,于是苏区让被红军俘虏的国民党军将领动用各种关系想办法送来优质汽油3000升,"列宁"号飞上蓝天指日可待。

1931年7月10日一大早,龙赤光和红四军政委陈昌浩登上飞机。随着"隆隆"的马达声响,"列宁"号带着机翼上鲜艳的红星冲上蓝天,并一路进行侦察和投撒传单,首航取得圆满成功。9月8日,"列宁"号从新集机场再次起飞,到华中地区敌人的心脏——武汉进行侦察并散发传单。这一举动使武汉当局惊恐万分,他们对一些重要军事目标实行灯火管制,唯恐成为红军

鄂豫皖革命根据地红军缴获的国民党军飞机被命名为"列宁"号

飞机空袭的目标。"列宁"号几次侦察和播撒传单的行动惊动了国民党中央。蒋介石对此恼怒之极,下达了要将"龙文光这个心头之患除掉"的亲笔手谕。

红军第一次空战也是龙赤光与陈昌浩共同进行的。1931年11月,新成立的中国工农红军第四方面军南下攻打黄安县城。红军围城一月有余,却久攻不下。两军呈胶着状态时,徐向前决定起用"列宁"号协同攻城。12月22日上午9时,龙赤光驾驶"列宁"号和陈昌浩飞临黄安城上空。飞机在空中盘旋,寻找轰炸目标。当飞到一处架着天线的院落时,龙赤光判断那就是敌人的作战指挥中心,当即向下俯冲,陈昌浩连续投下两枚迫击炮弹,准确命中目标。巨大的爆炸声令本已难以为继的守敌一下子乱了阵脚。红军乘势发起猛攻,一举拿下了黄安城。黄安之战因是我军建军史上第一次有飞机参加的战斗而独具意义。

黄安一战,龙赤光和"列宁"号名声大震,愤怒的蒋介石先后调集几十架飞机参战,欲将"列宁"号打下来。龙赤光在几次惊险的遭遇战中,都以精湛的技术和过人的胆识避开了敌机的围追阻截,甚至还曾将一架敌机击伤。蒋介石闻知更为恼火,以与捉拿徐向前同样的价格,悬赏10万大洋抓捕"带机投匪"的龙文光。

此后，蒋军几十万重兵对鄂豫皖苏区进行"围剿"，红四方面军不得不进行转移。"列宁"号只得再一次拆解，秘密埋藏在隐秘地点。龙赤光在随军转移途中与大部队失散，于1932年9月不幸被捕。1933年8月9日，龙赤光英勇就义，年仅34岁。同年年底，他被追认为革命烈士。这位年轻的飞行员在中国工农红军的战史上留下了光辉的一页。

国民党军占领了鄂豫皖根据地后，千方百计地想找到被红军埋藏起来的飞机。由于根据地群众严守秘密，敌人未能如愿。1951年9月，原红四方面军副总指挥、时任湖北军区司令员王树声亲率中央人民政府南方老根据地访问团前往大别山区慰问老区人民，当地群众将埋藏了近20年的"列宁"号残体挖了出来。面对当年红军的第一架飞机，王树声和访问团成员纷纷摘下帽子，向"列宁"号致敬，向龙赤光烈士致敬。

如今，龙赤光烈士的名字，镌刻在北京航空博物馆的烈士墙上。按照1:1比例复制的"列宁"号样机，陈列在中国人民革命军事博物馆、北京航空航天博物馆和鄂豫皖苏区首府革命博物馆里供人们瞻仰。

中国共产党苏维埃中央政府制定的第一部婚姻法规

# 《中华苏维埃共和国婚姻条例》

（1931 年 11 月 28 日颁布）

中国共产党成立后，其所倡导的妇女解放和婚姻制度革命开始被纳入中国革命事业和民族解放事业之中。中国共产党在成立初期和大革命时期提出的一系列关于男女平等、婚姻自由等妇女解放的思想和主张，经过广泛宣传，虽然对传统的婚姻家庭制度冲击很大，但在当时的政治条件下，这些主张未能形成能够有效改革当时婚姻家庭关系的法律文件。

土地革命初期，赣南、闽西革命根据地开始了用法律形式改革传统婚姻制度的尝试，为中央苏区的婚姻家庭制度革命打下了基础。1928 年 8 月，闽西革命根据地溪南区苏维埃政府颁布了《婚姻条例》。这是中央苏区的第一个婚姻条例。随后，龙岩、上杭、永定等苏维埃政府也都先后颁布了婚姻法令。1930 年 3 月 18 日，闽西第一次工农兵代表大会通过了《保护青年妇女条例》和《婚姻法》。同年 4 月，闽西苏维埃政府发布了由主席邓子恢和妇女部部长张锡英签署的《关于婚姻法令之决议》的布告。

1931 年 11 月，中华苏维埃共和国成立。在总结苏维埃政权建立以来各地婚姻立法经验的基础上，中华苏维埃共和国中央执行委员会于 1931 年 11 月 28 日颁布了《中华苏维埃共和国婚姻条例》（以下简称《婚姻条例》），并决定从同年 12 月 1 日起在全国苏维埃区域生效和执行。该条例是中国共产党建立全国性的工农民主政权之后关于婚姻家庭制度变革的第一个法律文献，它的产生标志着中国承袭了几千年的男女婚嫁全凭"父母之命、媒妁之言"的封建婚姻制度被彻底打破了。

《婚姻条例》共分7章23条，包括原则、结婚、离婚、离婚后小孩的抚养、离婚后男女财产的处理、未经结婚登记所生小孩的抚养及附则。条例确定男女婚姻以自由为原则，废除一切封建的包办强迫和买卖的婚姻制度，禁止童养媳，并规定实行一夫一妻，禁止一夫多妻。苏区由于有了苏维埃婚姻条例，在政治上、经济上、文化教育上实现男女完全平等，妇女和男子一样，享有各种权利。

《婚姻条例》颁行后，带来的一个直接结果就是贫下中农结婚的多了起来。一些从来不敢想象自己能娶得上老婆的贫雇农也如愿结婚了。不过，当时由于宣传工作不深入，有的地方对婚姻自由产生误解，认为婚姻绝对自由，使得政府忙于应付婚姻问题；有些人把婚姻自由误解为绝对自由、性解放；有的区、乡苏维埃政府主席不清楚《婚姻条例》是怎么回事，以为就是要女人结婚，竟然发出布告，限定当地寡妇在5日内必须全部嫁人。

一些地方在掀起结婚潮的同时，也出现了离婚潮。闽浙赣苏区在1932年4月至6月的3个月中，统计离婚的有809对，结婚的656对。当时离婚的多半是男子舍不得女子，而提出离婚要求的多半是女子。毛泽东将这一时期的离婚问题专门做了调查，指出"十个离婚案子，女子提出来的占九个，男子提出来的不过一个"。有一次，中央召集各县负责人开会，首任苏区中央局妇女部部长周月林被请去。谁知，男人们向她提了一箩筐意见。有人质问："婚姻自由是不是婚姻随便？为什么女性要求离婚的那么多？"周月林听后，耐心解答："贯彻婚姻条例，并没有说可以朝三暮四。妇女们经受几千年的封建压迫，一下子解放了，就像笼子里的鸟，突然从笼中飞出来，东南西北，不知该怎么飞。这就需要我们多做宣传、教育工作。"针对这些情况，毛泽东在《寻乌调查》中作了总结：妇女在土地斗争中是表现非常之喜欢的，因为可以解决她们没有人身自由的束缚。未结婚的青年群众中，差不多不论哪个阶级都拥护婚姻自由的口号。贫农阶级已经结婚的成年男子，一般说来是反对离婚自由的，但他们反对的态度不是那种反革命性的顽强态度，他们只觉得老婆跑了不得下地……他们之所以惧怕跑掉老婆，乃是在土地斗争尚未深入的时候——他们还没有充分看见推翻封建剥削以后的成果的时候所发生出来的一种思想。只要土地斗争一深入，他们对于婚姻问题的态度就要大大改变了。

随着《婚姻条例》的全面实行，中央苏区移风易俗的斗争也掀起了高潮。在婚丧嫁娶上，苏维埃政府提倡厉行节约，严禁奢侈浪费，对于大操大办的典型事例予以曝光批评，是苏维埃干部的还要予以组织处理。如《红色中华》报就曝

《红色中华》报刊登反映苏区妇女解放和妇女工作的漫画专版

光批评了壬田圩上一个迎亲的队伍"好阔气"。"这娶老婆的，好阔气！首先有吹洋号筒的，又有提尿泡灯的，扛方扇的，挑子孙桶的，抬花轿的。花轿背后又有几个苏维埃政府组织的什么俱乐部的同志，跟着吹吹弹弹唱唱。"同期还以《热闹！区主席的婚礼》为题，曝光了宁都县安福区苏维埃政府主席赖进"办婚礼奢侈浪费，收取群众礼物"的事件。文章抨击说：他结婚的时期，我们这位区政府赖主席，就大设筵席，款宴宾客，酒席 20 多席，每次百数人，打了两只大肥猪。真是"热闹的区苏主席之婚礼"！这个区苏维埃主席最终被撤职处理。

1934 年 4 月 8 日，在《婚姻条例》的基础上，中华苏维埃共和国中央执行委员会颁布《中华苏维埃共和国婚姻法》，这是适应当时全国一切革命根据地的统一的婚姻立法。

《中华苏维埃共和国婚姻条例》以及《中华苏维埃共和国中央执行委员会第一次会议关于暂行婚姻条例的决议》，是中国共产党将马列主义关于婚姻家

庭和社会发展问题的理论具体运用来解决中国婚姻制度问题的最初法律文献。这些文献奠定了废除封建主义婚姻制度和建立新民主主义婚姻制度的原则基础，标志着中国婚姻制度的大革命的开端。

中国共产党领导建立的第一个国家级政权

# 中华苏维埃共和国临时中央政府

## （1931 年 11 月成立）

在中国共产党的领导人中，毛泽东、周恩来、朱德被人们称为"毛主席""周总理""总司令"，特别是"毛主席"这个称谓，时间跨度最长，几乎成了毛泽东的代名词。那他这个称谓发端于何时呢？这还得追溯到土地革命时期。

20 世纪 30 年代初，随着土地革命的深入和苏维埃运动的开展，共产国际出于革命斗争策略上的考虑，提出了在中国建立一个全国性的中华苏维埃中央政府的主张。中共中央早就准备成立全国性的政权，在 1930 年 2 月 4 日发出《关于召集全国苏维埃区域代表大会的通告》。5 月下旬，在上海秘密召开"全国苏维埃区域代表大会"，毛泽东、朱德没有出席而被选为大会名誉主席，会上成立苏维埃大会准备委员会。1931 年 2 月，中央政治局召开会议，决定由毛泽东担任中华苏维埃共和国临时中央政府主席，并报告共产国际，得到批准。1931 年 5 月 9 日，中央政治局通过的决议中又把"建立苏维埃中央临时政府与各区政府来对抗南京国民政府，公布与实施苏维埃政府的一切法令"作为"苏区最迫切的任务"。筹备工作改由苏区中央局负责进行。6 月 1 日，苏区中央局发表《为第一次全国苏维埃代表大会宣言》，宣布在 8 月 1 日召开大会，成立中华苏维埃临时政府。但不久因为国民党军队即将发动第三次大规模"围剿"，又在 6 月下旬决定将大会改到 11 月 7 日举行。

中央苏区第三次反"围剿"胜利后不久，按照原计划，毛泽东、朱德率红军主力东进闽西，休整补充并筹备原计划在福建长汀举行的苏维埃全国代表大会。但毛泽东、朱德到达江西瑞金叶坪后，通过对瑞金政治、经济和自然条件的综合分析，认为此地比长汀更适合"建都"，便果断地对原定部署作出调整，决定红军主力不再全部东移福建，而是留驻赣南诸县，红军总部也不再移驻长汀。

中华苏维埃第一次全国代表大会是一次具有全国影响甚至国际影响的大会，要接待来自全国各地的几百名代表。会场选在哪儿、安全问题怎么解决，是首先要考虑的。时任瑞金县委书记邓小平反复踏勘，并报经苏区中央局同意，决定将会场设在位于瑞金县城东北 5 公里处的叶坪村谢家祠堂。为了避免会场遭敌机轰炸，保证会议的安全，邓小平指挥在瑞金城内布置了一个假会场。会议后勤保障的任务也很重。邓小平领导县委、县苏维埃政府研究制定了大会物资供应、代表食宿接待、群众庆祝活动安排的周密方案。他亲自带着县委、县苏维埃政府的工作人员，同专门负责大会生活安排的毛泽民、康克清、贺子珍等一起，到叶坪、洋溪等村子逐村逐屋地察看，动员、安排群众腾出房屋供代表们住宿。

1931 年 11 月 7 日，中华苏维埃第一次全国代表大会在瑞金叶坪隆重开幕。在谢家祠堂临时搭建的主席台上，正中挂着一面红旗，旗上缝着一颗黄五角星和斧头镰刀图案，右侧是马克思像，左侧为列宁像。挂着的红色横幅上写着"工农炮垒""民主专政"。主席台前大木柱间扎着三道彩门，悬空挂着彩球，中间彩门上嵌着金色五星，上面写有"全世界无产者联合起来"的字样。出席大会的有来自中央苏区和闽西、赣东北、湘赣、湘鄂赣、琼崖等苏区的代表，红军部队以及设在国民党统治区的全国总工会、全国海员工会等代表，共 610 人。会议开幕那天上午，举行了阅兵典礼。下午，项英致开幕词。晚上，毛泽东和代表们一起参加提灯庆祝晚会。

会议期间，毛泽东代表中共苏区中央局向大会作《政治问题报告》。大会通过由任弼时、王稼祥、毛泽东等组成的宪法起草委员会制定的《中华苏维

1931 年 11 月，中共苏区中央局成员合影。左起：顾作霖、任弼时、朱德、邓发、项英、毛泽东、王稼祥

埃共和国宪法大纲》，确定中华苏维埃共和国的政权性质是工农民主专政。会上还通过了中央政治局提供大会讨论的《中华苏维埃共和国土地法》《中华苏维埃共和国劳动法》《中华苏维埃共和国经济政策》等法令。大会选出毛泽东、周恩来、朱德、项英等 63 人组成中央执行委员会，宣告中华苏维埃共和国临时中央政府成立。根据代表大会通过的《宪法大纲》，中华苏维埃中央执行委员会是最高权力机关，人民委员会在中央执行委员会之下处理日常政务，并发布一切法令和决议案。这个由 63 人组成的中央执行委员会，堪称最为精干的国家最高权力机构。大会在 20 日闭幕，由毛泽东致闭幕词。

11 月 25 日，以中央执行委员会名义任命朱德、周恩来、毛泽东等 15 人为中央革命军事委员会（简称中革军委）委员，朱德为主席，王稼祥、彭德怀为副主席。中革军委统一领导和指挥全国红军。11 月 27 日，中央执行委员会在叶坪村的樟树林中召开第一次全体会议，毛泽东以全票当选为中华苏维埃共和国临时中央政府主席，项英、张国焘为副主席。会议还选举毛泽东任

人民委员会主席，项英、张国焘任副主席。会议决定中华苏维埃共和国临时中央政府设在江西瑞金。

选举结果出来后，会议主持人任弼时大声提议："现在请毛主席讲话。"听了任弼时的提议，委员们开始一愣，片刻，大家的目光一齐投向了毛泽东，随即爆发出一阵热烈的掌声。从此，人们开始称呼毛泽东为"毛主席"。毛泽东站起来朝大家挥了挥手，说："同志们，我们过去握锄头把子，扛枪杆子，今天又要握起印把子。过去我们只会种田，会做工，后来学会了打仗，现在还要学会治理国家。"

由于当时各个革命根据地仍处在被分割包围的状态，中华苏维埃共和国临时中央政府的成立，一定程度上加强了对各根据地和各路红军的统一指挥，在政治上也产生很大的影响。大会通过的一系列法规和决议案，为临时中央政府和各根据地的立法和施政方针确定了共同遵守的基本准则。然而，临时中央过分夸大红军和革命根据地的力量，片面强调苏维埃同国民党政权的对立，由他们起草而经苏维埃代表大会通过的文件中包含的一些过"左"的政策，对根据地的发展也产生了一定的消极影响。

中国共产党创建的第一所军事大学

# 红军大学校

（1933 年 10 月成立）

在中国人民革命军事博物馆收藏着一枚银质奖章。这个作为一级革命文物的奖章呈五角星状，每个角上都刻有一个字，连起来即为"红军学校奖"；正面是由一支步枪和一架飞机组成的图案，背面刻有"对空射击手"5 个字。这枚奖章是由时任中国工农红军学校校长兼政治委员刘伯承亲手戴在学员王文礼的胸前的。

那是 1932 年 7 月下旬的一天，中国工农红军学校学员在瑞金野外进行战术演习，国民党军几架飞机突然钻出云层，向训练场上的红军战士俯冲轰炸、扫射。剧烈的爆炸声和滚滚浓烟瞬间便笼罩了训练场，几名红军战士当场牺牲。一些红军战士纷纷举起手中的武器向空中瞄准，准备等待敌机再次俯冲时予以重击。第三期学员王文礼举起一支法国制造的步枪，瞄准一架敌机就是一枪，可惜未击中。敌机一抬头，得意地飞走了。另一架敌机又飞来了，仍是那么肆无忌惮地俯冲扫射。重新调整后的王文礼再次沉着瞄准射击，准确地击中了第二架敌机的油箱。这架飞机顿时冒出浓烟，从空中栽落地上发生爆炸，被熊熊大火所包围。大家围拢过去一看，飞机是法国制造的，机上的三个人已全部死亡。王文礼由此创下红军用步枪击落敌机的先例。前面提到的这枚奖章正是红军学校对学校学员战功的表彰。说到这儿，让我们回顾一下这所中国共产党创办的第一所军事大学的历史。

20世纪30年代初，随着中国工农红军的日益壮大，组建由中国共产党独立领导的军校的任务被提上议事日程。当时，一些红军部队相继成立了随营学校，以解决对部队基层指挥员培养的需求。1931年10月，红一方面军将红一军团和红三军团的随营学校合并组建为中央军事政治学校，这是红军历史上最早且较大的一所军校，校址在江西瑞金。1932年5月准备开办第三期时，校名改为中国工农红军学校（简称"红军学校"或"红校"）。1933年，根据反"围剿"斗争的需要，苏区开展了大规模的"扩红"运动，红军又组建了一些新的军团和一些新的兵种，而此时红军部队中的指挥员、特种人才和训练人员非常缺乏。因此，为了加紧培养红军的各级干部和专门人才，这年10月，中革军委决定把红军学校扩大为5所军校，其中的一所是红军大学校（简称"红大"）。这一富有远见的决定，开创了人民军队办大学的先河。被毛泽东誉为"红埔军校"的"红大"是土地革命战争时期中国工农红军的最高学府，是培养红军高级军政人才的基地。不久，为了纪念在广州起义时牺牲的苏联驻广州领事馆副领事郝西史，"红大"改名为"工农红军郝西史大学校"。

"红校""红大"的主要课程有"党的建设""社会发展史""红军政治工作"以及"步兵战斗条令""野战条令"等，也学习军事基本知识、教练射击刺杀技术等。"红校"开办之时，有专职军政"教授"16人；另聘请了许多高水平的兼职"教授"，主要是中共中央、中华苏维埃共和国政府和中革军委总部的负责人，以及从前线因事到瑞金的一些红军高级将领。周恩来曾讲过"把敌人消灭在我们面前，瓦解在他们心间"，邓小平讲过"党的建设"，刘伯承讲过军事课，王稼祥、贺昌讲过政治课，总政治部组织部部长李弼廷、敌工部部长李翔梧也讲过课。在党中央的关怀下，学员们有时能旁听中央的重要会议。在中华苏维埃第二次全国代表大会期间，"红大"学员听了毛泽东的政治报告和朱德的军事报告，对"红大"教学质量的提高大有裨益。1933年2月，在第四次反"围剿"中，被俘的国民党军第五十九师师长陈时骥，耳闻目睹红军与旧军队的确大不相同，思想上慢慢地发生了变化。他是正规军校毕业生，懂军事，便留下来到"红大"担任专职军政"教授"。还有一位叫何涤宙的教官，原是国民党军第五十二师工兵营少校营长、黄埔军校第二期学生，后来亦来到"红大"讲授苏军条令。

"红校""红大"的教学原则和方法是理论与实践并重。学校派学员参加前线战斗的指挥集团工作，常由学员代替伤亡指挥员的职务，进行前后方轮换。所教所学的，正是红军所需所为的。针对敌人对中央苏区第五次"围剿"所采取的堡垒主义方针，朱德就亲自为"红大"学员拟订了两个研讨课题——"论敌人的堡垒战术"和"积极防御的实质是什么"。刘伯承在给学员讲解弹道形成弧形的基本原理时，在黑板上画了一个小男孩挺着肚子撒尿的模样，然后搁下粉笔，拍去手上的粉笔灰，形象地说："弹道的形状和这个男孩撒尿的形状大致是相同的。"这一生动的比喻，让学员们很快都能够理解了。为了更好地与实战相结合，学员们还经常在瑞金野外进行战术演习。王文礼用步枪击落敌机的壮举，正是发生在一次野外演习中。

"红大"学员的生活、学习完全是军事化的。每个学员不论官职高低都过着普通战士的生活，人手一支步枪。早操后，一天上6个小时的课，接着是班组讨论和个人复习。学员们响应根据地党、政、军领导机构及群众团体组织的各种运动的号召，积极参加扩军、查田、选举、春耕秋收、慰劳祝捷、募捐援助白区的斗争等。

从1933年10月至1934年9月，"红大"共培训了三期学员。从开办到长征，尚不足一年时间，却为红军输送了大批军政指挥人员，如彭雪枫、宋任穷、程子华、韦国清、邓华、周子昆等。"红大"学员中许多人在创建新中国的战争年代成为无产阶级革命家或统率千军万马的高级将领；新中国成立后，他们中的许多人又成为党、国家和军队的领导人。这座革命的大熔炉，在中国革命史上留下了极为重要的光辉一页。

1934年10月，中国工农红军学校随红军长征，改名为"干部团"。到达陕北后，干部团又和陕北的红军干部学校合并，复称"中国工农红军学校"。为迎接即将到来的全面抗日战争，中共中央决定以中国工农红军学校为基础，创办中国人民抗日红军大学。1936年6月，在陕北安定县（今子长市）的瓦

毛泽东、朱德同红军大学部分干部合影

窑堡镇米梁山上阎家大院创办了中国抗日红军军政大学。学生共 1063 人，分为三科，其中，第一科的 38 位学员大多是红军的中高级干部。

西安事变和平解决后，国内抗日民族统一战线形成。1937 年 1 月，抗日红军军政大学改名为"中国人民抗日军事政治大学"（简称"抗大"）。毛泽东兼任"抗大"教育委员会主席和政委，林彪任校长，刘伯承任副校长，罗瑞卿任教育长。毛泽东为"抗大"制定了"坚定正确的政治方向，艰苦朴素的工作作风，灵活机动的战略战术"的教育方针；提倡"团结、紧张、严肃、活泼"的校风。"抗大"的学员以从部队中抽调的干部为主，并招收全国各地到延安的爱国知识青年。每期学习期限为 4—8 个月。学习内容重点是马克思列宁主义基础理论、抗日战争的游击战略和军事常识等。对于办好"抗大"，毛泽东认为"这是共产党的大事，不是小事"。

"抗大"创办 9 年多时间，在极端困难的条件下蓬勃发展，成为闻名中外的革命大熔炉，成功培养了大批既有理论知识又有实际工作能力，既能文又能武的共产党的抗日军政干部，为中华民族夺取抗战胜利作出了不可磨灭的历史性贡献。1945 年 8 月，抗日战争取得了伟大胜利，"抗大"也完成了伟大而光荣的历史使命。

# 148

中国共产党第一次独立自主解决
中国革命问题的重要会议

## 遵义会议

（1935 年 1 月 15 日）

1933 年 9 月至 1934 年夏，中央苏区红军进行第五次反"围剿"作战，由于中共中央领导人博古和共产国际派来的军事顾问李德，先是实行冒险主义的进攻战略，后又实行保守主义的防御战略，致使红军屡战失利，苏区日渐缩小，最后被迫进行战略转移。

长征初期又遭遇一连串失利，特别是湘江战役，中央红军遭受重创，由出发时的 8.6 万人锐减到 3 万人。而前程更为凶险，蒋介石在中央红军北去湘西会合红二、红六军团的路上部署了重兵。在残酷的事实面前，党和红军内部对错误领导的怀疑、不满和要求改换领导的情绪迅速增长。一些曾经支持过"左"倾错误的领导人也逐步改变态度。

毛泽东尽管当时已经不是中央政治局的主要成员，但面对红军如此危难的状况，他在长征途中经常到各军团去了解情况，多次找周恩来、张闻天、王稼祥等同志促膝谈心，耐心分析失败的教训，最大限度地团结这些同志同李德、博古的错误的军事路线作斗争。

1935 年 1 月 7 日，中央红军占领黔北重镇遵义城。15 日至 17 日，中央政治局扩大会议在遵义城红军总司令部召开。会议的主要议题是"检阅在反对五次'围剿'中与西征中军事指挥上的经验与教训"。

164

遵义会议结束了"左"倾错误领导者在中央的统治，确立了以毛泽东为代表的党中央的正确领导。图为沈尧伊所作油画《遵义会议》

　　博古（秦邦宪）首先作关于第五次反"围剿"的总结报告。他将红军的失利归结为敌强我弱，过多地强调客观原因，而不承认主要是由于他和李德压制正确意见，在军事指挥上犯了严重错误而造成的。接着，周恩来作了副报告。他则提出红军失利的主要原因是军事领导战略战术的错误，并主动承担了责任，作了诚恳的自我批评。

　　博古近乎推卸责任的报告让与会人员深感失望，很多人流露出不满的情绪。张闻天（化名洛甫）首先站起来批判。他的发言一针见血地指出，第五次反"围剿"以来红军接连失败的主要原因是博古、李德在军事指挥上犯下的一系列严重错误，并揭露了他们试图推脱罪责的本质，被视为博古报告的"反报告"。

　　毛泽东接着作了长篇发言，对博古、李德在军事指挥上的错误进行了切中要害的分析和批评，并阐述了中国革命战争的战略战术问题和此后在军事上应该采取的方针。之后，王稼祥在发言中第一个提出应由毛泽东来领导红军。素来谦逊宽厚的朱德，这次也声色俱厉地追究起临时中央领导的错误。他大声质问李德："有什么本钱，就打什么仗，没有本钱，打什么仗？"周恩来在发言中也支持毛泽东，并全力推举毛泽东参加军事指挥。

　　会上，也有个别人为博古、李德的错误辩解。时任中央革命军事委员会总供给部政委、并作为红九军团中央代表随军行动的凯丰（何克全）会前就忙着四处活动,拉拢人心。他曾找到聂荣臻,三番五次地劝他支持博古,但遭到拒绝。在会上,他狂妄地对毛泽东说:"你打仗的方法一点都不高明,你就是照着《三国演义》和《孙子兵法》打仗的。"毛泽东反驳道:"打仗之事,敌我形势那么紧张,怎能照书本去打!我并不反对理论,它非有不可,要把马列主义当作行动指南,决不能变成'书本子主义'!"毛泽东后来回忆说:"他们又批评我,说我凭着《三国演义》和《孙子兵法》指挥打仗。其实《孙子兵法》当时我并没有看过;《三国演义》我看过几遍,但指挥作战时,谁还记得什么《三国演义》,统统忘了。我就反问他们:你们既然说我是按照《孙子兵法》指挥作战的,想必你们一定是熟读的了,那么请问:《孙子兵法》一共有几章?第一章开头讲的是什么?他们哑口无言。原来他们也根本没有看过!从那以后,倒是逼使我翻了翻《孙子兵法》。"需要特别说明的是,凯丰能够正确对待和勇于改正自己的错误。在党中央的批评帮助下,面对红军在毛泽东等同志的指挥下扭转战局的事实,凯丰很快认识到了自己的错误,转而支持毛泽东的正确领导。对于这一段历史,凯丰在6年后回忆说:"因当时对过去中央苏区所犯的错误还不了解,在遵义会上坚持了错误的方面,现在想起来真是幼稚可笑。经过中央的批评在很短的时期内就了解了自己的错误(大约两个月的光景)。"后来在延安整风运动中,凯丰又联系实际,解剖自己,对以前的教条主义错误和在遵义会议上的表现,作了诚恳的自我批评,得到党中央的谅解。在延安时期,凯丰与毛泽东的友情逐步加深。1942年9月15日,毛泽东在给他的信中安慰说:"不愉快的事,过一会也就好了。"

那些来自作战第一线的指挥员们,出于对错误路线危害的切肤之感,个个言辞激烈,会场出现一片要求结束李德、博古的红军指挥权的场面。会议改组了中央领导机构,选举毛泽东为中央政治局常委,取消在长征前成立的"三人团",指定张闻天起草决议,委托常委审查,然后发到支部讨论。会后不久,在红军转战途中,2月5日在川滇黔交界的一个鸡鸣三省的村子,根据毛泽东的提议,中央政治局决定由张闻天代替博古负中央总的责任。中共中央到达扎西(今云南威信)县境后,张闻天起草的《中央关于反对敌人五次

"围剿"的总结的决议》在中央政治局会议上正式通过。决议充分肯定了毛泽东等人指挥红军多次取得反"围剿"胜利所采取的战略战术，明确指出博古、李德"在军事上的单纯防御路线，是我们不能粉碎敌人五次'围剿'的主要原因"。3 月中旬，成立由毛泽东、周恩来、王稼祥组成的新的"三人团"，以周恩来为首，负责全军的军事行动。在战争环境中，这是中央最重要的领导机构。

遵义会议独立自主地解决了党中央的组织问题和军事问题，结束了"左"倾教条主义错误在中央的统治，确立了毛泽东在中共中央和红军的领导地位。这次会议，在中国革命极端危急的历史关头，挽救了党，挽救了红军，挽救了中国革命，并为胜利完成长征奠定了基础。遵义会议是党的历史上一个生死攸关的转折点，它标志着中国共产党在政治上开始走向成熟。

多年之后，毛泽东曾对女儿李敏讲起遵义会议的事："那晚，你妈妈等我等了好久。当我回到房里还未坐稳她就问。我想给她卖个关子吧，可我的心里也高兴，总也绷不住。人一高兴，话就多起来。我背着手在房里踱着步，慢慢地说：'这个会议，大家都觉得我这个菩萨又有用了，把我抬出来，承蒙大家捧场，选我进中央政治局常委。大家看得起我老毛，认为还是有一点本事。惭愧，惭愧！进入中央领导层，滥竽充数而已。不过我也没有谦虚，国家兴亡，匹夫有责嘛！'"贺子珍也回忆说：遵义会议后，毛泽东对我感叹："办什么事都要有个大多数啊！""毛泽东在遵义会议以后，有很大的变化，他更加沉着、练达，思想更加缜密、周到，特别是更善于团结人了。"

# 149

中国共产党第一次提出抗日民族
统一战线策略的会议

## 瓦窑堡会议

（1935 年 12 月）

　　1935 年，日本帝国主义大大加快了他们企图独占中国、不断扩大对中国的侵略的步伐，并且把矛头进一步指向华北，使中华民族同日本侵略者之间的民族矛盾急剧上升。这几年，国民党政府先后同日本签订了丧权辱国的塘沽协定，达成了"何梅协定"等，把河北、察哈尔两省的大量主权拱手让给日本。但日本帝国主义并未因此罢手，反而更加得寸进尺，发动所谓的"华北自治运动"，这就激起了全国人民的愤怒，开始掀起抗日救亡运动的新高潮。

　　中国共产党积极领导了全国的抗日救亡运动。1935 年 8 月 1 日，中共驻共产国际代表团草拟了《中国苏维埃政府、中国共产党中央为抗日救国告全体同胞书》（即《八一宣言》），主张停止内战，组织国际政府和抗日联军，对日作战。

　　随着民族矛盾的日益激化，国民党统治集团内部也出现分化，毛泽东冷静地看到：集结在陕甘苏区周围的国民党军队虽然很多，但一半以上不是蒋介石的嫡系。其中，第十七路军是杨虎城指挥的，他有抗日的要求和一定的进步思想，过去同共产党和一些党员有过友好关系；东北军虽是"围剿"军的主力，但他们在东北沦陷后背井离乡，流亡关内，强烈要求抗日收复故土；东北军领袖张学良，同日本侵略者有着家仇国恨，势不两立。因此，毛泽东、周恩来等人就把开展统一战线工作的重点先放在东北军和第十七路军上，从优待释放被俘官兵着手，并写信给他们的师长、军长以至张学良，逐步开展对上层的统一战线工作。

此时，中共中央还被另外一件重要的问题所困扰。1935 年 10 月，张国焘公然在四川省理番县卓木碉（今马尔康市脚木足）召开"第二中央"成立大会，自封为"中央主席"，公然与党中央分庭抗争。面对张国焘公然分裂党、分裂红军的活动，在当时对中央来说，处理张国焘个人的问题是容易的，但要他率领红四方面军几万将士北上就需要做艰苦的工作了。当时，中国共产党的任何重大问题、组织变动都要经过共产国际的批准。中共中央此时急切需要得到共产国际的帮助。但自 1934 年 10 月红军长征前夕上海中央局的电台被破坏后，党中央就同共产国际失去了联系。在大家一筹莫展时，肩负共产国际重要使命的张浩（林育英）从苏联来到了陕北，他带来了共产国际的佳

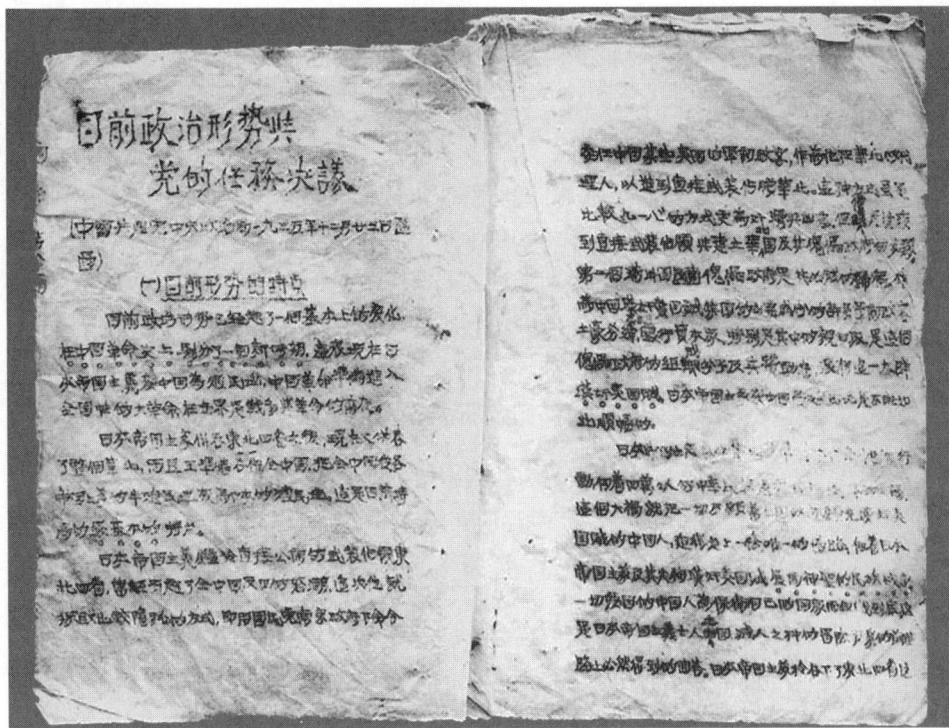

瓦窑堡会议通过的《中共中央关于目前政治形势与党的任务决议》

音和联系的电讯密码，带来了共产国际七大会议精神和关于建立反法西斯统一战线的方针政策。张闻天的妻子刘英后来回忆："我曾听闻天讲：张浩回国对我们帮助很大，给我们打通了与共产国际的联系，帮助我们了解了许多的情况。不久，中央开会决定了建立抗日民族统一战线的策略方针。"

国内的政治形势发展得很快。12月9日，在中国共产党北方党组织的推动下，北平爆发了"一二·九"学生爱国反日运动。它使中国人民被压抑的爱国情绪猛烈地爆发出来。

在这种新形势下，中共中央有必要对整个形势作出科学的分析，制定出适合新情况的完整的政治路线和战略方针。12月17日到25日，中共中央在陕北安定县（今子长市）瓦窑堡召开了政治局扩大会议，即"瓦窑堡会议"。参加会议的有毛泽东、张闻天、周恩来、博古、王稼祥、刘少奇、张浩等十余人。张闻天主持会议，张浩传达了共产国际七大会议的指示精神。根据民族矛盾逐步上升为社会主要矛盾的新特点，会议着重讨论军事战略问题、全国的政治形势和党的策略方针问题。23日，毛泽东作军事问题的报告，并于当天会议通过了由毛泽东起草的《中央关于军事战略问题的决议》。会议在讨论政治问题时，对民族资产阶级有没有可能抗日的问题产生了争论。毛泽东强调要根据马克思列宁主义基本原理和基本立场来分析中国问题，提出联合民族资产阶级抗日的主张。张闻天等多数人赞成毛泽东的主张。经过认真讨论，最后统一了认识。

12月25日，会议通过了由张闻天起草的《中共中央关于目前政治形势与党的任务决议》。决议指出："目前政治形势已经起了一个基本上的变化"，"党的策略路线，是在发动、团聚与组织全中国全民族一切革命力量去反对当前主要的敌人：日本帝国主义与卖国贼头子蒋介石"，确定要建立最广泛的抗日民族统一战线，明确地指出："在目前说来，'左'的关门主义，是党内主要危险。"12月27日，毛泽东根据瓦窑堡会议决议精神，在党的活动分子会议上作了《论反对日本帝国主义的策略》的报告，进一步从理论和实践上阐明了党的抗日民族统一战线策略方针。

　　瓦窑堡会议是从十年内战到抗日战争的伟大转变时期召开的一次极其重要的会议，是遵义会议的继续和发展。它表明党中央克服了长征前一段时期内"左"倾冒险主义、关门主义的指导思想，不失时机地制定了抗日民族统一战线的政策，使党在新的历史时期将要到来时掌握了政治上的主动权。它也表明，中国共产党在总结中国革命经验教训的基础上，已经成熟起来，能够从中国革命实际出发来贯彻共产国际决议，创造性地用来指导中国的革命运动。

# 150

中国共产党第一次讲述长征的文献

## 《随军西行见闻录》

（1936 年出版）

　　"如今在市面上已有二三种关于二万五千里行军的记录，可是我们觉得不够逼真，太零碎，本书是巴黎出版的一种比较写实的记载。我们认为在描写的态度与文字的通俗，连贯，有趣味方面，是极适合于大众阅读的。"这段话出自民生出版社 1937 年刊印的《从江西到四川行军记》一书的前言。1936 年春，书中内容最早以连载的形式公开发表在中国共产党在法国主办的中文杂志《全民月刊》上。同年 7 月，在莫斯科出版单行本。这就是中国共产党第一次讲述长征的文献——老一辈无产阶级革命家陈云所写的《随军西行见闻录》。

　　陈云能够写出这样的著作，与他参加长征并担负重要任务有着密不可分的关系。1934 年 10 月，时任中央政治局常委、红五军团中央代表陈云

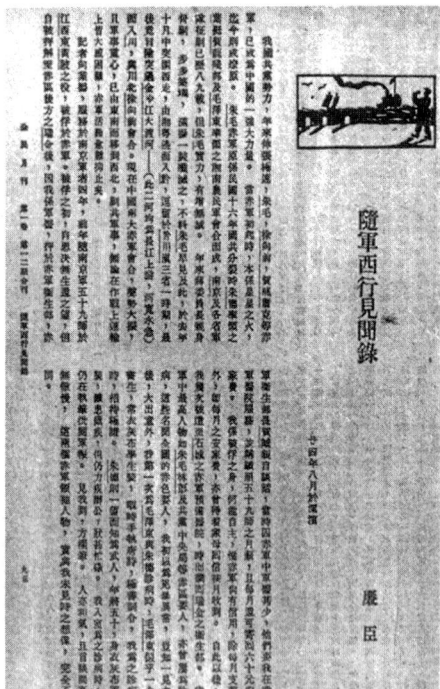

《随军西行见闻录》在巴黎《全民月刊》上发表

踏上了举世闻名的长征之路。因为职责所在，陈云是长征中许多重大事件的亲历者，如参加遵义会议、参与指挥抢渡金沙江等。这为他之后的写作积累了丰富的素材。

1935年6月，陈云奉命回上海。他的使命主要是领导恢复中共在国民党统治区的地下组织，在上海设法同共产国际取得联系，并向共产国际汇报中共中央和红军的近况，尤其是遵义会议的情形。因为当时上海的白色恐怖十分严重，他一时不能开展工作。后来，中共驻共产国际代表团决定陈云从上海去莫斯科。在上海寻找地下党关系和等候去苏联的一个多月紧张、危险的环境中，陈云镇定地抓紧这段时间，开始撰写《随军西行见闻录》。当时并没有写完，后来是在莫斯科完成的。

在当时特殊的环境下，为了应付国民党军警的盘查，便于以后公开发行和流传，陈云以"廉臣"为笔名，假称自己是一个军医，服务于国民党军队四年，1933年随国民党军第五十九师在江西南丰的黄陂之役中被俘。被俘以后，本来以为生还无望，当时因"赤军中军医甚少，他们要我在赤军医院服务"。这样，陈云巧妙地借这个"军医"的口来讲述红军伟大的长征。

"廉臣"先生在这些假托之词后，便从正面向世人真实地展现了长期以来被国民党当局污蔑丑化的红军领导人形象。"这些名闻全国的赤色要人，我初以为凶暴异常，岂知一见之后，大出意外。毛泽东似乎一介书生，常衣灰布学生装，暇时手执唐诗，极善辞令。我为之诊病时，招待极谦。朱德则一望而知为武人，年将五十，身衣灰布军装，虽患疟疾，但仍力疾办公，状甚忙碌。我入室为之诊病时，仍在执笔批阅军报。见我到，方搁笔。人亦和气，且言谈间毫无傲慢。这两个赤军领袖人物，实与我未见时之想象，完全不同。"并且这些赤军领袖对待老百姓十分关心，一次毛泽东在路边看到一个老妇人因为饥饿倒在路边，"即时从身上脱下毛线衣一件及行李中取出布被单一条，授于老妇，并命人给以白米一斗。老妇则连连道谢含笑而去"。

陈云在描述当中，有意对国共两党进行对比，以此来向世人展示共产党和共产党领导的人民军队严守纪律、信仰坚定、不畏艰险的形象。陈云分析红军在长征中之所以能够翻越老山界这样的高山，是因为"赤军上至首领下至兵伕具有刻苦耐劳与其他各种优点，而这些都为国军所不及者"。抢渡大渡河成功，陈云认为是共产党员的冲锋在前，退却在后，这种先锋模范的榜样力量起了很大的作用，而这些是国民党的军队不具备的。

在陈云的笔下，中共之所以能够成功，还与共产党要人与战士同甘共苦、没有一丝官架子有着很大的关系。"赤军军官之日常生活，真是与兵士同甘苦。上至总司令下至兵士，饭食一律平等。赤军军官所穿之衣服与兵士相同，故朱德有'火伕头'之称。不知者不识谁是军长，谁是师长。"

日常生活中，陈云不苟言笑，公众在镜头前看到的他，总是一副严肃的面孔。其文也如其人，他的著作多是政治论文的严肃笔调。然而，《随军西行见闻录》却用生动活泼的笔调描述了红军长征翻山越岭、英勇作战的感人场景，如小说演义，读起来亲切而有趣。这在陈云著作中并不多见。

鉴于法西斯势力在世界范围内日益猖獗和中华民族已处在生死存亡关头，陈云充满信心地在全书结束时指出："以中国地大物博、人口亦多，如果停止自杀，而共同杀敌，则不仅日本不足惧，我中华民族亦将从此复兴矣！"

这篇弥足珍贵的历史文献，由于用第三者的面目出现，得以在国外和国统区广泛流传，并以不同书名出现多种版本。这本书对广泛宣传当时鲜为人知的中国共产党领导的工农红军及其英勇的长征，起了不可代替的作用。不少国统区的青年读过这本书，这本书成为他们奔赴延安、走上革命道路的一种动力。

# 151

第一位加入中国共产党的欧美人士

# 乔治·海德姆（马海德）

（1937年2月入党）

美国记者埃德加·斯诺的不朽名著《红星照耀中国》真实记录了他自1936年7月至10月在中国西北革命根据地进行实地采访的所见所闻，向全世界真实报道了中国和中国工农红军以及许多红军领袖、红军将领的情况。当时，和斯诺一起来到红色根据地的，还有另外一位外国人，他的名字叫乔治·海德姆。这位跟在斯诺身边的外国人就是第一位加入中国共产党、中华人民共和国成立后第一位加入中国国籍的外国人，他的中文名字叫马海德。

1910年，海德姆出生在美国纽约州一个黎巴嫩移民家庭。1933年，年仅23岁的海德姆获得了日内瓦医科大学博士学位。毕业后，他来到中国考察东方热带流行病。在上海，他结识了宋庆龄。1936年春末，美国记者斯诺想要到陕北采访红军和红军领袖，便专程赶到上海，请求宋庆龄给予帮助。宋庆龄便向中共中央推荐了斯诺和海德姆前往。

1936年夏，海德姆与斯诺经长途跋涉，冒着生命危险，终于到达中国工农红军的临时驻地——保安（不久更名为志丹县）。白天，他们一起走访红色根据地；晚上，他们一起采访毛泽东等中共高层领导人。中国工农红军和毛泽东的形象在海德姆脑海里逐渐清晰起来，在这些人的身上，他看到了中国的希望、中国的未来！

3个多月的时间很快过去，在斯诺准备离开时，海德姆作出一个让所有人都大吃一惊的决定：他请求斯诺，不要把自己的名字写进任何新闻报道和图书里，他决定留下来，因为这里的老百姓实在是太需要他了。斯诺离开后写下了震惊世界的《红星照耀中国》一书，因为隐去了海德姆的名字，所以在很长时间内，人们不清楚斯诺的红色之旅还有一位美国医学博士同行。

1937年1月，海德姆随中共中央从保安转移到延安后，以满腔热情一边紧张地投入诊疗工作，一边作调查研究。毛泽东很欣赏海德姆的实事求是的调查报告，任命他为中央革命军事委员会的卫生顾问。同年2月，海德姆光荣地加入了中国共产党。1937年11月起，海德姆还兼任新华社英文翻译，成为英文广播员。为了更好地接近陕甘宁边区人民，他很快学会了说中国话。他在红军部队时经常和回民接触，把回民当成了自己的朋友。他听说中国有句俗话叫作"十个回回九个马"，便决定自己也姓"马"，把名字改成"马海德"。平时，他一身粗布军装、打着绑腿，除了鼻子高一些、说话蹩脚，跟普通的红军战士已经没有什么两样！

当时，延安不仅没有医院甚至连门诊和简陋的卫生设施都没有。在窑洞里、在大树下、在田野里，马海德不顾环境脏乱、条件艰苦，到处去看病诊疗。仅在1944年到1947年，马海德就曾诊治伤病员4万余人次。由于出色的工作，他受到陕甘宁边区政府的多次嘉奖。当时，人们以为博士什么都会干，除了看病、接生，还经常有人找他修理钢笔、眼镜。1938年，宋庆龄在香港成立了保卫中国大同盟以后，马海德受宋庆龄委托，经常向该同盟报告陕甘宁边区的情况，并通过大同盟向海外呼吁，争取国际援助，边区因而获得了许多急需的医疗器材和药品。在抗战期间，马海德曾先后接待了白求恩、柯棣华、巴苏华等外国医生，并协助他们去各抗日根据地开展医疗救护工作。

当年，马海德决定留在中国的时候，他有三个梦想：一是世界反法西斯斗争取得胜利；二是娶一个中国妻子；三是成为一个完完全全的中国人。1940年，马海德和从上海来到延安的苏菲举行婚礼，成为延安轰动一时的新闻。1945年8月15日，日本宣布投降，中国抗战取得胜利，马海德完成了两个梦想。

马海德（右）、苏菲夫妇与阿洛夫在延安

1949 年 9 月底，周恩来亲笔在马海德的中国国籍文件上签字，马海德由此成为中华人民共和国第一个具有外国血统的中国公民，实现了最后一个梦想。1949 年 10 月 1 日，马海德登上了天安门城楼，参加了开国大典。那一刻，已经在中国土地上生活了 16 年的马海德泪流满面……

1950 年，马海德被任命为中央人民政府卫生部顾问。他拒绝了国家给他分的一栋小洋楼，选择了卫生部附近、后海旁边一处已经年久失修、破旧不堪的小四合院。

20 世纪五六十年代，马海德带领医疗团队在边远牧区对牧民进行检查和复查，并最终取得在中国范围内基本消灭性病的成就。20 世纪 70 年代末开始，马海德积极推动中外医学界的交流与合作，一方面对外宣传中国在消灭性病、麻风病方面的经验和成就，提高国际影响力，另一方面引进国外治疗麻风病的新技术并广泛争取国际支援。他曾抱病出访十几个国家，为中国争取了价值上千万美元的药品、医疗器械和交通工具等援助，为中国医疗卫生事业和世界麻风防治工作的发展作出了突出贡献。

1988 年 10 月 3 日，马海德在他的第二故乡中国，结束了壮丽而无悔的一生。按照他的遗愿，他的骨灰被分成了三份，一份送回了美国家乡，一份送回了他魂牵梦绕的延安，一份安葬在了北京八宝山革命公墓。作为一名优秀的中国共产党员，马海德为中国革命和中国医疗卫生事业、为人民健康幸福，把他所有的青春、所有的心血、所有的爱都留在了这片他最深爱的土地上……

# 152

## 第一次提出党在新民主主义革命时期战胜敌人的"三大法宝"

# 毛泽东在华北联合大学开学典礼上的讲话

### （1939 年 7 月 7 日）

　　1938 年 10 月，日军攻占广州后，中国的全民族抗战进入到战略相持阶段。中国共产党一方面要抵抗和粉碎日本侵略者对我敌后抗日根据地残酷的、大规模的、连续不断的扫荡，另一方面又要在统一战线内部同蒋介石集团中投降、分裂和倒退的势力进行顽强的斗争。同时，共产党在这一时期队伍发展很快，大批新党员没有很好地接受过马克思主义理论教育，许多新的党组织也还未巩固，老党员和老的党组织也需要进一步提高。斗争的严峻形势，对共产党提出了更高的要求。党中央和毛泽东及时发现了这些问题，因而提出了加强自身建设的重要任务。

　　1939 年 7 月 7 日，是卢沟桥事变爆发两周年纪念日，华北联合大学在延安举行开学典礼，并准备迁往华北敌后根据地办学。为了给师生们送行，毛泽东应邀来到学校作报告。毛泽东在报告中引用古典小说《封神演义》中的一个故事说："当年姜子牙下昆仑山，元始天尊送给他杏黄旗、方天印、打神鞭三件宝物，姜子牙用这三件法宝打败了所有的敌人。今天你们也要下山了，要去前线跟日本侵略者作战，我也赠你们三个法宝，这就是统一战线、游击战争和革命团结。"接着，毛泽东还生动地把统一战线比喻为姜子牙的"打神鞭"，把游击战争比喻为"方天印"，把革命团结比喻为"杏黄旗"，并说用这三个法宝可以将一切妖魔镇压下去。这是毛泽东关于党的"三大法宝"的最初表述。

1939 年 10 月 4 日，毛泽东在为中共中央创办的关于党的建设的专门刊物《共产党人》撰写的发刊词中又将"三大法宝"予以重新定义：把"游击战争"改为"武装斗争"，将"革命团结"改为"党的建设"，并正式确定为党的"三大法宝"。从此，"三大法宝"在全党广为传播，并武装了全党的思想。

毛泽东指出，统一战线、武装斗争和党的建设，是中国共产党在中国革命中战胜敌人的三个主要的法宝，正确地理解了这三个问题及其相互关系，就等于正确地领导了全部中国革命。毛泽东对"三大法宝"的相互关系作了这样阐述：18 年的经验告诉我们，统一战线和武装斗争，是战胜敌人的两个基本武器。统一战线，是实行武装斗争的统一战线。而党的建设，则是掌握统一战线和武装斗争这两个武器以实行对敌人冲锋陷阵的英勇战士。

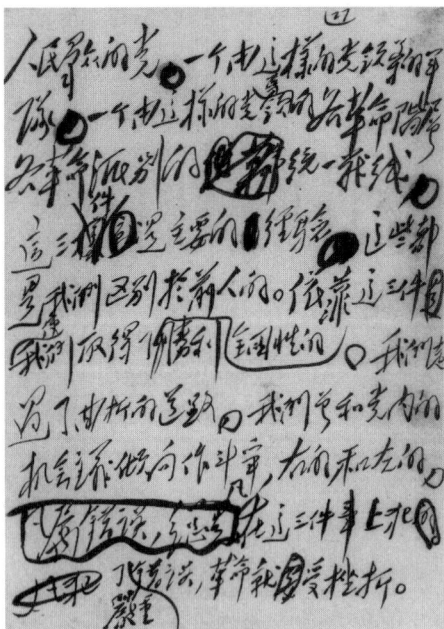

毛泽东《论人民民主专政》手稿（部分）

1949 年 6 月，毛泽东在《论人民民主专政》中对"三大法宝"的内容和意义作了更加完整的概括："一个有纪律的，有马克思列宁主义的理论武装的，采取自我批评方法的，联系人民群众的党。一个由这样的党领导的军队。一个由这样的党领导的各革命阶级各革命派别的统一战线。这三件是我们战胜敌人的主要武器……依靠这三件，使我们取得基本的胜利。"

毛泽东关于三大法宝的总结，丰富和发展了马克思列宁主义关于无产阶级领导人民革命的理论和策略，是毛泽东思想突出的创造性的贡献。

中国共产党第一次组织的学习节

# "干部学习节"

（1940 年 5 月 5 日）

伟大的延安精神值得我们今天学习，不仅因为它坚定信念、艰苦奋斗、团结一致、蓬勃向上，而且在于它崇尚学习、溢满书香。中共中央还曾专门启动了首届"干部学习节"，即"五五学习节"。历史上由党中央确定的党内节日只有"七一"党的生日和"五五学习节"，可见党对学习的高度重视。

党的军队在组建之初，官兵中有很多文盲、半文盲。但红军无疑是当时世界上最爱学习的军队之一，即使在长征途中，红军官兵也没有停止识字和读书——他们认字就在背包上，写字就在大地上，课堂就在大路上，桌子就在膝盖上。为了摆脱敌人追击，那么多好不容易缴获来的辎重装备都丢了，唯有识字板没有丢！在南方三年游击战争中，有一次，敌军搜山，搜到我军一个挎包。打开一看，里面只有牙具和书籍。敌军官惊奇地说："共产党苦成这个样子，还念书呢！"中国人民抗日军事政治大学在创办之初，教学条件的艰苦是后人难以想象的，毛泽东用"四个没有"来概括其办学条件："我们这里要教员，没有；要房子，没有；要教材，没有；要经费，没有。怎么办？就是要我们艰苦奋斗。"

全民族抗战爆发后，许多进步青年和仁人志士奔赴延安。为提高干部队伍素质，解决"本领恐慌"问题，1938 年 10 月，党的六届六中全会向全体党员干部提出了"必须加紧认真地提高全党理论的水平，自上而下一致地努力

红军战士在学习、读书

学习马克思、恩格斯、列宁、斯大林的理论"的要求。毛泽东号召：来一个全党的学习竞赛。

针对干部工作忙、没时间学习的问题，毛泽东在干部教育动员大会的讲话中提出了"挤"的办法："好比开会的时候，人多得很，就要挤进去，才会有座位……我们现在工作忙得很，也可以叫它让让步，就用'挤'的法子，在每天工作、吃饭、休息中间，挤出两小时来学习，一定可以挤出时间来的。"对于看不懂的问题，毛泽东提出用"钻"来对付，就如木匠钻头一样"钻"进去。为了防止部分干部在学习中搞突击、犯冷热病，1940年1月颁布的《中共中央关于干部学习的指示》明确规定："建立在职干部平均每日学习两小时的制度，并保持其持久性与永久性。"为了进一步加强干部教育，中共中央不仅将干部教育部作为中央16个工作部门之一，而且中央书记处在1940年2月25日发出《中央关于办理党校的指示》后，又于1940年3月20日发出《中央关于在职干部教育的指示》，在这个指示中，中央不仅进一步规定了在职干部的分类、课程等有关学习的问题，还明确将 5 月 5 日马克思生日这天定为干部学习节。要求每年这一天，对在职干部的学习进行检查、评比，总结经验，奖励先进，推动在职干部学习。

党中央宣布设定干部学习节后，便在当年启动了主题为"在职干部学习总检查"的第一届"干部学习节"。干部学习节不仅开展了一系列的纪念活动，还以干部学习节为中心，开展总结、考核、评比一年来的学习活动，制定新的学习计划与任务，有效地促进干部学习活动的深入扎实开展。

1940 年 6 月 6 日，中央宣传教育部召开延安在职干部学习周年总结大会，表彰和推广了先进经验。本届学习节共评选出 39 个模范小组，其中陈云和张闻天领导的小组被评为甲级学习组，朱德被誉为"模范学生"。

第一届干部学习节之后，中央经常督导、考核干部的学习情况，评比、表彰学习模范，推广学习经验，掀起了"吃小米饭，攻理论山"的干部学习高潮。干部学习节仅举办了三届，但至第三届学习节时，参加学习的人数已增至 1 万余人，不仅有效地促进了干部学习运动的深入开展，而且为延安整风运动打下了良好的基础。

# 154

中国共产党创建的第一座广播电台

## 延安新华广播电台

（1940 年 12 月 30 日第一次播音）

"铛—铛—铛—刚才最后一响是上海时间 19 点整，延安新华广播电台 XNCR 现在开始播音。请记住，我们的频率是波长 61 米，周率 4940 千周……"这是 1940 年 12 月 30 日，中国共产党创建的第一座广播电台——延安新华广播电台的红色电波第一次发出的声音，等于向世界庄严宣告，中国共产党领导的中国人民广播事业诞生了！

1937 年全面抗战爆发后，中共中央所在地延安受到日本侵略者和国民党军队的层层封锁，我们党的政治主张很难传播到沦陷区和国统区，偶尔有几份边区偷运过去的报纸、印刷品只有极少数人能够秘密阅读。新华社的文字报道需要用无线电台发报，收讯电台抄收、译出，才能成为新闻稿，数量和影响都有限。我们党在国统区办的《新华日报》和《群众》周刊，经常遭到国民党当局的刁难和破坏，无法正常出版发行，致使许多重要文献、评论、文章和消息不能与读者见面。

1940 年 3 月，周恩来从苏联回国时，将共产国际援助的一部小型电影放映机和一台苏制 10 千瓦的广播发射机拆卸打包空运到新疆，再用汽车经兰州、西安运抵延安。

有了广播发射机，中共中央发出建立延安新华广播电台的指示，设立广播委员会，负责领导筹集工作。周恩来任主任（周恩来赴重庆谈判后，由朱德接任），委员会成员有中央军委第三局局长王诤、新华社社长向仲华。

延安新华广播电台于1940年年底建成并对外播音。电台的编辑、播音、技术工作都由新华社负责，稿件由新华社广播科提供。新华广播电台编辑部设在延安清凉山，播音室设在宝塔山以西王皮湾村的一间只有十几平方米的土窑洞里。播音室没有隔音设备，为了减少杂音，就将边区生产的粗羊毛毯子挂在门口和墙上；没有报时器，就用筷子敲瓷碗发出"铛、铛"的声音；没有降温设备，就在窑洞墙壁上凿

延安新华广播电台的工作人员正在工作

方槽填冰块……新华台口播科的三位编辑常年围着一张四方炕桌编稿，桌中间点着一盏小油灯，他们的鼻孔都被油烟熏黑了。新闻稿由机要通信员送到19公里外的王皮湾村录音、播出。机要员途中遇到延河支流西河夏天涨水，就要将广播稿用油布包好，顶在头顶泅水过河。在十分艰苦的条件下，新华广播电台的同志出色地完成了任务，将党中央和边区政府的声音传到了全国各地。

延安新华广播电台最初每天播音1次2小时，后来增至每天2次3小时和3次4小时。广播内容多是国内国际新闻、抗战消息，中共中央重要文件，《新中华报》、《解放》周刊、《解放日报》的重要社论和文章等。新华广播电台的播音清脆嘹亮，爱憎分明，打破了国民党和日伪对我们党的新闻封锁，在解放区和国统区、沦陷区之间架起了一座空中桥梁，成为我们党"与敌伪

展开空中宣传战"的最重要武器，被誉为"黑夜里的一盏明灯"。1943年春，因电子设备故障，新华广播电台被迫暂停播音。1945年8月中旬，新华广播电台恢复播音，这一天播出的是朱德向各解放区武装部队发布的对日寇全面大反攻的进军命令。新华广播电台当时曾接到北平、南京、昆明、重庆等地的听众来信。国统区不少收听了新华广播电台广播的青年人冒着生命危险，穿过层层封锁，奔向延安及各抗日根据地，参加革命。

1947年3月，国民党调集重兵向陕甘宁边区发动进攻，新华广播电台在14日播完当天中午的节目后，就秘密转移到子长县播音。在党中央和毛泽东转战陕北期间，新华广播电台的广播也没有中断，党中央的声音飞越万水千山，给予全国人民以极大鼓舞。

1949年3月25日，新华广播电台开始在北平播音，1949年12月5日，新华广播电台更名为中央人民广播电台，成为国家广播电台。

中国共产党第一次正式确认 7 月 1 日为党的诞辰纪念日

# 中共中央发布《中央关于中国共产党诞生二十周年、抗战四周年纪念指示》

（1941 年 6 月 30 日）

中国共产党在成立初期，由于长期处于白色恐怖中，组织程序比较简单，留下的文字记载也很少。特别是党的一大召开后不久，党中央在上海曾遭到一次破坏，中央档案资料全部遗失，致使党的一大的很多问题在很长时间内成为历史之谜。中国共产党成立之后，长期处于革命战争年代，一直没有条件纪念自己的生日。红军长征到达陕北后，逐渐建立了以延安为中心的比较稳固的根据地。1937 年卢沟桥事变（又称七七事变）后，国共实现第二次合作，国内政治环境相对宽松。到了 1938 年，为纪念党成立 17 周年，许多抗日根据地，特别是延安的同志，向参加过党的一大的毛泽东和董必武询问大会召开的时间。可是，毛泽东和董必武都记不清了。

其实，党的一大究竟在 1921 年 7 月的哪一天开幕，长期存在着不同说法。由于当时正处于外有日寇入侵，内有反动派封锁的年代，所以也没有条件去查证一大召开的确切日期。随着越来越多的人关注党的生日，经毛泽东、董必武二人商定，确定 7 月 1 日为党的诞辰纪念日。

最早正式提出将"七一"作为党的诞辰纪念日的中央领导人是毛泽东。1938 年 5 月 26 日至 6 月 3 日，毛泽东在延安抗日战争研究会上作《论持久战》的演讲时说："今年七月一日，是中国共产党建立的十七周年纪念日，这个日

毛泽东作《论持久战》演讲

子又正当抗战一周年。"这是第一次正式公开提出把"七一"作为中国共产党的生日来纪念。

1938年6月12日，中共陕甘宁边区党委决定7月1日到7月7日为抗日周年纪念与中共建立17周年纪念宣传周，中共中央也于6月24日发表了《中央关于中共十七周年纪念宣传纲要》。根据这两个文件的精神，在纪念周每天都有群众性的纪念活动，各抗日根据地所办的报刊也都发表了社论和纪念文章。这也是中国共产党历史上第一次组织纪念"七一"党的生日。

第一次正式以中央文件形式确认7月1日为党的诞辰纪念日并要求进行相关纪念活动的，是1941年6月中共中央发布的《中央关于中国共产党诞生二十周年、抗战四周年纪念指示》。《指示》指出："今年'七一'是中共产生的二十周年，'七七'是中国抗日战争的四周年，各抗日根据地应分别召集会议，采取各种办法，举行纪念，并在各种刊物出特刊或特辑。"贯彻《指示》精神，中国共产党领导的各抗日根据地第一次大规模地举行纪念党的生日活动。延安的《解放日报》以第二版整个版面刊发《中国共产党二十周年纪念特刊》，发表了社论《纪念中国共产党二十周年》及朱德、吴玉章、林伯渠等人的文章。

虽然中国共产党已经确定了每年的7月1日为自己诞生的纪念日，但是，执着的学者仍然想把这个问题弄得更清楚。

1923年年初，党的一大代表陈公博因投靠军阀陈炯明而被开除党籍，同年2月他去美国哥伦比亚大学读书。不曾想，他用英文撰写的毕业论文《共产主义运动在中国》和他之前在《新青年》发表的《十日旅行中的春申浦》，竟然成为探索党的一大召开日期的钥匙。

1924年，陈公博在撰写《共产主义运动在中国》时提到："中国共产党的第一次代表大会于1921年7月20日在上海举行。"1960年，当美国教授韦慕庭见到这篇尘封已久的论文时，为其写了长长的"绪言"，其中专门写了一节"大会的日期"，引用各种文献，对党的一大的召开日期进行了一番详尽的考证。他得出结论，认为陈公博所说的党的一大"近乎"在1921年7月20日开始，到7月30日结束。

中国学者们也对党的一大召开日期进行了研究。1961年，中国革命博物馆工作人员李俊臣在读《新青年》第9卷第3号时，对其中陈公博发表的《十日旅行中的春申浦》一文，产生了很大兴趣。通过解读该文暗语，李俊臣推知党的一大的召开日期在7月22日或稍后。

详细探讨这一重要课题并作出比较大的贡献的是中国人民解放军后勤学院的邵维正教授。邵维正从共产国际的档案中查到了一篇用俄文写的《中国共产党第一次代表大会》，虽然没有署名，但这是一篇极为重要的文献。文中提及中国共产主义组织（指共产主义小组）在"去年"成立，而文章又记述党的一大召开的经过，表明此文是1921年下半年写的。从文章中谈及马林和尼柯尔斯基"给我们作了宝贵的指示"这样的语气来看，作者是中国共产党党员。而且这篇文章极可能出自党的一大代表之手，是一份向共产国际汇报情况的报告。

这份报告开头部分，就很明确地点出了党的一大召开的时间："中国的共产主义组织是从去年年中成立的。起初，在上海该组织一共只有5个人。领导人是很受欢迎的《新青年》的主编陈同志。这个组织逐渐扩大了自己的活动范围，现在共有6个小组，有53个党员。代表大会预定6月20日召开，但是来自北京、汉口、广州、长沙、济南和日本的各地代表，直到7月23日才全部到达上海，于是代表大会开幕了。"这份报告表明，党的一大开幕之日绝不可能早于7月23日。通过分析代表行踪，可以初步确定党的一大于7月下旬召开，但具体是哪一天开幕的呢？当年参加过党的一大的陈公博和周佛海都回忆说，一大在上海召开最后一次会议的当天夜里，陈公博夫妇所住的大东旅馆发生了孔阿琴被杀案。陈公博在《十日旅行中的春申浦》一文中的"第八日"写道："7月31日那天早上5点多钟，我在睡梦中忽然听到一声很尖厉的枪声，继而便闻有一女子锐厉悲惨的呼叫。"周佛海在《往矣集》中也提到过这件事："公博当时正带着新婚夫人度蜜月，住在大东旅社……哪知他隔壁的房中，当夜发生了一件奸杀案，开了两枪，打死了一个女人，公博夫妇真是吓得魂不附体。"于是，研究人员就此展开调查，很快找到1921年8月1日上海《新闻报》《申报》刊登的有关"大东旅社内发生谋命案"的消息，肯定了案件发生的时间为7月31日凌晨。从这一命案日期往前推8天，恰好是7月23日。

当然，对7月23日这个日期的确认，研究人员还从其他一些渠道进行了考证。比如，对法国巡捕搜查会场事件的调查以及对中华人民共和国建立后来自国外，特别是来自前苏联的重要文献的考证。

当研究人员将这一研究成果上报到中共中央后，得到了当时主管中央宣传和教育工作的胡乔木的称赞。中央书记处还专门讨论了是否修改建党纪念日的问题。考虑到几十年来"七一"这个光辉的日子早已深入民心，加上当初毛泽东只是确定"七一"为建党纪念日而不是诞生日，因此，最后中央还是决定不予改变。

# 156

中国共产党全党范围内的第一次整党整风

# 延安整风

（1942年至1945年）

在中国共产党的历史上，经过中共中央有关会议明确决定，并在全党范围内贯彻执行的整风共进行过多次，其中第一次是抗日战争时期的延安整风。

抗日战争以来，中国共产党的组织得到了很大的发展。但是，广大新党员身上存在着各种非无产阶级思想。老党员要适应新形势，也需要进一步提高自己。遵义会议后，党的路线已经走上了马克思主义的正确轨道，但对曾经给党的事业造成严重危害的主观主义、教条主义还没有来得及从思想上进行认真的清理。这就有必要集中开展一场普遍的马克思主义思想教育运动，总结和吸取历史上的经验教训，以提高广大党员、干部尤其是党的高级干部的思想理论水平，增强党的凝聚力和战斗力。为此，在20世纪40年代前期，中国共产党以延安为中心，在全党范围内开展了一场整风运动。

整风运动分为两个层次进行：一是党的高级干部的整风，二是一般干部和广大党员的整风。重点是党的高中级干部特别是高级干部的整风。

1941年5月，毛泽东在延安高级干部会议上作题为《改造我们的学习》的报告，尖锐地批评了主观主义作风，称主观主义者是"墙上芦苇，头重脚轻根底浅；山间竹笋，嘴尖皮厚腹中空"。他们像"言必称希腊"的留声机，"十七八岁的娃娃，教他们啃《资本论》，啃《反杜林论》"。"这种作风，拿了律己，则害了自己；拿了教人，则害了别人；拿了指导革命，则害了革命。"

要求将全党的学习方法和学习制度改造一下。同年 9 月 10 日至 10 月 22 日，中央召开政治局扩大会议，学习和研究党的历史，清算了以王明、博古为代表的"左"倾错误路线，从政治路线上分清是非，使全党达成基本一致的认识。这样，进行全党整风的条件逐渐成熟了。

1942 年 2 月，毛泽东先后作《整顿学风党风文风》（后改为《整顿党的作风》）和《反对党八股》的演说，标志着整风开始在全党范围内普遍进行。全党普遍整风的内容是反对主观主义以整顿学风，反对宗派主义以整顿党风，反对党八股以整顿文风。

反对主观主义以整顿学风，是整风运动最主要的任务。毛泽东在《整顿学风党风文风》中，批评那些将马克思列宁主义当宗教教条看待的人是蒙昧无知的，要求以科学的态度对待马克思主义，发扬理论联系实际的马克思主义的学风，一切从实际出发，实事求是。毛泽东对"实事求是"这个成语作了新的解释。他说，"实事"就是客观存在着的一切事物，"是"就是客观事物的内部联系即规律性，"求"就是我们去研究。我们要从国内外、省内外、县内外的实际情况出发，从其中引出固有的而不是臆造的规律性，即找出周围事物的内部联系，作为我们行动的向导。这样，实事求是就成了党的马克思主义的思想路线的通俗而又生动的表述。调查研究是把理念和实际结合起来的不可或缺的中间环节。

毛泽东强调，加强调查研究是转变党的作风的基础一环。1941 年 8 月，中共中央作出《关于调查研究的决定》及《关于实施调查研究的决定》。中共中央设立调查研究局，各中央局、区委、省委或工委也成立相应的调查研究机构。调查研究作为中国共产党的一项重要的工作制度被确立起来，调查研究在党内蔚然成风。

对于党内存在的山头主义、小集团主义、不团结等宗派主义的表现形式，毛泽东批评道："闹这类独立性的人，常常跟他们的个人第一主义分不开……'我的就是我的，你的还是我的'。"毛泽东强调："要提倡顾全大局。每一个党员，每一种局部工作，每一项言论或行动，都必须以全党利益为出发点，

## 56

在延安整风运动中毛泽东同干部谈话

绝对不许可违反这个原则。"他要求全党要反对一切无原则的派别斗争，使全党的步调整齐一致，为一个共同目标而奋斗。

在《反对党八股》中，毛泽东列举了党八股的八大罪状：空话连篇，言之无物；装腔作势，借以吓人；无的放矢，不看对象；语言无味，像个瘪三；甲乙丙丁，开中药铺；不负责任，到处害人；流毒全党，妨害革命；传播出去，祸国殃民。党八股的这些形式不能表现革命精神，只能窒息革命精神。因此，毛泽东强调，党八股是主观主义和宗派主义的宣传工具和必然的表现形式。不清除党八股，不能启发生动活泼的革命思想，不能发扬实事求是的精神，主观主义、宗派主义就还有藏身之地，因此，"一定要把党八股和教条主义等类，彻底抛弃"。

整风的方针是"惩前毖后"和"治病救人"，而不是"残酷斗争"和"无情打击"。中央决定，对李立三、王明、博古等"左"倾路线的代表人物，继续留在党内，分配适当工作，从而为无产阶级政党解决路线问题，树立了一个范例，表现了我们党的伟大气魄和自信心。整风的方法步骤是，认真阅读文件，联系个人思想、工作、历史以及所在地区部门的工作，进行自我反省，开展批评与自我批评，逐步取得思想认识上的一致，提出努力的方向。

从1943年9月起，中央领导层的整风进行到深入讨论党的历史问题阶段。在深入总结历史经验的基础上，1944年5月21日至1945年4月20日，中共中央在延安举行扩大的六届七中全会。这次会议的主要内容和最重要的成果，是原则通过了《关于若干历史问题的决议》。决议对党内若干重大的历史问题作出正确的结论，使全党尤其是党的高级干部对中国民主革命的基本问题的认识达到在马克思列宁主义基础上的一致。至此，整风运动胜利结束。

虽然延安整风运动中出现了"抢救运动""审干运动"这样一些过火斗争的偏向，但它的主流是好的。整风运动是一次深刻的马克思主义思想教育运动，收到了巨大的成效。它坚持马克思主义同中国实际相结合的正确方向，使实事求是的马克思主义思想路线在全党范围内深入人心。这是加强党的建设伟大工程的一大创造。通过整风运动，实现了在以毛泽东同志为核心的中共中央领导下全党新的团结和统一，全党的马克思列宁主义水平提高到了一个新阶段。在整风过程中形成的理论联系实际、密切联系群众以及批评与自我批评的优良作风，是中国共产党的宝贵精神财富。

# 157

中国共产党领导召开的第一个大型文艺工作座谈会

# 延安文艺座谈会

## （1942 年 5 月）

在延安整风过程中，延安文艺界暴露出来的问题很多、很突出。这些文艺界人士大多是在抗战爆发后从大城市来到延安的，他们满怀救国热情，但对同工农兵结合的思想准备却很不足。曾在"鲁艺"任教的严文井回忆说："学校四周住的都是农民，但我们却不同农民往来。除了有时候向他们买西红柿和甜瓜，才同他们当中的一两个人说说话。"在文艺界内部，相互之间也存在一些长期积累下来的争论、分歧、对立和不团结的现象，包括还存在宗派主义的问题。因此，在普遍整风的初期，毛泽东特别重视解决文艺界的问题。为了深入了解实际情况，毛泽东花了很多时间同萧军、欧阳山、艾青、刘白羽、丁玲等延安文艺界人士交换意见，并请他们帮助收集文艺界提出的各种意见。1942 年 4 月 10 日，在中央书记处工作会议上，毛泽东正式提议并获准通过关于召开文艺座谈会的决定。在经过充分的准备后，毛泽东与中共中央宣传部代部长凯丰于 4 月 27 日联名发出请柬，邀请 100 多位延安文艺工作者参加座谈会。这次座谈会不是以"通知"的形式，而是以发正式"请柬"的方式邀请，足见毛泽东对文艺工作者们的尊重。

5 月 2 日下午 1 点半，座谈会在杨家岭中共中央办公厅一楼的不足 120 平方米的会议室里召开，凯丰主持。毛泽东的开场白简短、幽默：我们有两支军队，一支是朱总司令的，一支是鲁总司令的（后来发表时改为"手里拿着枪的军队"和"文化的军队"），而文化的军队是"团结自己、消灭敌人必不可少的一支军队"。毛泽东以自己作例子，详细讲述了像他这样一个学生出身的人参加革命后在思想感情上逐步发生变化的经验。他强调，文艺工作者要学习马克思列宁主义和学习社会，只有这样才能使我们的文艺有丰富的内容和正确的方向。毛泽东讲完话后接着开始讨论。何其芳说："听了主席刚才的教诲，我很受启发。小资产阶级的灵魂是不干净的，他们自私自利，怯懦、脆弱、动摇。我感觉自己迫切地需要改造。"何其芳的自我批评，成为座谈会上备受关注的声音。接下来是分组讨论，为下一次大会作准备。

5月16日，文艺座谈会举行第二次大会。在这次的全体会议上，毛泽东和朱德都出席了。当时，会场很活跃，争论得也很激烈，有些人的话甚至很出格，那种民主气氛是后来难以想象的。最让毛泽东满意的，是陕甘宁边区民众剧团负责人柯仲平的发言。他讲了民众剧团在农村演出《小放牛》受欢迎的盛况："我们离开村子的时候，老百姓送我们很多吃的东西，只要顺着鸡蛋壳、花生壳、红枣核多的那条路走，就可以找到我们。"毛泽东很高兴，打趣说："你们如果老是《小放牛》，以后就没有鸡蛋吃了。吃了群众的鸡蛋，可要好好为他们服务啊！"

5月23日下午，文艺座谈会举行最后一次大会，气氛更加热烈。在临近下午讨论结尾时，朱德在发言中用浅显通俗的大白话点明了会议的主题：就是要实现知识分子和文学艺术家由资产阶级或小资产阶级，向无产阶级工农兵大众的根本转变。

朱德讲话后，摄影家吴印咸提议大家一起照一张合影，毛泽东欣然同意。合影时并没有专门安排座次，100多人的合影照就这么随便坐、随便站，没有严格的领导群众之分。

晚饭后，由毛泽东作结论。面对文艺界存在的错综复杂的种种问题，他不是就事论事地纠缠在这些具体问题上，而是高屋建瓴地从问题的根本下手。他一开始就说："什么是我们的问题的中心呢？我以为，我们的问题基本上是一个为群众的问题和一个如何为群众的问题"，"我的结论，就以这两个问题

1942年5月23日，毛泽东、朱德等与参加延安文艺座谈会的代表合影。拍照时，坐在第一排的刘白羽个子大、身体重，一不小心把马扎给压塌了，引得大家一阵哄笑

为中心，同时也讲到一些与此有关的其他问题。"这就从千头万绪中一下子抓住了要领。他指出："我们的文学艺术都是为人民大众的，首先是为工农兵的，为工农兵而创作，为工农兵所利用的。"并说这是个原则问题、根本问题。围绕这个问题，他还阐述了文艺的源与流的关系、普及与提高的关系、文艺与政治的关系、文艺批评的政治标准与艺术标准的关系。毛泽东在讲话中号召："有出息的文学家、艺术家，必须到群众中去，必须长期地无条件地全心全意地到工农兵群众中去，到火热的斗争中去。"1943年10月19日，毛泽东在文艺座谈会上的讲话全文在《解放日报》上发表。10月20日，中央总学委发出学习毛泽东在延安文艺座谈会上的讲话的通知。半个月后，中共中央宣传部又发出《关于执行党的文艺政策的决定》。这两个文件是中共中央关于毛泽东在文艺座谈会上的讲话的正式定位，是文艺工作的根本性指导文件。

毛泽东在文艺座谈会上的讲话，使许多人感到思想上豁然开朗，在眼前展现出一个新的天地。会后，延安广大文艺工作者一扫过去那种脱离实际、脱离群众的不良风气，深入群众、深入基层、深入敌后抗日根据地，在斗争实践中创造出一大批深受工农兵欢迎的文艺作品。比如，戏剧方面有鲁艺的新歌剧《白毛女》、王大化和李波合演的《兄妹开荒》、马可的《夫妻识字》，中央党校京剧队的《逼上梁山》，延安平剧院的《三打祝家庄》；小说、诗歌方面有赵树理的《小二黑结婚》《李有才板话》，李季的《王贵和李香香》等。这些具有典型解放区特点的文艺作品，在当时就深受人民群众的喜爱，即使到今天也是人们记忆中的"红色经典"，是一个时代文艺成就的标志与象征。在延安革命文艺工作者的带动下，革命根据地及中国的文艺运动走向一个崭新的阶段。

中国共产党制作的第一批规范的党旗

# 中共中央办公厅制作的党旗

### （1943 年）

2002 年 11 月，党的十六大通过的《中国共产党章程》增写了"党徽党旗"一章。至此，中国共产党的党旗党徽式样与说法终于在党章中得到有效统一。

中国共产党成立初期，党的先驱者们还来不及将一个崭新的革命党应具有的一切考虑周全，留存下来的会议记录和文件中，并没有提及党的旗帜问题。中国共产党作为共产国际的一个支部，党组织开会若需悬挂党旗时，多用在红旗左上角加黄色镰刀锤子图案的联共（布）的苏维埃旗帜或马克思、列宁画像。这种旗帜的含义的普遍解释是：锤子象征工人阶级，镰刀象征农民阶级，两者结合，是工农联盟的标志，也是共产党的标志。红色是革命的颜色，黄色则是革命光芒的颜色。当时，党旗由各地党组织模仿联共（布）旗帜的式样自行制作，具体规格不尽相同。即使如此仿制的旗帜，当时在公开场合也并没有正式举出。随着第一次国共合作的正式形成，中国共产党出于形势要求，此后一直打着国民党的"青天白日旗"。

第一次国共合作破裂后，出于对革命形势的清醒认识，毛泽东多次提出有关旗帜的问题。1927 年 8 月 20 日，毛泽东在以中共湖南省委名义给中共中央的信中郑重提出："国民党旗子已成军阀的旗子，只有共产党旗子才是人民的旗子。"并强调："在农工兵苏维埃时候，我们不应再打国民党的旗子了，我们应高高打出共产党的旗子……"这是中国共产党人第一次明确提出必须要打出自己的旗帜。

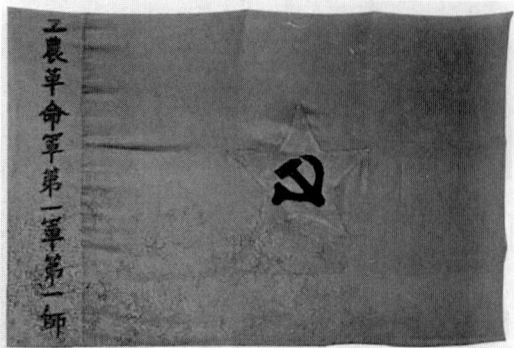

何长工设计制作的中国工农革命军第一面军旗样式

1927年9月，毛泽东等人在湘赣边界领导发动秋收起义，部队统一改编为工农革命军第一军第一师。毛泽东提出应该打出一面工农革命军自己的旗帜，并责成工农革命军参谋何长工具体负责。何长工负责设计并制作了军旗，鲜艳的红旗中间一颗大五角星，星中是镰刀和锤头的图案，靠旗杆有一条10厘米宽的空白，上面写着"工农革命军第一军第一师"的番号，十分威武、漂亮。就这样，"工农革命军第一军第一师旗"成为中国共产党公开亮出的第一面旗帜。可见，在中国革命史上，是先有工农革命军的军旗，后有中国共产党的党旗。

鉴于国民党右派反革命面目已经彻底暴露，1927年9月19日，中央临时政治局会议通过决议，放弃"左派国民党"的旗帜，提出了宣传和建立苏维埃的口号。10月15日，中共南方局、广东省委联席会议发布通告，明确指出："一律废除青天白日旗，改使红旗，以斧、镰为标志与国际旗同。"这是中国共产党的领导机关第一次作出的关于党旗上有"斧头镰刀"的正式决定，基本框定了党旗的轮廓和构成要素。

1932年夏，中央苏区在根据地范围内开始了多次突击发展党员运动。由于党组织建设的迫切需要，从入党宣誓仪式上的党旗，到党员大会的会场布置，党的组织工作者开始关注党徽党旗的式样。这一时期，各地使用的党旗，都是各级党组织就地选材制作，限于当时的艰苦环境，还未形成统一的规格样式，甚至个别即兴发挥得有些随意。1933年4月，中共中央研究决定，把党旗党徽中的"斧头"图案调整为"锤头"图案。随着中央根据地第五次反"围剿"的失败，党旗党徽中"斧头"变"锤头"的决定并未得到贯彻执行，以至于在长征路上和陕北等各根据地，"斧头"与"锤子"仍然混用，包括后来的中共中央文件中仍然出现"斧头镰刀"的提法。

"斧头镰刀""锤子镰刀"这些当时被誉为"国际徽""国际旗"的图案，在革命根据地随处可见，深刻体现在党政军民各个方面，成为明显的政治符号。例如，"斧头劈开新世界，镰刀割断旧乾坤"这样一副宣传革命思想的对联正是受到红旗上党徽图案的启发应运而生。后来，红军宣传工作者在长征沿途曾多次书写这副对联及其他类似对联。众多历史文献表明，在土地革命战争时期，"斧头镰刀""锤子镰刀"可以说是党徽党旗的代名词，得到普遍认可。

全国抗战爆发后，中国共产党为亮明立场，更好地发动群众、组织群众和武装群众，既适应敌后抗日根据地"三三制"政权建设的需要，又不影响国共合作的大局，一度以中华民国国旗作为战旗。但是在陕甘宁边区，在各抗日根据地，在开展党的工作和重大纪念活动时，中国共产党党旗仍高高飘扬，起着巨大的引领和号召作用。

1943年4月28日，中共中央政治局在延安杨家岭召开会议，正式确定："中共党旗样式，长阔为三与二之比，左角上有斧头镰刀，无五角星，并委托中央办公厅制一批标准党旗，分发各主要机关。"关于党旗的这一决定中特别指出，保留象征工农联盟的"斧头镰刀"，去掉原来旗帜上的五角星，是为了与苏联国旗相区别。这说明，当时中共中央对党旗式样的考虑是十分慎重的。

按照政治局会议决议，当时中共中央办公厅制作的党旗，横120厘米、竖80厘米，左上角中间为黄色"斧头镰刀"交叉组成的党徽图案，直径为30厘米，旗杆套为白色，宽6.5厘米，旗杆套不包括在整面旗的尺度之内。这样，中国共产党制作的第一批规范的党旗在延安诞生了。

# 159

第一次明确提出毛泽东思想这一概念，
并阐明毛泽东思想含义的文献

## 王稼祥的《中国共产党与中国民族
解放的道路》

（1943 年 7 月 8 日）

1943 年，是中国共产党诞生 22 周年，也是毛泽东诞辰 50 周年。党内有些同志主张为毛泽东祝寿，并宣传他的思想。中共中央宣传部代理部长凯丰向毛泽东写信反映了这些意见。但毛泽东保持着清醒的头脑，认为自己的思想体系还没有成熟。

1943 年 6 月下旬，延安的整风运动正在深入开展。一天下午，毛泽东建议王稼祥总结党的经验教训，再针对目前党内思想上存在的一些问题写篇纪念党的生日的文章。

王稼祥对毛泽东以及毛泽东思想的认识是有一个过程的。

王稼祥年轻时留学苏联，对马克思列宁主义有较深入的研究。因没有参加过党内的实际工作，他曾拥护王明的教条主义见解。不过，他为人正派，鄙视小集团活动。1930 年回国后，在中共中央宣传部任干事，随后任党报委员会秘书长。1931 年 4 月，王稼祥被派往中央苏区工作，这样和毛泽东接触的机会就多了起来。他认为毛泽东所说的道理，既是那样的简单明了，又是那样的新鲜和有说服力。而与一身学者气质的王稼祥的交谈中，毛泽东对他的理论功底也颇为赞赏，认为他对立三路线的批判论文写得有理有据，颇有见地。1932 年 10 月上旬，在江西省宁都县东山坝镇召开了一次以批判毛泽东"右倾机会主义"为主题的苏区中央局会议，即中共党史上著名的"宁都会议"。会上，曾是王明派往苏区的"钦差大臣"的王稼祥，旗帜鲜明公然站出来为毛泽东辩护，指出红军和苏区能有今日，是与毛泽东的正确领导分不开的。当会议结束，毛泽东被撤销红一方面军总政委职务、离开宁都时，他握着王稼祥的手，说了一番披肝沥胆的话："你我是少数，不服从也不行，我只好到后方去了。你就别争了吧，不然你也会同我一样成了'右倾主要危险'人物了。"

第五次反"围剿"期间，中共临时中央负责人博古将红军的军事指挥大权交给李德。这个在苏联伏龙芝军事学院学习过 3 年且只有街垒巷战经验的德国顾问，不问中国国情、不顾战争实际情况，仅凭课本上的条条框框，坐

中共扩大的六届六中全会主席团成员合影。前排左起：康生、毛泽东、王稼祥、朱德、项英、陈绍禹；后排左起：陈云、秦邦宪、彭德怀、刘少奇、周恩来、张闻天

在房子里按地图指挥战斗，结果导致反"围剿"作战连连失利，红军被迫退出中央苏区，踏上了悲壮的长征之路。

行军途中，王稼祥与毛泽东朝夕相处，相互了解越来越深，就党和红军的前途问题进行了深入探讨。过湘江之后，在全军上下对博古、李德的一片不满声中，王稼祥第一个发出了"把李德轰下去"的声音。

1935 年 1 月，中央政治局在贵州遵义召开扩大会议。对于王稼祥对遵义会议的贡献，毛泽东后来多次提及："王稼祥是最早就支持我的，遵义会议上没有他不行，他投了关键的一票！"

1943 年 7 月 8 日，延安《解放日报》发表王稼祥写的《中国共产党与中国民族解放的道路》一文。这篇文章在党的历史上第一次明确提出毛泽东思想这个概念，并阐明了毛泽东思想的含义。文章指出："中国民族解放整个过程中——过去现在与未来——的正确道路就是毛泽东同志的思想，就是毛泽东同志在其著作中与实践中所指出的道路。毛泽东思想就是中国的马克思主义，中国的布尔什维克主义，中国的共产主义"，"中国共产主义，毛泽东思想，便是马克思列宁主义与中国革命运动实际经验相结合的结果。"这个为后来亿万人民熟悉的词汇正是从这天起正式出现在中国共产党的文献中。

毛泽东思想这一概念经王稼祥第一次提出后，逐步为党内许多同志所接受。在党的一些文件和许多负责同志的讲话里，使用和论述毛泽东思想的情况逐渐多起来了。1945 年 5 月 14 日，刘少奇代表中共中央在党的七大所作的《关于修改党章的报告》中，集中全党的智慧，吸收了王稼祥和其他同志的提法，对毛泽东思想作了系统概括。

# 160

第一次系统编选的毛泽东著作选读本

## 《晋察冀日报》版《毛泽东选集》

（1944年7月出版）

　　1944年，中国人民伟大的抗日战争进入了从战略相持向战略反攻转变的阶段。为了用毛泽东思想武装广大干部和群众的头脑，迎接抗战的最后胜利，1月，晋察冀中央分局宣传部决定编辑出版第一部《毛泽东选集》，并将具体的编辑出版计划上报中央宣传委员会以及中央宣传教育部。得到中央批准后，晋察冀分局领导将具体的编印工作委托给晋察冀日报社主编邓拓。

　　晋察冀日报社既是报社，又是出版社，还兼新华书店。在它出版的大量书刊中，马克思列宁主义的书占有很大比重。当年，晋察冀日报社出版的第一本书就是《论持久战》。之后，报社还印制了毛泽东的《论新阶段》《新民主主义论》等其他著作，为毛泽东思想在晋察冀边区的宣传和学习发挥了重要作用。

　　邓拓接到任务后，马上开始主持编选和出版工作。全书按内容拟分编为五卷：第一卷包括5篇著作，为国家与革命问题的论著；第二卷11篇，为统一战线问题的论著；第三卷3篇，为战争与军事问题的论著；第四卷3篇，为财政经济问题的论著；第五卷7篇，为党的建设问题的论著。全书所选收的文章，主要是毛泽东从抗战开始后到1944年6月期间的论著，也收录了《湖南农民运动考察报告》《红四军党第九次代表大会决议案》以及全国抗战爆发前夕在延安召开的中共全国代表会议上的报告和结论。第五卷第一篇，原来拟选的是《论新阶段》全文，后只选入《中国共产党在民族革命战争中的地位》这一部分，并根据中央宣传委员会的意见作了删减。《中国革命战争的战略问题》等，因为尚未公开发表，故没有选入。晋察冀分局宣传部部长胡锡奎亲自核对了所收集到的 29 篇毛泽东著作原文和注释，且拟定了目录。该书"编者的话"里还特别注明：我们所选的主要是毛泽东同志抗战以来各种名著、讲演及其他重要方面的言论（并附有抗战前的几篇重要文献），这是很不完整的。选编结束后，就开始排印。由于地处深山，交通不便，敌寇又烧杀抢掠，物资、粮食供应都很困难，在这种艰难的环境下，大家以高度的革命热情，加班加点投入到紧张严谨的排印工作之中。为保证不出错误，校对进行了四校，还聘请专家校勘。

这部书在装帧形式上有五卷分订的平装本和烫金封面的精装合订本两种。

1944 年 5 月初，由于邓拓赴党校学习，胡锡奎具体主持了从 5 月中旬到 7 月《毛泽东选集》出版的一些工作。5 月开排，7 月出书，9 月出齐五卷。全部印刷完毕，送到读者手中，仅用时半年，可谓奇迹！7 月以后，该书正式由晋察冀新华书店对外发行，初印 5000 册，精装、平装各半。该书为小 32 开，装帧朴实大方。精装（布面）一册装订；平装分五卷装订，每卷封面用头号红色字体从右向左大字题名"毛泽东选集"，下署卷次。扉页后印有毛泽东肖像。全书共 800 多页，约 50 万字。

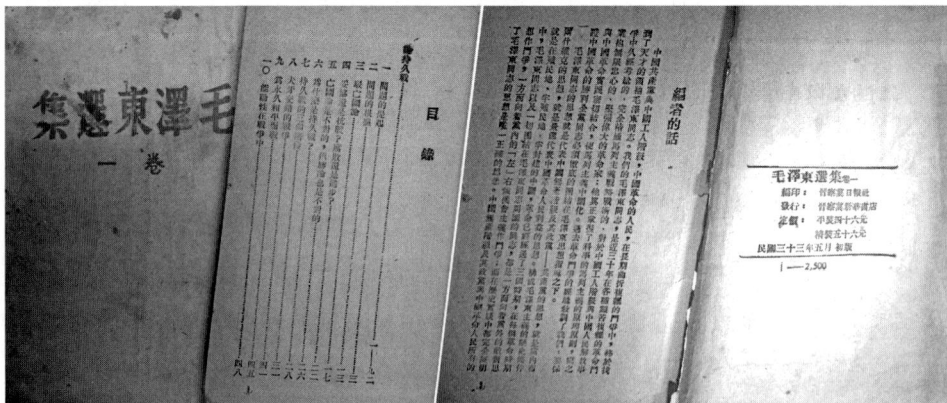

《晋察冀日报》版《毛泽东选集》

　　这部《毛泽东选集》出版发行后，根据地人民掀起了学习毛泽东著作的热潮，初版 5000 套仅两个月便销售一空，1945 年 3 月即再版。胶东新华书店、大连大众书店和渤海书店都曾先后翻印过此书。这个版本的《毛泽东选集》后来还被译成俄文等外文并传到国外。聂荣臻在《回忆录》中称赞说："邓拓同志在抗战后期还编纂了《毛泽东选集》，这是全国第一本系统编选毛泽东同志著作的选读本，为传播毛泽东思想作出了贡献。"

# 161

中国共产党第一次亮相国际政治舞台

# 董必武参加联合国成立大会

（1945 年 4 月 25 日）

　　1945 年 2 月，美、英、苏三国首脑在雅尔塔会晤，决定 4 月 25 日在美国旧金山举行联合国成立大会，同时制定《联合国宪章》。中国是联合国发起国之一，派代表团出席乃题中应有之义。消息传回国内，一场关于代表名额的明争暗斗悄然展开。

　　蒋介石试图让国民党包办出席联合国成立大会的一切事宜，中国共产党坚决反对。毛泽东明确表示，旧金山会议我们要参加，要与民盟联合提出要求。随后，周恩来就出席联合国会议的中国代表团成员问题，致函美国驻中国大使赫尔利，提出仅由国民党一方派代表参加不能代表中国；出席旧金山会议的代表团，国民党只能占 1/3 代表名额，2/3 应是共产党和民盟的代表。蒋介石则极力反对中共派代表参加中国代表团，他认为代表团不应太大，有三五个人就足够了。为了进一步反对蒋介石的独裁，粉碎由国民党垄断中国代表团的企图，毛泽东指示周恩来于 3 月 9 日致函国民政府外交部部长王世杰，提出中共中央决定派中央委员周恩来、董必武、秦邦宪三人参加中国代表团。随后，周恩来又将上述内容通知赫尔利，并要求他将中共的意见转告美国总统罗斯福。罗斯福在听了赫尔利的汇报后，于 3 月 15 日致电蒋介石，婉转表达了中国代表团应该包括中共代表之意。尽管蒋介石坚持认为代表团包括共产党人对政府绝无好处，但对来自美国政府和罗斯福总统的建议不能断然拒绝。经过再三考虑后，他不得不同意中共派代表参加中国代表团。

在无法回避要有共产党人参加代表团的情况下，国民政府的要人又提出没有一个共产党人具备当代表的资格。此时，代表团成员、著名外交家顾维钧提议说董必武就可以。他认为董必武"年事稍长，且通晓国际事务""是一个上了年纪、读过古书的人，为人和蔼可亲，但颇机敏……他似乎比李璜更擅长辞令"。最后，国民政府同意任命董必武为中国代表团的正式代表。

3月26日，国民政府公布了中国代表团名单：首席代表宋子文，代表顾维钧、王宠惠、李璜、吴贻芳、魏道明、胡适、张君劢、董必武、胡霖。4月6日，董必武及其随行人员从延安出发前往重庆，然后赴美。董必武此行的任务主要是争取外国朋友，提高我党的国际地位，并尽量争取留驻美国工作，以扩大中共在国际上的影响。12日，董必武偕章汉夫、陈家康乘飞机离开重庆，经印度、中东等地，辗转10天，21日到达纽约。24日，随中国代表团其他成员一起乘飞机抵达旧金山。长途跋涉近20天，这对60岁的董必武来说不

1945年4月6日，朱德等在延安机场欢送董必武（左五）赴美国旧金山参加联合国制宪会议。右一为叶剑英，右三为陈毅，右五为章汉夫，右六为林伯渠，右八为伍修权，左二为陈家康

能不说是一个挑战。

4月25日下午，联合国国际组织会议即成立大会在美国旧金山富丽堂皇的歌剧院开幕。董必武和中国代表团其他成员一起，出席了大会。这是中国共产党在国际政治舞台上的首次亮相，也是中国共产党高层领导人第一次以公开身份在美国活动。26日，会议进入各国首席代表演讲和拟定《联合国宪章》阶段。会议设立了四个专门委员会，董必武参加了第三委员会，和其他代表一起，认真研究各项提案，为制定联合国宪章而紧张地工作。

5月1日，中国代表团举行中外记者招待会，到会记者600余人。宋子文在回答记者提问前，介绍了各位代表，并郑重声明中国代表团代表各方面的意见，其中属于反对党的3人、属于无党派者3人，中国代表团团结一致，以共同努力使旧金山会议获得成功。之后，记者们争先恐后地提问，代表们一一作了回答。有记者提出让董必武站起来，看看他是否像有人说的那样，共产党人是带有危险色彩的人物。对国内外一些别有用心的人对共产党的造谣和诽谤，董必武早已司空见惯。只见他不卑不亢、笑容可掬地从座位上站起来，一派政治家又似学者的风度，博得全场掌声。为了更好地了解华侨的情况，向海外侨胞介绍、宣传中国共产党的方针政策和解放区的情况，董必武利用会议空隙，先后访问了旧金山市华侨居住区，参观了中华会馆、中华学校、东华医院等。6月5日，他在华侨宪政党、致公党举行的活动上发表长篇讲演《中国共产党的基本政策》，为海外侨胞了解、认识中国共产党及解放区提供了大量翔实的资料。

6月25日晚，50个国家的与会代表一致通过了《联合国宪章》。6月26日上午10时，在旧金山退伍军人纪念堂举行签字仪式。以五种会议正式语言印刷装订成的《联合国宪章》文本摆放在签字台上。每个代表团被护送到国旗排列成行的舞台上的圆桌旁，与会国全体代表按照英文字母的顺序先后在《联合国宪章》上签字。先由4个邀请国中、苏、英、美签字。中国代表团排在第一位，在首席代表顾维钧（宋子文已回国）的带领下，8位代表依次走上签字台。董必武代表中国共产党和解放区人民在宪章上签了字。当天，大会闭幕式后，历时 62 天的联合国国际组织会议圆满结束。

会后，董必武来到纽约，在美国继续停留 4 个多月，开辟了中国共产党走向世界的又一个重要战场。他广泛接触各方友好人士和海外侨胞，积极宣传中国共产党的政策主张。他还冲破国民党的新闻封锁，在美国筹划出版了用英文印刷的《中国解放区实录》，发行 5000 册，第一次向海外华侨、出席联合国会议的各国代表和各国人民，真实、系统、全面地介绍中国解放区在中国共产党领导下抗击日本帝国主义取得的光辉战绩和在各方面所取得的伟大成就。

董必武以不懈的努力，出色地完成了党和人民赋予的光荣而艰巨的任务后，于 1945 年 11 月 26 日回到重庆。

# 162

马克思主义中国化进程中的第一次历史性飞跃

## 第一次把毛泽东思想确立为全党的指导思想并庄严地写入七大党章

（1945 年 6 月）

1945 年 4 月 23 日至 6 月 11 日，党的七大在延安胜利召开。党的七大的一个重要贡献就是第一次明确地把毛泽东思想确立为全党的指导思想，并庄严地写入党章。它标志着马克思主义中国化的进程实现了第一次历史性飞跃，也标志着中国共产党在政治上、思想上和组织上达到了空前的团结、统一和成熟。

关于毛泽东思想的形成并被确立为党的指导思想的过程，我们不妨做一简要梳理。

在中国共产党创建和大革命时期，中国共产党人力求以马克思列宁主义为指导，探索中国革命的规律，在中国社会性质以及中国革命性质、任务、对象、动力等一系列基本问题上进行了理论思考和研究，并取得了一些理论成果。李大钊、毛泽东、周恩来、瞿秋白等党的早期领导人都是这方面的典型代表。毛泽东在这个时期发表了《中国社会各阶级的分析》《湖南农民运动考察报告》等文章，深刻阐述了中国革命的一系列重要问题，提出了新民主主义革命的基本思想，这些基本思想为毛泽东思想的初步形成奠定了基础。

土地革命战争前期，中国共产党在各地领导了一系列武装起义，但大都失败了。当时，党内盛行把马克思主义教条化，把共产国际决议和苏联经验神圣化的错误倾向，尤其是以王明为代表的"左"倾教条主义者完全照抄苏联经验，排斥和打击以毛泽东为代表的正确领导，结果使中国革命几乎陷入绝境。正是在这样的历史条件下，以毛泽东为主要代表的共产党人，坚决抵制共产国际和党内的教条主义错误，不断总结革命的经验教训，不仅在实践中开辟了一条不同于俄国十月革命的农村包围城市、武装夺取政权的中国革命新道路，而且从理论上阐述和论证了这条道路及与这条道路相关的一系列中国革命的基本问题。毛泽东在这一时期撰写的《中国的红色政权为什么能够存在》《关于纠正党内的错误思想》《反对本本主义》等文章，初步阐述了中国革命的一系列基本问题，体现了实事求是、群众路线、独立自主等基本思想和原则，标志着毛泽东思想的初步形成。

毛泽东思想是在土地革命战争后期和抗日战争时期得到系统总结和多方面展开并达到逐步成熟的。中共中央和中央红军到达陕北后有了一个相对安定的局势和相对稳定的生活工作环境，这为毛泽东更好地集中精力总结党的历史经验和对中国革命斗争进行深入的理论思考和理论概括提供了可能。尤其是抗日战争开始后，我们党面临着民族危机日益严重、抗日救亡运动不断高涨的局面，迫切需要对新的局势、新的变化做出符合实际的科学判断，制定出正确的路线、方针和策略。这些问题如果不能从理论上加以解决，中国革命就会面临新的危险。正是在这样的历史条件下，毛泽东义无反顾地承担起了在实践上和理论上指导中国革命的历史重任。在这一时期，他先后撰写了《论反对日本帝国主义的策略》《中国革命战争的战略问题》《实践论》《矛盾论》等一系列闪耀着马克思主义理论光辉的重要著作，深刻揭示了指导中国革命和革命战争的基本规律、基本战略和策略，阐明了党的思想路线、政治路钱、组织路线和军事路线。在 1938 年召开的党的六届六中全会上，毛泽东第一次向全党提出了"马克思主义中国化"的战略任务。之后，他相继发表了《〈共产党人〉发刊词》《中国革命和中国共产党》《新民主主义论》等重要著作。在这些著作中，毛泽东全面系统地总结了中国革命的历史进程和经验教训，阐述了新民主主义的政治纲领、经济纲领和文化纲领。抗日民族统

毛泽东在七大上致闭幕词——《愚公移山》。他向大会提交的《论联合政府》书面政治报告，详细阐明打败日本侵略者、建立新中国的路线、纲领和政策

一战线方针政策的确定和新民主主义革命理论的提出，标志着毛泽东思想已经得到系统总结并已日趋成熟。

毛泽东思想被全党所认同和接受也经历了一个过程。1942年年初，我们党开始了延安整风运动，这场运动的开展极大地推动了马克思列宁主义理论在全党的传播，有力批判和清算了"左"的和右的错误思想在党内的影响，使毛泽东的正确思想和理论在党内得到普遍接受和广泛认同。我们党的许多领导人和理论工作者不约而同地都在思考着如何用毛泽东同志的名字来命名马克思主义中国化的理论成果。1943年7月5日，王稼祥撰写的《中国共产党与中国民族解放的道路》一文首次提出了"毛泽东思想"这一科学概念；7月6日，刘少奇发表的《清算党内的孟什维主义思想》一文，明确提出了"毛泽东同志的思想"和"毛泽东同志的思想体系"命题。之后，"毛泽东思想"这一概念很快就得到了全党同志的接受和赞同。

党的会议首次提出"毛泽东思想"这一概念是在1945年4月20日召开的六届七中全会上。这次会议通过的《关于若干历史问题的决议》明确指出："党在奋斗的过程中产生了自己的领袖毛泽东同志，形成了中国化的马克思列宁主义的思想体系——毛泽东思想。"

在党的七大上，刘少奇代表党中央作了《关于修改党章的报告》，他在报告中对毛泽东思想的科学内涵和基本内容进行了全面系统的概括，明确提出了毛泽东思想"就是马克思列宁主义的理论与中国革命的实践之统一的思想"的论断。七大党章在"总纲"中明确规定：中国共产党，以马克思列宁主义的理论与中国革命的实践之统一的思想——毛泽东思想作为自己一切工作的方针。党的七大把毛泽东思想确立为指导思想，标志着马克思列宁主义同中国实际相结合形成了第一次大的历史性飞跃。从此，毛泽东思想便成为中国共产党和全国人民的一面旗帜，指导中国革命与建设事业不断从胜利走向胜利。

# 163

中国共产党第一个历史决议

## 《关于若干历史问题的决议》

（1945 年 8 月 9 日通过）

　　中国共产党在幼年时期曾受"左"倾或右倾思想的统治和影响，遵义会议虽然结束了"左"倾错误的统治地位，但一段时期内并没有作思想上系统的彻底清算。1938 年，党的六届六中全会肯定了抗战以来毛泽东一直坚持的正确主张，批准了以毛泽东为代表的中央政治局的政治路线。但在党内，广大党员干部也仍然没有认清"左"倾教条主义的危害和实质。怎样端正全党思想，正确看待党的历史上的路线是非问题，迫切地摆在中共中央面前。

　　为帮助全党尤其是高级干部认清"左"倾教条主义的危害，自 1940 年下半年开始，毛泽东亲自主持收集、编辑和研究中国共产党六大以来的主要文献，形成了历史文献集《六大以来》。1940 年 12 月 4 日，在中共中央政治局会议上，毛泽东第一次比较集中地谈到党的历史上的右倾和"左"倾错误。他强调指出，大革命末期的右的错误和苏维埃后期的许多"左"的错误，是由于马列主义没有和实际联系起来。总结过去的经验教训，对于犯了错误和没有犯错误的人都是一种教育。但在这次会议上，仍然有人不同意苏维埃后期的错误是路线错误。

　　为了统一干部思想，1941 年 9 月 10 日至 10 月 22 日，中共中央召开政治局扩大会议（又称"九月会议"）。会前，根据毛泽东的提议，中共中央先后发出王稼祥起草的《关于增强党性的决定》和毛泽东起草的《关于调查研究的决定》。中央还把《六大以来》发给大家，要求大家认真阅读，结合实际进行比较分析。这一系列措施，特别是对《六大以来》的阅读和研究，使广大干部加深了对"左"倾教条主义危害的认识，为全党的整风以及对历史问题作出决议打下了重要基础。会议期间，毛泽东就苏维埃运动后期的错误起草了一份书面结论草案——《关于四中全会以来中央领导路线结论草案》。

九月会议后，毛泽东集中力量领导高级干部的整风学习。1943年，经过一年多普遍的整风运动之后，全党的马克思列宁主义理论水平空前提高。系统总结党的历史经验，从思想路线的高度对党的历次错误根源进行系统清算，并在此基础上统一全党思想的历史条件已经成熟。1943年下半年，中共中央连续召开政治局会议，对十年内战时期和抗战初期王明的错误路线进行严肃批评。许多中央领导人在会上回顾党的历史，并认真地作了自我批评。毛泽东作总结时说：这次要避免党的历史上的错误的斗争方法，"过去党内斗争没有解决思想问题""现在的斗争还是继续整风的精神，惩前毖后，治病救人""我们的目的是要揭发路线错误，又要保护同志，不要离开这个方向"。

1944年4月12日，毛泽东在讲话中再次强调："处理历史问题，不应着重于一些个别同志的责任方面，而应着重于当时环境的分析，当时错误的内容，当时错误的社会根源、历史根源和思想根源，实行惩前毖后、治病救人的方针，借以达到既要弄清思想又要团结同志这样两个目的。对于人的处理问题取慎重态度，既不含糊敷衍，又不损害同志，这是我们党兴旺发达的标志之一。"

毛泽东的这一系列讲话，对于巩固全党团结起了重要作用。在全党团结、统一的气氛下，起草历史问题决议的时机也就成熟了。1944年5月10日，中央书记处会议决定成立党内历史问题决议准备委员会，任弼时为召集人。5月，任弼时写成了决议草案稿，题目是《检讨关于四中全会到遵义会议期间中央领导路线问题的决议（草案）》。它是以1941年秋天毛泽东起草的《关于四中全会以来中央领导路线问题结论草案》为基础，同时反映了其后各次会议取得的新认识。1945年春，毛泽东将题目确定为《关于若干历史问题的决议》。在决议起草的过程中，党的高级干部进行了多次讨论，提出许多重要的修改

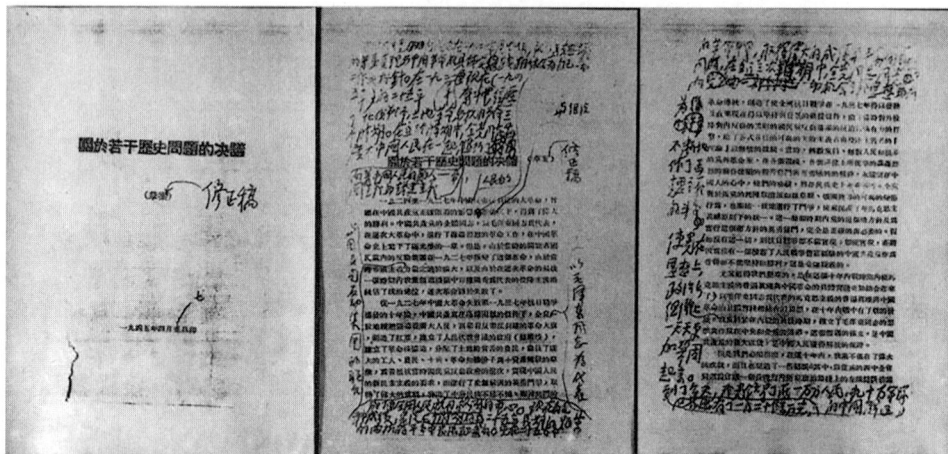

《关于若干历史问题的决议》的修改稿（部分）

意见，其中很多意见被吸收到决议中去了。

1945年4月20日，任弼时主持召开扩大的六届七中全会。会议最重要的一个议题就是讨论通过《关于若干历史问题的决议》。由于会前毛泽东、任弼时等做了大量细致的准备工作，所以会议进行得很顺利。毛泽东在会上作了长篇发言。他说："《决议》不但是领导机关内部的，而且是全党性质的，与全国人民有关系的，对全党和全国人民负责任的。党是政治团体，不是家族或职业团体，都是来自五湖四海，因为政见相同而结合起来的。政见不同就要有争论，争论时分清界限是必要的，但今后要少戴帽子为好。凡是过去政治上犯过错误的同志，现在都改正了，都要如《决议》所说的像一个和睦的家庭一样。《决议》把许多好事都挂在我的帐上，我的错误缺点没有挂上，不是我没有而是没有挂，为了党的利益没有写上。"这次会议一致决定：原则上通过《关于若干历史问题的决议》，个别意见委托给七大以后的中央去采纳修改。这个决议在1945年8月9日召开的七届一中全会二次会议上获得一致通过。

《关于若干历史问题的决议》总结了党的历史经验，特别是对六届四中全会至遵义会议期间中央的领导路线问题作出正式结论，真正肃清了以王明为代表的"左"倾教条主义错误思想的影响。《决议》原则上通过后，整风运动胜利结束，全党在毛泽东思想的旗帜下空前团结起来，它的意义是十分深远的。

中国共产党领导建立的第一个省级少数民族自治区

# 内蒙古自治区

### （1947 年 5 月 1 日成立）

民族问题在中国的革命过程中占据着十分重要的地位。在中国共产党开辟内蒙古的工作之前，内蒙古各族人民处于国民党大汉族主义、本民族封建王公贵族的压迫以及外国列强的殖民统治之下，内蒙古草原上充斥着贫穷、落后，满目凄凉。抗战期间，中国共产党以马克思列宁主义为指导，紧密结合中国的实际，系统研究了国内民族问题，并在伊克昭盟城川（今鄂托克前旗城川镇）和陕北定边等地进行建立民族自治区的探索实践，逐步形成了实行民族区域自治的思想。中共中央一直高度重视对少数民族党员干部的培养。从 1923 年开始，既发展了荣耀先、多松年、乌兰夫等内蒙古地区的第一批共产党员，又成立了由蒙古族党员组成的第一个少数民族党支部，并于 1941 年 9 月在陕北公学民族部基础上成立延安民族学院，为日后内蒙古自治政府的诞生提供了强有力的"人才保障"。

1945 年 8 月，苏蒙两国对日宣战，解放了内蒙古中东部大部分地区，八路军解放了包头以东地区，形成了与冀热辽、晋察冀、晋绥和陕甘宁相连的大片解放区。从全国革命的战略考虑，党中央决定在东北和华北的力量占据了很大优势的基础上继续扩大东北、华北解放区，建立巩固的东北根据地。因内蒙古正处在两大解放区的后方，解决好内蒙古问题，在全国革命中具有十分重要的战略意义。

当时，在内蒙古中部、东部地区分别掀起了以"内外蒙合并""独立""高度自治"为内容的民族运动。一些蒙古族上层人士和进步青年分别在苏尼特右旗成立"内蒙古人民共和国临时政府"，在王爷庙（今乌兰浩特市）建立了"东蒙古人民自治政府"，在海拉尔建立了"呼伦贝尔自治政府"。同时，国民党在其占领的盟旗地方搞所谓的"蒙旗复员"活动和恢复伪满时期已废除的封建王公制度，对此，1945 年 10 月 23 日，中共中央向晋察冀中央局发出《关于内蒙工作方针》指示电，确定"对内蒙的基本方针，在目前是实行区域自治"。晋察冀中央局根据中央部署成立内蒙古自治运动联合会，由乌兰夫负责。

1945 年 11 月 26 日，内蒙古自治运动联合会成立大会在张家口（今属河北）隆重召开。大会向全国发表《内蒙古自治运动联合公报》，宣告内蒙古自治运动联合会的成立，特别强调"内蒙古人民彻底解放，只有在中国共产党的领导下才能实现"。

联合会成立几个月后，东蒙古人民自治政府领导人来到热河省承德（今属河北），与内蒙古自治运动联合会代表乌兰夫等召开了内蒙古自治运动统一预备会议。经过反复耐心的沟通协商，双方最终在自治运动的方向、道路和领导权等重大问题上达成一致。

1946 年 4 月 3 日，内蒙古自治运动联合会和东蒙古人民自治政府各 7 名代表在承德举行正式的统一会议。会议从理论上、思想上解决了内蒙古自治运动的方向、"道路"问题，确定了中国共产党对自治运动的领导地位，进一步统一、明确了中国共产党对内蒙古自治运动的方针、政策等。

在中共中央东北局提出的建立内蒙古自治政府的建议经中共中央同意后，1947 年 3 月，东北局在哈尔滨主持召开内蒙古自治运动联合会领导人和兴安省（位于今黑龙江省西部，1947 年并入内蒙古自治区）领导成员会议。会议讨论起草了自治政府的施政纲领和暂行组织大纲，拟定了自治政府领导人选。在中共中央的决策和具体部署下，经过乌兰夫等同志艰苦卓绝地努力，仅仅不到两年的时间，内蒙古各阶层就实现了思想上、组织上的统一。

1947 年 4 月 23 日，内蒙古人民代表会议在王爷庙召开。5 月 1 日，选举产生了以乌兰夫为主席的内蒙古自治区人民政府，中国共产党领导的我国第一个省级少数民族自治区诞生。5月19日，毛泽东、朱德给内蒙古人民代表会议发了贺电。内蒙古自治区的成立，是中国共产党人将马克思主义与中国民族实际相结合的一个伟大创举，是内蒙古各族人民作出的符合各民族利益、符合中华民族根本利益的正确抉择，为我国实行民族区域自治制度提供了实践范例，标志着一个符合我国实际的解决民族问题的崭新制度诞生，为新中国解决民族问题开辟了一条正确道路。

1947年5月1日，内蒙古自治区人民政府成立。图为内蒙古自治区人民政府印章

# 165

第一个全国性彻底消灭封建土地剥削制度的纲领性文件

## 《中国土地法大纲》

（1947 年 10 月 10 日颁布）

"最后一把米，用来做军粮；最后一尺布，用来做军装；最后的老棉被，盖在担架上；最后的亲骨肉，含泪送战场。"三大战役期间，各解放区人民正是唱着这样的歌谣，利用肩挑、车拉、小车推送等各种形式为前线运送粮食和物资，其规模之巨大，动员人力物力之众多，为古今中外战争史上所罕见。淮海战役胜利后，华东野战军司令员陈毅曾深情地说："淮海战役的胜利，是人民群众用小车推出来的。"

解放区人民拥护共产党、支持解放军的热情为何如此高涨呢？一个非常重要的原因就是《中国土地法大纲》的颁布实行，它满足了农民的土地需求，极大地调动了农民的积极性。

在解放战争前夕，毛泽东对国共两党有着清醒的认识，他指出：国民党统治地区人多，有大城市，有外国帮助，他大我小。但是，他有一大弱点，即不能解决土地问题，民不聊生。我们只有依靠人民同他们作斗争。如能在一万万几千万人口中解决了土地问题，即可长期支持斗争，不觉疲倦。

基于党中央和毛泽东这种正确判断和认识，1946 年 5 月 4 日，中共中央召开会议讨论土地问题。会议原则上通过《中共中央关于土地问题的指示》（又称《五四指示》）。《五四指示》决定将党在抗日战争时期实行的减租减息的土地政策改变为实现"耕者有其田"的政策。随后，各解放区广泛开展了土地改革运动。经过一年多的斗争，解放区约有 2/3 的地区基本解决了土地问题，取得很大成绩。但是，还有 1/3 的解放区没有进行土地制度改革，已进行土改的地方，有的也不够彻底。

1947 年 4 月，在《五四指示》发出近一年的时候，刘少奇率领中央工委途经山西，一路上看到晋西北人民依然生活在贫困和艰难之中，内心深受触动。刘少奇认为，如果不改变这种状况，会引起群众对共产党的不信任，难以支持长期战争。他开始思考要采取更为彻底的土地改革政策，从而更大力度地去解决农民的赤贫问题。为了总结前一段土改工作的经验，推动解放区土改工作的开展，在经中共中央批准后，5 月 31 日，刘少奇和朱德联名向各中央局发出召开全国土地会议的通知。

1947 年 7 月 17 日，全国土地会议在河北省平山县西柏坡村西边的一条山沟中比较平坦的空地上开幕。会议由中央工委书记刘少奇主持，参加会议的有中央工委和全国各解放区主要领导人，华北地区大多数地委和晋察冀野战军每个旅都派出一名代表，共 107 人。会议主席台是在空地正中搭个白布棚子，左右有两排长桌供主席团和记录人员用，各地代表就坐在石头上听报告。这时正值炎夏，每次会议早晨 5 点半准时开，到 10 点或 11 点止，共 5 个半小时左右。会议历时近两个月。在战争时期，能集合各地这么多代表，以这么长时间讨论土地问题，在中国共产党历史上是从来没有过的。

全国土地会议的中心议题是要彻底消灭封建土地制度。会议的进程大体上分为两个阶段。从会议开始到 8 月底是第一阶段，主要是由各解放区代表汇报土地改革的情况，总结交流经验，开展批评和自我批评，检查存在的问题；第二阶段，从 8 月底到 9 月 13 日，主要是讨论土地改革的政策，制定《中国土地法大纲（草案）》，并研究了结合土改进行整党的问题。《中国土地法大纲（草案）》经中共中央批准后，在 1947 年 10 月 10 日颁布实行。这是继《五四指示》之后，中国共产党颁布的又一个土地制度改革的纲领性文件。它为在全国彻底消灭封建剥削的土地制度提供了一个基本纲领。与《五四指示》相比，《中国土地法大纲》更为彻底。它不但肯定和发展了《五四指示》提出

冀中农民集会庆祝《中国土地法大纲》公布

的将地主土地分配给农民的原则，而且改正了其中对地主照顾过多的不彻底性，把中国资产阶级政党曾经喊了几十年的"平均地权"和"耕者有其田"的口号，变成了现实。

《中国土地法大纲》公开树立起一面彻底消灭封建剥削制度的伟大旗帜，对广大农民群众有着强大的感召力。经过各级领导的层层传达，到11—12月，各解放区掀起了轰轰烈烈的土改运动，彻底摧毁了延续几千年的封建土地制度，使各阶层占有的土地大体平均，广大群众参军支前的积极性空前高涨。美国友人韩丁在经过实地考察后评论说："新发布的《中国土地法大纲》在1946年至1950年中国内战期间的作用，恰如林肯的《黑奴解放宣言》在1861年至1865年美国南北战争期间的作用。"

# 中国共产党领导的中国人民政治协商
# 会议第一届全体会议

## （1949 年 9 月）

"70 年前，在新中国的曙光喷薄而出之际，中国共产党顺应大势、团结各方，开启了协商建国、共创伟业的新纪元。"2019 年 9 月 20 日，习近平总书记在中央政协工作会议暨庆祝中国人民政治协商会议成立 70 周年大会上的讲话中深情地回顾说。1949 年 9 月，中国人民政治协商会议第一届全体会议的隆重召开，标志着人民政协正式成立，标志着中国共产党领导的多党合作和政治协商制度的建立。

建立一个新中国，是中国人民多少年来梦寐以求的理想。但在很长时间内，由于反动力量远远大于人民革命力量，这种目标还只是个美好的远景。随着解放战争走向全面胜利，建立人民当家作主的全国政权、带领全国各族人民建设新生活的历史重任摆到了中国共产党面前。中国共产党深刻认识到，要完成这一重任就必须最大限度扩大政治联盟，团结一切可以团结的力量。在中共中央和毛泽东的正确领导下，中国共产党同各民主党派和无党派人士、各人民团体和各族各界人士建立了广泛的统一战线，为夺取新民主主义革命胜利提供了重要力量支持。

1948 年 4 月 30 日，中共中央发布"五一口号"，提出"各民主党派、各人民团体、各社会贤达迅速召开政治协商会议，讨论并实现召集人民代表大会，成立民主联合政府"。这一正确的主张立即得到各民主党派和无党派人士、各人民团体和各族各界人士的积极响应和拥护。"五一口号"的发布成为创立人民政协、建立新中国的动员令。

从 1948 年 8 月起，根据毛泽东的指示，在周恩来的周密安排下，原在国民党统治区的各民主党派、爱国民主人士和海外华侨代表，陆续进入东北和华北解放区。北平解放后，已到解放区的各民主党派及爱国民主人士又会合到北平。同时，各种全国性的人民团体也相继建立，把社会各界群众进一步组织起来，为召开新的政治协商会议作了重要的组织准备。这样，不仅工农基本群众，就连原国民党统治区的城市小资产阶级、民族资产阶级、开明绅士以及其他爱国民主人士，都已团结在中国共产党的周围，使新的政治协商会议的召开有了广泛的社会基础。

毛泽东从西柏坡来到北平后，广泛地同各界代表人士接触，和他们共商建国大计。毛泽东要民主党派"积极参政，共同建设新中国"，这将是新中国政治生活中的一件大事，具有深刻的政治意义。时任中共中央统战部部长李维汉说：关于民主党派参加新政协并将担任中央人民政府各项职务，"所有这些，标志着民主党派地位的根本变化。他们不再是旧中国反动政权下的在野党，而成为新中国人民民主专政的参加者，在中国共产党的领导下，和共产党一道担负起管理国家和建设国家的历史重任。从此，各民主党派走上了新的历史道路"。

1949 年 6 月 15 日至 19 日，新政协筹备会议第一次全体会议在北平中南海勤政殿召开。参加会议的有中国共产党和各民主党派、无党派民主人士及各人民团体等 23 个单位的代表共 134 人。会议一致通过了《新政治协商会议筹备会组织条例》《关于参加新政治协商会议的单位及其代表名额的规定》，选出了以毛泽东为主任的筹备会常务委员会。新政协筹备会在常务委员会之下，设立了六个小组，分别完成拟定参加新政协的单位及其代表名额、起草新政协组织条例等各项任务。

这期间，毛泽东就新政协所要讨论的各项问题，继续同各民主党派领导人和其他爱国民主人士进行交谈。他的卫士长李银桥回忆说："毛泽东对这些民主人士很尊敬，十分亲切有礼，一听说哪位老先生到了，马上出门到汽车跟前迎接，亲自搀扶下车、上台阶。一些民主人士见到毛泽东总要先竖起大拇指，连声夸耀'毛主席伟大'。对于这种情况，毛泽东十分不安。一次，毛泽东出门迎接李济深，李老先生一见面就夸毛泽东了不起，毛泽东扶他进门坐下后说：'李老先生，我们都是老朋友了，互相都了解，不要多夸奖，那样我们就不好相处了。'"宋庆龄到北平时，"毛泽东、朱德、周恩来、刘少奇等党中央领导人早已在前门车站站台上迎候她。当晚，毛泽东设宴为宋庆龄洗尘，热烈欢迎她前来共商国家大事"。程潜到北平时，当时负责摄影的徐肖冰回忆："当程潜走下火车后，毛主席快步迎上去，紧紧握住他的双手。就在握手的刹那间，程潜的泪水流了下来，激动得说不出话来。还是毛主席先开了口，风趣地说：多年未见，您历尽艰辛，还很康健，洪福不小啊！这次接你这位老上司来，请你参加政协，共商国家大事。"接着，毛泽东把程潜扶进车里，两个人同乘一辆车，来到中南海……

经过三个月的紧张准备，新政协筹备会于 9 月 17 日召开第二次全体会议。毛泽东和委员 126 人到会。会议原则通过常委会提出的《中国人民政治协商会议组织法（草案）》《中国人民政治协商会议共同纲领（草案）》《中华人民共和国中央人民政府组织法（草案）》，同意将起草大会宣言和拟制中华人民共和国国旗、国徽、国歌两项工作移交给政协第一次全体会议，并向大会

1949 年 9 月 19 日，毛泽东邀请部分国民党起义将领和民主人士游览天坛。前排右二为李明扬、右三为程潜、右五为张元济、右六为陈明仁；后排右三为李明灏、右四为程星龄

主席团提出报告的提议；通过常委会提出的大会主席团及秘书长名单。会议决定，将新的政治协商会议正式定名为中国人民政治协商会议。

1949年9月21日下午7时，中国人民政治协商会议第一届全体会议在中南海怀仁堂隆重举行。参加这次会议的有中国共产党、各民主党派、各人民团体、无党派人士、各解放区及待解放地区民主人士、中国人民解放军、少数民族、华侨民主人士、宗教界民主人士的代表以及特别邀请人士，代表总数662人。会议具有代表全国人民的性质，执行全国人民代表大会的职权，决定关于成立中华人民共和国的一切事宜。大会在欢快的《中国人民解放军进行曲》和场外鸣放54响礼炮声中隆重开幕，全体代表起立，热烈鼓掌达5分钟之久。这是一个具有历史意义的庄严时刻！毛泽东在开幕词中宣布："我们的工作将写在人类的历史上，它将表明：占人类总数四分之一的中国人从此站立起来了……"各民主党派、各界代表88人在会上发了言。

9月27日，政协第一届全体会议一致通过了《中国人民政治协商会议组织法》，从组织上确立了中国共产党领导的多党合作和政治协商制度；一致通过了《中华人民共和国中央人民政府组织法》及四项决议案：中华人民共和国的国都定于北平，自即日起改名北平为北京；中华人民共和国的纪年采用公元；中华人民共和国的国歌未正式确定前，以《义勇军进行曲》为国歌；中华人民共和国的国旗为五星红旗，象征中国革命人民的大团结。

9月29日，政协第一届全体会议一致通过了《中国人民政治协商会议共同纲领》，《共同纲领》包括序言和总纲、政协机关、军事制度、经济政策、文化教育政策、民族政策、外交政策7章。规定：中华人民共和国实行工人阶级领导的、以工农联盟为基础的、团结各民主阶级和国内各民族的人民民主专政；中华人民共和国的国家政权属于人民，国家最高政权机关为全国人民代表大会。这是一部人民革命建国纲领，具有临时宪法的性质。

9月30日，根据29日大会通过的选举规定，全体会议选举出毛泽东、周恩来、李济深等180人组成的中国人民政治协商会议全国委员会。选举出中央人民政府委员会，毛泽东为中央人民政府主席，朱德、刘少奇、宋庆龄、李济深、张澜、高岗为副主席，周恩来等 56 人为中央人民政府委员。大会通过由毛泽东起草的《中国人民政治协商会议第一届全体会议宣言》，向世界宣布："中华人民共和国现在宣告成立。"

中华人民共和国在第二天就要诞生了。这是 100 多年来无数仁人志士前仆后继、流血奋斗所换来的。当夜幕将要降临时，毛泽东和政协全体代表一起来到天安门广场，为人民英雄纪念碑举行隆重的奠基典礼。毛泽东宣读了由他撰写的碑文。

1949 年 10 月 1 日，在天安门广场隆重举行的庆祝中华人民共和国中央人民政府成立的盛典上，毛泽东庄严宣告：中华人民共和国中央人民政府成立了。中国历史从此进入一个人民群众当家作主的新时代，中华民族的发展从此开启了新的历史纪元。

# 167

## 第一次设立党的纪律检查委员会

（1949 年 11 月）

党的纪律检查机构始建于大革命时期。四一二反革命政变前后，面对国民党高官厚禄的诱惑和凶暴残忍的屠杀，某些党员经不住考验，出现了蜕化变质甚至叛党投敌的问题。在大革命生死存亡的紧急关头，为严明党的纪律，纯洁党的组织，1927 年党的五大选举产生中央监察委员会，这是党最早设立的纪律检查机构，由正式委员 7 人、候补委员 3 人组成。根据党的五大精神通过的《中国共产党第三次修正章程决案》专门规定："为巩固党的一致及权威起见，在全国代表大会及省代表大会选举中央及省监察委员会。"该委员会的建立，标志着党内监察体制的初步形成。

1928 年，党的六大取消监察委员会，设立中央审查委员会，更强调了对党内财务和机关工作的监督，对于党员违纪问题的处理，则由党员大会或各级党部行使。

党的六大后，由于受严酷战争环境的影响，全国性的党代会长期中断，但这一时期，党的纪检事业仍然在艰难发展。1931 年 6 月，中共中央成立特别工作委员会，负责处理党内违纪行为，但其只是党委下属的临时组织，且是预审机构，于 1933 年 1 月被撤销。1934 年 1 月，六届五中全会成立中央党务委员会，履行党的纪律检查职能，担负执行党纪和加强党纪教育的任务。但由于处在战争环境中，此委员会基本上未能发挥应有作用。

1945 年，七大党章取消了六大党章中"审查委员会"一章，新设"党的监督机关"一章，共 4 条，对各级监察委员会机构设置、任务、职权、领导体制作出明确规定。尽管迫于形势，七大没有产生监察机关，但七大党章的相关内容为中华人民共和国成立后中央纪律检查委员会的建立奠定了思想基础。

中华人民共和国成立后，中国共产党自身建设面临新的考验。在进入繁华城市、执掌全国政权的历史条件下，党如何继续保持同人民群众的血肉联系，继续保持谦虚、谨慎、不骄不躁和艰苦奋斗的优良作风，成为要由实践作出回答的重要课题。为此，1949 年 11 月，中共中央作出成立中央及各级党的纪律检查委员会的决定，成立了由朱德任书记的中央纪律检查委员会。中央纪律检查委员会在中央政治局领导之下进行工作，是党中央维护党纪的工作机构，各级纪委隶属同级党委领导。历经风雨的朱德深知加强党的纪律建设的重要性，主持创建了中央纪委的办事机构，制定工作细则，选调优秀干部，为党的纪律检查工

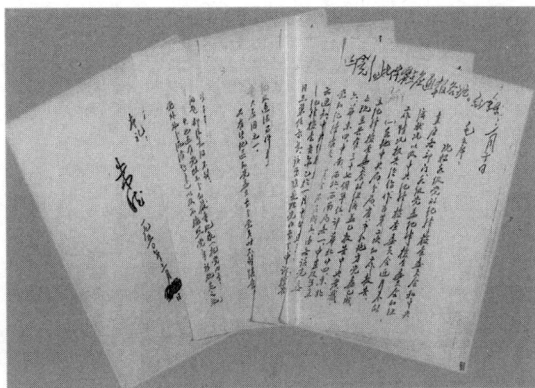

1950 年 3 月中央纪律检查委员会书记朱德就中央及各级纪委组织状况及工作情况给毛泽东的信

作作出了奠基性的贡献。到 1950 年年底，全国大部分地、县级以上党委均建立了纪律检查委员会。中央纪律检查委员会和各级纪检机构的设立，使得执政后的中国共产党处理党组织和党员违犯党章、党纪的工作有了专门负责机构，从制度上加强了党的组织建设和纪律建设。

为了把工作做好，朱德要求每个担任纪律检查工作的同志，要认识到这项工作的重要性，自己要正派，要奉公守法、以身作则，使自己成为遵守纪律、服从组织、团结群众的模范。在随后开展的"三反"运动中，一些典型的贪污案件被揭发出来，公之于众，很快在全国形成高潮。其中，查办刘青

山和张子善的案件，有效地震慑了党内腐败分子，维护了经济秩序，为国民经济的恢复和发展，为社会主义改造的有序推进创造了有利条件。这些案件的查办，党的纪律检查委员会发挥了应有的作用。

70多年来，党的各级纪律检查机关在中央和各级党委的领导下，为维护党内法规、严肃党的纪律、保证党的基本路线和各项方针政策的贯彻执行，做了大量工作。特别是党的十八大以来，中央纪律检查委员会和各级纪检监察机关聚焦党风廉政建设和反腐败斗争，严明党的纪律特别是政治纪律和政治规矩，坚持"老虎""苍蝇"一起打，赢得了全党和全国广大人民群众的大力支持与坚决拥护。

# 168

## 最高领导人第一次出访

# 毛泽东访苏

## （1949 年 12 月—1950 年 2 月）

新中国成立后，刚刚诞生的中华人民共和国，既面临着帝国主义封锁和可能的武装干涉，又面临着恢复国内经济的艰巨任务。在这种情形下，同强大的社会主义国家苏联建立友好与合作关系，显得格外重要。所以，毛泽东在中华人民共和国成立后仅仅两个月即决定借斯大林 70 诞辰之机出访苏联，就发展和加强两国关系，解决两国关系中的一些重要问题，同斯大林直接会商。

1949 年 12 月 6 日，毛泽东登上北上的专列，前往莫斯科。这是他生平第一次走出中国故土，出国访问。经过漫漫旅程，12 月 16 日中午，到达莫斯科雅罗斯拉夫车站。由于天气特别寒冷，苏联政府在车站举行了简短的欢迎仪式。毛泽东发表书面演说后，前往斯大林在苏联卫国战争期间莫斯科郊外的别墅下榻。

当晚，毛泽东前往克里姆林宫拜会斯大林。这是毛泽东第一次同斯大林见面。会见安排在斯大林办公室的小会客厅里。18 时整，门厅敞开。斯大林站起身来，离开办公桌走过来。毛泽东快步走上前去，同斯大林热烈握手。两人互相问候致意。斯大林说，毛泽东比他想象中的更年轻、更健壮，他对中国革命取得的伟大胜利表示祝贺。会谈在轻松愉快的气氛中进行，会谈内容已经涉及若干实质性的问题。

1949 年 12 月 16 日至 1950 年 2 月 17 日，毛泽东访问苏联。图为 12 月 21 日，毛泽东与斯大林在庆祝斯大林 70 寿辰宴会上

12 月 21 日，毛泽东应邀出席庆祝斯大林 70 寿辰大会。大会气氛热烈。苏联方面特意安排中国代表团在 13 个外国代表团中首先致辞。毛泽东的祝词受到热烈欢迎，三次全场起立，长时间鼓掌。

毛泽东虽然受到了高规格的接待，对实质问题苏方却避而不谈。毛泽东有些着急，祝寿大会的第二天，便找苏方联络员柯瓦廖夫来住处谈话，并要他把这次谈话的记录转交斯大林。其中提到：希望在 12 月 23 日或 24 日举行预定的会见；打算下一步谈判解决以下问题：中苏条约、贷款协定、贸易协定、航空协定等；拟请周恩来前来莫斯科完成协定签字手续。

12 月 24 日，毛泽东与斯大林举行第二次会谈。会谈的主要内容是国际共产主义运动的有关问题，斯大林只字不提中苏条约。毛泽东感到十分失望，因为他这次访苏的主要目的是处理 1945 年国民党政府同苏联政府签订的《中苏友好同盟条约》。这个条约是《雅尔塔协定》的产物，而《雅尔塔协定》是苏、美、英三国背着中国签订的，严重地损害了中国的主权和利益。随后几天，参加庆祝斯大林 70 寿辰的各国代表团纷纷离开莫斯科回国，唯独毛泽东留了下来。斯大林只是每天让人电话问候毛泽东，却始终不提签约之事，这使毛泽东有些恼火。

这时，缅甸政府正要求同中华人民共和国建立外交关系，印度继缅甸之后也于 12 月 30 日承认了新中国。英国也想承认新中国。同时，西方国家制造了意在挑拨中苏关系的谣言。这几个因素促使斯大林认真对待毛泽东和中国政府的要求，下决心签订新约、废除旧约并同意周恩来到莫斯科。自此，中苏谈判进入一个新的阶段。

1950 年 1 月 9 日，遵照毛泽东有关中苏条约谈判的部署和党中央、政务院的决定，周恩来率领政府代表团赴苏。1 月 20 日，周恩来一到莫斯科，就在毛泽东主持下紧张地做会谈准备工作。

1 月 22 日，毛泽东、周恩来同斯大林等举行会谈，这是毛泽东与斯大林的第三次会谈。这次会谈主要讨论中苏条约问题、中国长春铁路问题、旅顺口问题、大连问题。会谈进行了两个小时，双方在主要问题上达成一致，为以后的会谈奠定了基础。从 1 月 23 日起，在毛泽东的指导下，周恩来等开始就条约和协定的内容与苏方进行具体会谈。经过几轮协商，双方达成共识。2 月 14 日，在克里姆林宫隆重举行《中苏友好同盟互助条约》签字仪式。周恩来和维辛斯基分别代表本国政府在《中苏友好同盟互助条约》《关于中国长春铁路、旅顺口及大连的协定》《关于苏联贷款给中华人民共和国的协定》上签字。斯大林等苏联党和政府主要领导人，以及毛泽东率领的中国党政代表团的主要成员都参加了签字仪式。仪式结束后，斯大林举行招待宴会，庆祝两国缔约。毛泽东又邀请斯大林出席第二天在中国大使馆举行的答谢宴会。斯大林是从不到克里姆林宫外出席宴会的，这一次破例接受邀请，表示对毛泽东的尊重。

毛泽东完成了一项历史性的任务，于 2 月 17 日结束访苏之行，同周恩来等登上回国的专列。他在沿途参观了一些苏联城市和工厂。从苏联的建设中，毛泽东看到了中国的未来，看到了中国的希望。专列进入中国境内，毛泽东等又到哈尔滨、长春、沈阳视察。3月4日回到北京。至此，毛泽东第一次访苏圆满结束。

《中苏友好同盟互助条约》是新中国成立后与外国政府签订的第一个建立在平等基础上的条约。这对于巩固新生的中华人民共和国政权，为新中国迅速恢复国民经济，迎接大规模经济建设的新时期创造了前所未有的良好外部条件。同时，在国际上产生了重大影响，引起了有利于社会主义与和平力量的变化。

# 169

第一次提出"知识分子是工人阶级的一部分"

## 知识分子问题会议

### （1956 年 1 月）

中国共产党创建时的成员基本上都是知识分子，但这是一群初步掌握马克思主义的知识分子。中国共产党一成立，这些知识分子的第一项工作就是组织工会，加强党对工人运动的领导；从党的建设来说，就是加强党的阶级基础。越来越多的知识分子接受马克思主义思想，越来越多的产业工人提高阶级觉悟，这两个趋势的发展，就使先进知识分子同工人阶级相结合的政治力量越来越壮大，形成中国工人运动迭起的高潮，形成第一次大革命的高潮。

大革命失败以后，中国革命主要转入农村。中国民主革命的主力军是农民，中国革命的独特的道路是在农村建立根据地，以农村包围城市，最后夺取城市。这条道路是中国共产党代表中国工人阶级开辟和领导的。在这条道路上，如同有许多农民加入中国共产党一样，也有许多知识分子加入中国共产党，锻炼成为工人阶级先锋队的一部分。

中国革命取得全国胜利前夕，在七届二中全会上，毛泽东指出，在城市工作中，必须全心全意地依靠工人阶级。工会工作摆在党和国家的重要议事日程上。1950 年 6 月通过的《中华人民共和国工会法》明文规定："凡在中国境内一切企业、机关和学校中以工资收入为其生活资料之全部或主要来源之体力与脑力的雇佣劳动者及无固定雇主的雇佣劳动者，均有组织工会之权。"而在说到"各产业工会"的地方，特别注明"包括文化教育工作者工会、公务人员工会等"。这样，按照法律规定，科学技术劳动者、文化教育劳动者、管理劳动者（职员）等都属于广义的工人阶级范畴。1951年9月29日，周恩来在作题为《关于知识分子的改造问题》的讲话中，还现身说法，"先从自己讲起"。他说："我总算是知识分子出身的，对知识分子的改造有一些体会，联系自己来谈这个问题，可能对大家有一点参考作用，总不至于成为一种空谈吧！"周恩来的这篇讲话在中国知识界激起了热烈反响。

从党的历史发展可以看出，全心全意依靠工人阶级，包括依靠作为工人阶级一部分的知识分子，是中国共产党的优良传统，也是中国工会的优良传统。1956年1月14日至20日，在北京召开了关于知识分子问题会议。毛泽东在会上作了重要讲话。他号召全党努力学习科学知识，同党外知识分子团结一致，为迅速赶上世界科学先进水平而奋斗。周恩来作了《关于知识分子问题的报告》，进一步论述了新中国成立以来"知识界的面貌已经发生根本的变化"，知识分子的绝大部分"已经成为国家工作人员，已经为社会主义服务，已经是工人阶级的一部分"。报告把全面解决知识分子问题和大力发展科学技术的极端重要性，鲜明地、尖锐地向全党全国集中地提了出来，具有重大的意义和深远的影响。

1956年1月20日，毛泽东在关于知识分子问题会议上发表讲话，号召为迅速赶上世界科学先进水平而奋斗

可是，这一科学论断很快被冲掉了。后来几次重申，又几次被否定。直到邓小平1978年在全国科学大会上郑重地重申知识分子的"绝大多数已经是工人阶级和劳动人民自己的知识分子，因此也可以说，已经是工人阶级自己的一部分"。这成为以

十一届三中全会为标志的系统地拨乱反正的先声。至此，中国知识分子迎来了真正的春天，而且必定是永恒的春天。这个科学论断一直指导着中国共产党在知识分子中的工作，没有再发生动摇。这是改革开放和现代化建设取得巨大成功的必不可少的条件。

# 170

第一次正式宣布繁荣和发展社会主义科学
文化事业的指导方针

## "百花齐放、百家争鸣"方针

（1956 年 5 月 2 日）

在 1950 年 11 月至 12 月召开的全国戏曲工作会议上，发生了京剧和地方戏以哪个为主的争论。1951 年 4 月，中国戏曲研究院成立，毛泽东题词"百花齐放，推陈出新"，以表祝贺。同年 5 月 5 日，政务院发出《关于戏曲改革工作的指示》，根据"百花齐放，推陈出新"的方针，提出"中国戏曲种类极为丰富，应普遍地加以采用、改造与发展，鼓励各种戏曲形式的自由竞赛，促成戏曲艺术的'百花齐放'"。戏曲界这个争论不休的问题终于得到解决。

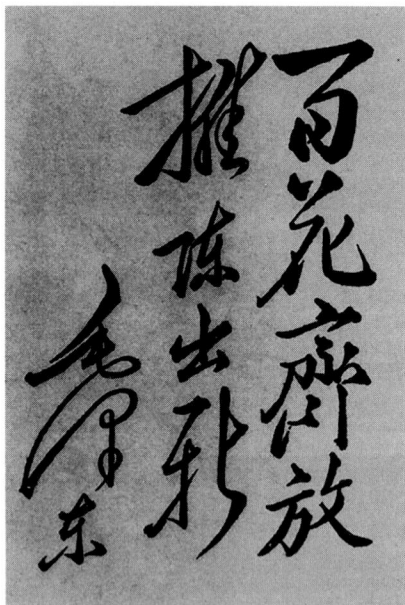

对戏曲改革，毛泽东提出"百花齐放、推陈出新"的方针。图为 1951 年 4 月 3 日，中国戏曲研究院成立时，毛泽东为该院的题词

1953 年 8 月 5 日，中共中央批准设立中国历史问题研究、中国文字改革研究、中国语文教学研究三个委员会。负责中国历史问题研究委员会工作的陈伯达向毛泽东请示工作方针，毛泽东讲了

240

四个字——"百家争鸣"。它的直接对象是对史学研究而言。1956年2月，在毛泽东主持召开的一次会议上，中央宣传部部长陆定一汇报了当前学术界的情况，谈到在学术研究中存在着抬高某个学派、压制另一个学派的现象。在这次会议上，决定在科学工作中实行"百家争鸣"的方针。

也就在这个时候，中央宣传部于1956年2月1日给中央写了一个报告，说中山大学党委反映，当时在中国讲学的一位苏联学者，向中国陪同人员谈了他对《新民主主义论》中关于孙中山世界观的论点的不同看法，这有损于我党负责同志的威信。中央宣传部请示中央，是否有必要反映给苏共有关方面。对此，毛泽东写信表示："我认为这种自由谈论，不应当去禁止。这是对学术思想的不同意见，什么人都可以谈论，无所谓损害威信"，"如果国内对此类学术问题和任何领导人有不同意见，也不应加以禁止。如果企图禁止，那是完全错误的。"毛泽东在这封信里所表明的态度，对中共中央作出双百方针这一决策，显然起了很重要的作用。

与此同时，苏联方面在学术界和文艺界揭露出来的问题，对中国共产党人来说，也是一个重要警示，促使人们从苏联教条主义的影响中解放出来。新中国成立后，中国不论在自然科学方面，还是在哲学和社会科学方面，都很落后。为了改变这种状况，中国从苏联聘请了一大批专家顾问，翻译了许多苏联的自然科学和哲学、社会科学书籍。中国的科学界和学术界还掀起了向苏联专家学习的热潮，并选送一批又一批青年学者赴苏联留学。这在当时是必要的，但也因此带来了照搬照抄苏联的教条主义问题。在自然科学界存在着对不同学派贴"标签""戴帽子"的做法，阻碍了中国科学文化的正常发展。当时有的甚至教条到滑稽可笑的地步。

1956年4月25日至28日，中共中央政治局扩大会议在北京召开。毛泽东在会上作《论十大关系》的报告。就在这次会上，毛泽东在作总结时明确提出："艺术问题上的百花齐放，学术问题上的百家争鸣，我看这应该成为我们的方针。"5月2日，毛泽东在最高国务会议上再次讲十大关系问题。他在讲话中正式宣布了"百花齐放、百家争鸣"的方针。

　　双百方针的提出，犹如一面镜子。它折射出来的是一个政治稳定、经济发展、人民团结的国家形象。它反映了繁荣文艺、发展科学的时代要求，更反映了毛泽东和中共中央的一种信心。双百方针的主旨同《论十大关系》完全一样，就是把一切积极因素都调动起来，为人民服务，为社会主义服务，是在当时历史条件下在文化方面提出的新的指导方针。

第一次完整提出"实践是检验真理的唯一标准"

# 毛泽东修改《在战争与和平问题上的两条路线——五评苏共中央公开信》

（1963 年 11 月）

1978 年 5 月 10 日，中央党校内部刊物《理论动态》第 60 期刊登了经胡耀邦审定的文章《实践是检验真理的唯一标准》。第二天，《光明日报》公开发表了这篇文章。当天，新华社将这篇文章作为"国内新闻"头条，转发全国。5 月 12 日，《人民日报》《解放军报》以及不少省级党报将该文予以转载。这篇文章阐明，实践不仅是检验真理的"唯一标准"而且是检验党的路线是否正确的"唯一标准"。一石激起千层浪，这篇文章很快引发了一场全国范围的真理标准问题大讨论，对中国社会发展产生了深远影响。

"实践是检验真理的唯一标准"这句话，是毛泽东最先提出来的。1963

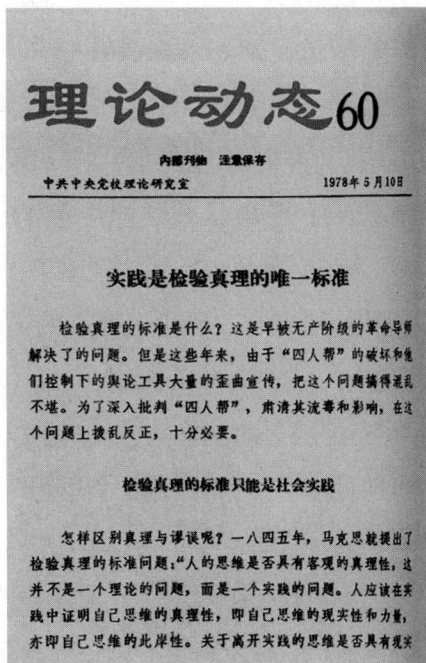

# 理论动态 60

内部刊物　注意保存

中共中央党校理论研究室　　　　1978 年 5 月 10 日

## 实践是检验真理的唯一标准

检验真理的标准是什么？这是早被无产阶级的革命导师解决了的问题。但是这些年来，由于"四人帮"的破坏和他们控制下的舆论工具大量的歪曲宣传，把这个问题搞得混乱不堪。为了深入批判"四人帮"，肃清其流毒和影响，在这个问题上拨乱反正，十分必要。

### 检验真理的标准只能是社会实践

怎样区别真理与谬误呢？一八四五年，马克思就提出了检验真理的标准问题；"人的思维是否具有客观的真理性，这并不是一个理论的问题，而是一个实践的问题。人应该在实践中证明自己思维的真理性，即自己思维的现实性和力量，亦即自己思维的此岸性。关于离开实践的思维是否具有现实

1978 年 5 月 10 日，中共中央党校内部刊物《理论动态》发表《实践是检验真理的唯一标准》一文，锋芒直指"两个凡是"的错误方针

年 11 月，刘少奇、邓小平等人在武汉东湖宾馆写《在战争与和平问题上的两条路线——五评苏共中央公开信》，此文打印出来后，毛泽东修改时，加注了"社会实践是检验真理的唯一标准……"该文原稿现保存在中央档案馆。

关于真理及检验标准问题，毛泽东早在 1937 年的《实践论》中指出："真理的标准只能是社会的实践。"他在 1940 年的《新民主主义论》中也指出："真理只有一个，而究竟谁发现了真理，不依靠主观的夸张，而依靠客观的实践。只有千百万人民的革命实践，才是检验真理的尺度。"毛泽东在这里说"只有""才是"，就是说，标准只有一个，没有第二个。这是因为，辩证唯物主义所说的真理是客观真理，是人的思想对于客观世界及其规律的正确反映。因此，作为检验真理的标准，就不能到主观领域内去寻找，不能到理论领域内去寻找。作为检验真理的标准，必须具有把人的思想和客观世界联系起来的特性，否则就无法检验。人的社会实践是改造客观世界的活动，是主观见之于客观的东西。实践具有把思想和客观实际联系起来的特性。因此，正是实践，也只有实践，才能够完成检验真理的任务。

我们再把记忆拉回到 1978 年。随着真理标准问题讨论的深入发展，在 1978 年 11 月 10 日开始的中央工作会议上，真理标准问题成为一个热点。二百多与会者结合实际，阐明了实践是检验真理的唯一标准观点的正确性和重要性，批评了"两个凡是"的错误。邓小平在会议结束时发表了重要讲话。他说："一个党，一个国家，一个民族，如果一切从本本出发，思想僵化，迷信盛行，那它就不能前进，它的生机就停止了，就要亡党亡国。"他明确指出，真理标准问题的讨论，是个思想路线问题，是个政治问题，是个关系到党和国家的前途和命运的问题。邓小平的讲话，是对这个讨论所作的最好的总结。

1981 年 6 月，党的十一届六中全会作出《关于建国以来党的若干历史问题的决议》，标志着指导思想上拨乱反正任务的基本完成，也标志着真理标准问题讨论的结束。

# 172

第一次提出"三个世界"划分理论

## 毛泽东会见赞比亚总统卡翁达时的谈话

（1974 年 2 月 22 日）

　　20 世纪 60 年代是世界被压迫民族和人民争取民族独立和解放的革命运动风起云涌的时期。一大批殖民地、半殖民地国家纷纷独立，宣告了帝国主义殖民体系的瓦解。当时，毛泽东在关于国际问题的论述中，对亚非拉民族解放运动的支持和评价占了相当大的分量；世界各地几乎所有的反帝爱国斗争，毛泽东都发表谈话或文电表示支持。这不仅体现了毛泽东对人民反帝斗争的重视，而且说明他早已把共同进行这一斗争的广大亚非拉国家看作一个整体。

　　到了 20 世纪 70 年代，国际形势发生重大变化。美苏两个超级大国的军事力量对比朝着有利于苏联的方向发展。美国由于长期对外扩张，特别是陷入越南战争的泥潭中，自身实力和对其盟国的控制力都大为削弱。这些盟国则随着自身力量的恢复和发展，越来越不甘心受美国的摆布。离心倾向逐渐增长，甚至公开分庭抗礼，从而使帝国主义阵营内部的矛盾也日益尖锐。对于这种局面，毛泽东早有预料。他曾提出"两个中间地带"观点，即亚洲、非洲、拉丁美洲是第一个中间地带；欧洲、北美加拿大是第二个中间地带，日本也属于第二个中间地带。中国在努力发展与第一中间地带的关系的同时，也力争改善与第二中间地带中的国家的关系。毛泽东当时已经把世界各种政治力量分为三个部分，即企图主宰世界的美国和苏联，在反帝反殖民斗争中日益崛起的亚非拉发展中国家，以及处在两者之间的一批发达国家。"三个世界"划分的战略思想便是在这样的认识基础上形成的。

1974 年 4 月，联合国大会第六届特别会议的主题是研究原料和发展问题。讨论这个问题，反映了广大发展中国家的愿望。会前，已有许多国家的元首和政府首脑表示要出席会议，使这次会议的规格明显提高。发展中国家的问题，是这时毛泽东思考中的一个重要问题。同年 2 月 22 日，毛泽东会见赞比亚总统卡翁达，就"三个世界"划分发表见解。他说："希望第三世界团结起来。我看美国、苏联是第一世界。美国、苏联原子弹多，也比较富。第二世界，欧洲、日本、澳大利亚、加拿大，原子弹没有那么多，也没有那么富，但是比第三世界要富。咱们是第三世界，第三世界人口很多。亚洲除了日本，都是第三世界。整个非洲都是第三世界。拉丁美洲也是第三世界。"毛泽东关于"三个世界"的主张，反映了他对 20 世纪 70 年代以来世界经济、政治格局的总体看法，也勾勒出中国今后的基本国际战略思想。毛泽东认为第三世界应该团结起来，反对超级大国的强权政治和霸权主义。

这次联大特别会议，为中国公开阐明关于"三个世界"划分的主张，使

1974 年 2 月 22 日，毛泽东会见赞比亚总统卡翁达，提出关于三个世界划分的战略思想

广大第三世界国家进一步了解中国政府在这方面的立场，提供了难得的机会。因此，毛泽东选定邓小平率团出席会议。1974年4月10日，邓小平在纽约联大特别会议上发言，第一次向世界全面系统地阐述了毛泽东关于"三个世界"划分的思想，提出正确处理国与国之间关系的原则和主张。他还宣布："中国现在不是，将来也不做超级大国。"

毛泽东提出"三个世界"划分理论，突出了第三世界的重要作用，为国际无产阶级、社会主义国家和被压迫民族团结一致，达成最广泛统一战线，提供了强大的思想武器。中国始终奉行独立自主和平外交政策，坚持和平共处五项原则，秉持公道，伸张正义，始终站在广大发展中国家一边，为推动世界多极化、经济全球化、国际关系民主化作出了重大贡献。

# 173

第一位决策恢复高考制度的党和国家领导人

# 邓小平

（1977 年 8 月）

    中国的近代高等教育起始于 20 世纪初。中华人民共和国成立后，国家建立起了完善的高等教育体系，培养出一批批大学生，为新中国的建设事业发挥了重要的作用。1966 年，"文化大革命"狂飙突起，在那个"怀疑一切，打倒一切"的年代里，高考制度也没能幸免，高考成了被打倒的对象，全国高校停止招生。6 年后，招生工作虽然恢复，但只"选拔具有二年以上实践经验的优秀工农兵入学"。这种制度招来的工农兵学生，文化素质普遍不高，有的甚至不具备基本的文化知识。1973 年的高校入学文化考试中，仅在理化试卷上做了三道小题的辽宁知青张铁生在试卷背面写了一封信，因"白卷事件"受到"四人帮"的青睐，被奉为"反潮流英雄"，并被破格录取上大学。当年的报刊就此事发表评论说搞文化考试是"旧高考制度的复辟"，自此，"读书无用"论泛滥成灾。

    1977 年 7 月，曾经两次被打倒的邓小平再一次复出。上任伊始，他就自告奋勇主管科技和教育工作。对于高考，邓小平严肃指出："不管招多少大学生，一定要考试，考试不合格不能要。不管是谁的子女，就是大人物的也不能要。我算个大人物吧！我的子女考不合格也不能要，不能'走后门'。"此时的中国教育面临着全面的危机，并且出现了严重的人才断层。为此，邓小平指示教育部召开一次科学和教育工作座谈会，希望找一些敢说话的教学人员参加会议。随后，中国科学院和教育部联合找人，确定了一个 33 人的与会者名单。

8 月 4 日，邓小平亲自主持召开座谈会。会议共开了 5 天，全部自由发言。邓小平一开始就说，自由一点，什么话都可讲。但前两天，与会学者表现拘谨，不敢谈敏感问题。6 日下午，会议讨论的重点转移到高校招生这个热点问题。在此之前，在刚刚结束的教育部全国高等院校招生工作会议上，以"来不及改变"为由，决定仍旧采取"文革"期间招收工农兵学员的办法，这引起了与会者强烈的反对。清华大学党委负责人忧虑地说，现在清华的新生文化素质太差，许多学生只有小学水平，还得补习中学课程。邓小平插话道："那就干脆叫'清华中学''清华小学'，还叫什么大学！"邓小平短短几句插话，令与会人员大受震动。随后，武汉大学化学系副教授查全性激动地提出，必须改进当时的招生办法，全面提高新生的质量。大家都情绪激昂地讲出自己心里憋了多年的话，并一致建议国务院下大决心，对现行招生制度进行改革。他们说，如果今年又要按推荐的办法招来 20 多万人，太浪费了！

邓小平当机立断："既然大家要求，那就改过来。今年就要下决心恢复从高中毕业生中直接招考学生，不要再搞群众推荐。从高中直接招生，我看可能是早出人才、早出成果的一个好办法。"随后，教育部破例在一年内第二次召开全国招生工作会议。由于思想还不统一，会上大家争论十分激烈。在邓小平的直接干预下，招生会最终制定了新的《关于 1977 年高等学校招生工作的意见》。新的招生办法是自愿报名、统一考试，这意味着高考制度彻底恢复了。

经邓小平亲自修改的报考条件，几乎使所有人获得了平等的权利，就连那些曾经地位极其低下的"黑五类"子弟，也预感到命运即将出现转机，他们踊跃报名参加高考。恢复高考招生制度的消息通过媒体发布之后，一下子搅动了天下学子的心。大江南北、长城内外，被耽误了 10 年光阴的青年们，踊跃到所在地区或单位报名，要求参加在这 10 年中早应参加的高考。为了找回失落的青春，很多人从角落里翻出了蒙尘多年的课本，彻夜苦读。据统计，当时报名要求参加高考的多达 1000 余万人，年龄参差不齐，最小的只有十三四岁，最大的则有三十六七岁，年长者对年幼者经常开玩笑说"我都可以把你给生下来"。

据初步统计，最终参加这届高考的考生共有 500 多万人。为解决这么多考生参考的试卷纸张问题，邓小平当机立断，决定将印刷《毛泽东选集》第五卷的计划暂时搁置，调配相关纸张，先行印刷考生试卷。

由于准备工作来不及，1977 年的高考由各省、自治区、直辖市命题，考试工作于年底进行，新生于 1978 年春入学。1977 年 12 月 10 日至 12 日这三天，570 万名考生兴奋、紧张又满怀希望、憧憬地走进了考场，参加了高考制度恢复后的第一次高考。

1978 年 3 月初，77 级学生入学报到，在经历了"上山下乡"后，他们看到了同一起跑线。加上半年后的 1978 年夏季高考，两次共录取了 60 多万名大学生。这其中，大多数是政治立场坚定，有理想、有才华的知识青年。这批人后来大都是改革开放各个领域的骨干。

1977 年年底，全国有 570 万名青年参加了高校招生考试。27.3 万人成为新时期的第一批大学生。图为参加高考的考生正在认真答卷

　　"文革"之后中国教育、中国社会能够一路快速发展，恢复高考起到了至关重要的作用，它使经受"文革"重创10年之久的高等教育系统重新启动，并深刻地影响了整个教育活动，拉开了新时期改革开放和现代化建设历史进程的序幕。

# 174

中共中央领导人第一次以国家领导人的身份访问美国

# 邓小平访美

*（1979 年年初）*

　　1979 年 1 月 29 日，在蔚蓝色的天空映衬下，在美国白宫南草坪上首次并排升起的五星红旗和星条旗显得格外鲜艳夺目。这是一个极不平凡的历史时刻。此前不久，中美两国刚刚结束了 30 年的敌对和隔绝，建立了外交关系。而在这一历史进程中起过重要作用的邓小平，此刻又作为中国人民的代表，开始了加强两国间相互了解、增进两国友谊和信任的访美之旅。

　　上午 10 时，卡特总统亲自主持隆重的欢迎仪式，美国国务卿、内阁重要成员、空军参谋长等人参加了欢迎仪式。在检阅三军仪仗队、鸣礼炮 19 响后，两位领导人分别致辞。此类隆重仪式往往只是为重要的来访国家元首和政府首脑举行。

　　在华盛顿，卡特与邓小平先后举行了 5 次会谈，会谈进行得很顺利。卡特在日记中写道："我对邓的印象很好。他机智、豪爽、有魄力、有风度、自信而友善，同他进行会谈是愉快的。"

　　如果说与卡特总统的会谈是轻松的，那么邓小平连续两场与参众两院议员的会晤则是真正的考验。中美之间存在的最大障碍是台湾问题，中美关系正常化的主要阻力正在美国国会。邓小平和参众两院议员会谈时，连卡特总统都为之捏了一把汗。当一些议员就台湾问题提出一些挑衅性问题时，邓小平指出："我们不再用'解放台湾'这个提法了。只要台湾回归祖国，我们将尊重那里的现实和现行制度。我们一方面尊重台湾的现实，另一方面一定要使台湾回到祖国怀抱。"在这里，邓小平首次勾画了"一国两制"的设想。对于议员们的各种提问，邓小平均给予答复，从未用那种"无可奉告"的简单生硬的语调。他的诙谐幽默、坦诚友善，获得了议员们普遍的称赞，一向矜持的议员们排着队请他签名。

走出国门，邓小平体会到日新月异的现代技术，更加坚定了改革开放的决心。在亚特兰大，福特公司先进的汽车生产线使邓小平对美国的工业生产实力留下了深刻的印象。当时，崛起中的亚特兰大非常渴望与改革开放刚起步的中国开展经贸合作。为了欢迎邓小平来访，该市首任黑人市长杰克逊为他举办了由当地1400多名各界名流参加的盛大午宴。邓小平在致辞时说："你们的很多成功经验对我们很有借鉴意义。我们愿意向你们学习。"邓小平的肺腑之言引起全场宾客起立欢呼。在休斯敦，邓小平的考察重点转向了高科技领域，参观了林登·约翰逊航天中心。在美国最大的飞机制造中心西雅图，邓小平发表讲话："中国的发展离不开世界……太平洋再也不应该是隔开我们的障碍，而应该是联系我们的纽带。"正如外电所报道的：新中国领导人对美国的"破冰之旅"，如巨人之手推开封闭的国门；一个生机的文明古国，正开始探索与世界互利共赢之路。

邓小平在与美国民众的接触中同样表现出卓越的个人魅力。

邓小平访美的第二天晚上，在卡特总统为他举行的国宴上，与邓小平同席的美国著名影星雪莉·麦克莱恩说，她几年前访问中国农村时，曾经问一位正在"五七"干校劳动的大学教授到乡下干活是什么感觉。这位教授答道，他很高兴与贫下中农在一起，从他们身上可学到很多东西。本来谈笑风生的邓小平一听此言马上正色说："这位教授在撒谎。在'文革'中，无数知识分子下放农村接受贫下中农再教育，这实际上是对人才资源的极大浪费。"邓小平尊重知识和实事求是的态度给身边的宾客留下了深刻的印象。为了让来自东方的贵宾对美国文化有直观的了解，国宴结束后，卡特为邓小平在肯尼迪艺术中心精心安排了一场盛大的文艺演出。当晚，群星荟萃，著名钢琴演奏家鲁道夫·塞金、歌唱家约翰·丹佛等人的表演令人陶醉。组织者知道邓小平特别喜欢足球和篮球，专门请来了一队职业文娱篮球选手在舞台上表演球艺。这在肯尼迪艺术中心还是首次。晚会的最后一个节目是一群天真活泼的儿童用中文合唱《我爱北京天安门》，将晚会的气氛推向最高潮。一曲唱罢，邓小平深深为之动情，走上舞台热情拥抱和亲吻了美国儿童，引起现场观众的一片惊叹。

给美国人留下深刻印象的还有邓小平在休斯敦附近的西蒙顿小镇观看牛仔竞技表演时戴上宽边牛仔帽的一幕。当时，在表演开始前，两名骑白马的女牛仔将两顶白色牛仔帽赠给邓小平和方毅，二人当即很高兴地戴在头上。主持人邀请邓小平乘坐仿古马车，他爽快地从贵宾席走出，登上马车绕场而行，并在车上向热情的观众不断挥手致意。邓小平头戴牛仔帽、向美国公众挥手致意的友好、自信的形象已定格在历史中，成为中美关系中的一个永久象征。

1979年1月28日，74岁的邓小平率团从北京出发。他特意选定在农历大年初一这天，除了取意"一年伊始，万象更新"、为国家图个吉利外，也体现出对美国之行的高度重视。至2月5日，结束对美国的访问。在历时8天的访问中，邓小平出席了近80场会谈、会见等活动，参加了约20场宴请或招待会，发表了22次正式讲话，并8次会见记者或出席记者招待会。美国各大报刊、电视台大量报道了邓小平率团访问的盛况，电视台每半小时就有一次电视新闻。据估计，有上亿的美国人看了邓小平访美电视新闻，在美国掀起了全国性的"中国热"。一时间，邓小平的豪爽、风度、魅力风靡美国，当时美国多家媒体将邓小平访美形容为"刮起了邓旋风"。

## 第一次系统论述"四项基本原则"

# 邓小平在全国理论工作务虚会上发表
# 《坚持四项基本原则》讲话

### （1979 年 3 月 30 日）

1978 年年底召开的中央工作会议和党的十一届三中全会，从根本上摆脱了长期"左"的错误的严重束缚，重新确立了实事求是的马克思主义思想路线，中国的政治环境和思想氛围得到极大改善，出现了前所未有的生动活泼的政治局面。这两次会议和在此前进行的关于真理标准问题的大讨论，实质上也是围绕如何在新形势下正确地坚持四项基本原则展开的，尤其是对毛泽东和毛泽东思想的评价，关系到中国政局稳定和未来发展。对四项基本原则第一次进行系统、专门论述，是邓小平于 1979 年 3 月 30 日在全国理论工作务虚会上的讲话。

理论工作务虚会是由叶剑英提议、根据党的十一届三中全会的决定召开的，这次会议实际是党的十一届三中全会精神在思想理论领域的贯彻和继续。会议的目的是"总结理论宣传战线的基本经验教训""研究全党工作重心转移之后理论宣传工作的根本任务"。与会者围绕这两个目的，突破了许多理论禁区，提出了许多真知灼见。但是，会上也有一些不协调的声音，出现了一些错误的观点。

与此同时，社会上也出现了攻击和否定四项基本原则的错误思潮，自由化的东西日益占了上风。

另外，一些地方出现了少数人闹事的现象。在理论工作务虚会召开前，上海、北京等地就有少数人闹事。1979年年初，闹事的情况更加严重。闹事的原因和人员也要复杂得多。

这些情况引起了中共中央和邓小平的高度重视。邓小平明确指出："四个坚持，坚持社会主义道路，坚持无产阶级专政，坚持党的领导，坚持马列主义、毛泽东思想的基本原理，现在该讲了。"

3月30日下午，邓小平在全国理论工作务虚会上发表了由胡乔木协助起草的《坚持四项基本原则》的讲话。邓小平在讲话中明确提出和阐述了四项基本原则，强调："如果动摇了这四条基本原则中的任何一条，那就动摇了整个社会主义事业，整个现代化事业。"他特别指出，提出"四个坚持"并不代表中央的方针开始"收"了，发扬民主的方针改变了，而是为了"坚决克服妨碍实现三中全会方针政策的不良倾向"。

邓小平的讲话在全国理论工作务虚会和随后召开的中央工作会议上引起热烈讨论，各地也很快掀起了一场贯彻学习四项基本原则、进行真理标准讨论"补课"的热潮。在党和国家的重大转折时期，邓小平关于《坚持四项基本原则》这一极其重要的讲话，对统一全党的认识，发展安定团结的大好局面，加速实现社会主义现代化建设，产生了深远的影响。随着改革开放事业的发展，四项基本原则作为立国之本的地位被确立起来，并不断被赋予新的时代内涵。

习近平总书记指出："道路问题是关系党的事业兴衰成败第一位的问题，道路就是党的生命。"邓小平为中国特色社会主义道路确立的基本思路和基本原则，成为这条道路"千磨万击还坚劲"的政治保障，对中国共产党不断推进理论创新、实践创新、制度创新、文化创新及各方面创新，具有长远的指导意义。

第一次提出"小康"目标

# 邓小平会见日本首相大平正芳时的谈话

## （1979 年 12 月 6 日）

"民亦劳止，汔可小康。"从 2000 多年前的《诗经》开始，"小康"作为丰衣足食、安居乐业的代名词，就成为中华民族追求美好生活的朴素愿望和社会理想。然而，在漫长的封建社会，"朱门酒肉臭，路有冻死骨"，小康对于广大百姓只是镜花水月。进入近代，"四万万人齐下泪，天涯何处是神州"，小康更是成为中国人遥不可及的梦想。

中国共产党自 1921 年成立起，就秉承初心和使命，坚定地扛起为中国人民谋幸福、为中华民族谋复兴的历史大任，团结带领人民进行艰苦卓绝地斗争，取得新民主主义革命的胜利，建立新中国，确立起人民当家作主的社会主义基本制度。

久困于穷，冀以小康。与人民心心相印的中国共产党，最懂得人民站起来之后的所思所盼。1955 年 10 月，毛泽东信心满怀地宣告："现在我们实行这么一种制度，这么一种计划，是可以一年一年走向更富更强的……而这个富，是共同的富，这个强，是共同的强，大家都有份。"1964 年 12 月 21 日，根据毛泽东的提议，周恩来在三届人大一次会议上宣布，我国今后的战略目标是："要在不太长的历史时期内，把我国建设成为一个具有现代农业、现代工业、现代国防和现代科学技术的社会主义强国，赶上和超过世界先进水平。"这是我们党第一次完整科学地提出"四个现代化"，并将之确立为党的战略目标。

　　"文化大革命"结束后，尽管我国的经济建设和现代化建设事业面临许多困难和问题，人们在许多问题上认识也不完全一致，但实现四个现代化很快成为全党和全国人民的共识。在我国开始了改革开放的伟大历程后，作为党的第二代中央领导集体核心的邓小平第一次明确用"小康社会"这个概念来喻指中国式现代化的发展目标。1979 年 12 月 6 日，邓小平会见来访的日本首相大平正芳。在这次历史性的会晤中，大平正芳一连向邓小平提出了两个他本人十分关注、日本国内议论较多的问题："中国根据自己独自的立场提出了宏伟的现代化规划，要把中国建设成伟大的社会主义国家。中国将来会是什么样？整个现代化的蓝图是如何构思的？"对于大平正芳提出的问题，邓小平事先没有料到，但这也正是这段时期他思考最多的问题。他"想了一下"，给出了明确的回答："我们要实现的四个现代化，是中国式的四个现代化。我们的四个现代化的概念，不是像你们那样的现代化的概念，而是'小康之家'。到本世纪末，中国的四个现代化即使达到了某种目标，我们的国民生产总值人均水平也还是很低的。要达到第三世界中比较富裕一点的国家的水平，比如国民生产总值人均 1000 美元，也还得付出很大的努力。就算达到那样的水平，同西方来比，也还是落后的。所以，我只能说，中国到那时也还是一个小康的状态。"

　　"小康"这一古老而美好的概念，从此被创造性地用来诠释中国现代化坐标上一个至关重要的阶段。从温饱到小康，从总体小康到全面小康，从追求小康生活，到全面建设小康社会、全面建成小康社会；从"三位一体""四位一体"，到"五位一体"总体布局、"四个全面"战略布局，我们党对社会主义建设规律的认识不断深化，小康的宏伟蓝图壮美似锦。

　　"中华民族千百年来存在的绝对贫困问题，将在我们这一代人的手里历史性地得到解决。这是我们人生之大幸。"党的十八大以来，习近平总书记饱含深情地展望全面小康。

　　2020 年，我们全面建成小康社会，实现了中国共产党对全社会的庄严承诺。第一个百年目标的完成，是一个伟大的胜利，同时也是通向下一个更加伟大胜利的新起点。第二个百年奋斗目标新的征程已经开启，使命更加光荣、任务更加艰巨。全党必须团结一致、勠力同心，在习近平新时代中国特色社会主义思想科学指引下，紧跟以习近平同志为核心的党中央奋勇向前，走稳走好三大攻坚战的每一步，在全面建成小康社会的新起点上，继续前行、接续奋斗。

# 177

中国共产党第一个党内政治生活准则

## 《关于党内政治生活的若干准则》

（1980 年 2 月 29 日正式通过）

　　"文化大革命"结束后，为使党内政治生活逐步走上正轨，自党的十一大之后，党中央就在着手考虑制定《关于党内政治生活的若干准则》（以下简称《准则》），以此作为党章的具体补充，从基本方面对党内政治生活加以规范。

　　1979 年 3 月 19 日，中共中央向全党公布了《准则》（草稿）。在对《准则》

《人民日报》刊登的《关于党内政治生活的若干准则》

（草稿）作了 7 次修改之后，1980 年 2 月 29 日召开的党的十一届五中全会予以正式通过。《准则》的制定和公布，是党中央为实施整党所采取的重大步骤，表明了中央一定要把党整顿好和建设好的决心和信心。

《准则》虽然只有 12 条，但它的内容广泛丰富，既总结了几十年党内政治生活正反两方面的经验教训，又针对当时的实际状况增添了新的内容，以这样的形式写出的一部比较全面系统的党规党纪，在我们党的历史上是一个创举。《准则》在"文化大革命"结束后的那个特殊时期，对实现政治上、思想上、组织上、作风上的拨乱反正和全党工作中心的转移，促进党内的团结统一、保证改革开放和社会主义现代化建设顺利进行，发挥了十分重要的作用。

由于《准则》是对党在长期实践中取得的宝贵经验的归纳，是对马克思主义建党理论的丰富发展，其主要原则和规定对我们今天仍具有重要现实指导意义。比如，关于党内政治生活的目标和基本准则，关于坚持党的政治路线和思想路线，关于坚持集体领导、反对个人专断，关于维护党的集中统一、严格遵守党的纪律，关于坚持党性，关于要讲真话、言行一致，关于发扬党内民主、正确对待不同意见，关于保障党员权利不受侵犯，关于接受党和群众的监督、不准搞特权，等等。

党的十八大以来，党内政治生活状况总体是好的。同时，一个时期以来，党内政治生活中也出现了一些突出问题。历史经验表明，我们党作为马克思主义政党，必须旗帜鲜明讲政治，严肃认真开展党内政治生活。为更好进行具有许多新的历史特点的伟大斗争、推进党的建设新的伟大工程、推进中国特色社会主义伟大事业，经受"四大考验"、克服"四种危险"，有必要制定一部新形势下党内政治生活的准则。2016 年 10 月 27 日，中国共产党第十八届中央委员会第六次全体会议通过《关于新形势下党内政治生活的若干准则》，这是新形势下全面从严治党理论与实践的成果反馈，是推动和实现党内政治生活制度化的基本遵循，是新时期党内法规系统化建设的重要篇章。

# 178

第一次正式定名"经济特区"

## 中共中央、国务院批转《广东、福建两省会议纪要》

（1980 年 5 月 16 日）

　　20 世纪 70 年代末的深圳，是一个只有 30 万人口的边陲小城。而与之隔河相望的香港，被世界誉为"东方明珠"，是亚洲"四小龙"之一。当时的深圳河两岸，一边是高楼大厦，鳞次栉比；一边却是低矮平房，衰败破旧，俨然是两个不同的世界。当时，罗湖区渔民村村民一天挣 8 分钱，而香港人均月收入达 2000 多元，完全可用"天壤之别"来形容。正所谓"水往低处流，人往高处走"，罗湖区渔民村成为偷渡香港的通道也就不足为怪了。

　　习仲勋 1978 年 4 月主政广东省后，首先要面对和解决绕不开的偷渡逃港问题。为此他多次深入基层，调查研究，足迹遍及南粤大地。经过深入调研，习仲勋深切认识到若按照当时的政策继续执行下去，广东和香港的差距还会拉得更大，唯一的办法就是改变思路，利用广东离香港近的优势，吸引外资和技术。他认真总结分析了亚洲"四小龙"经济发展及对外开放的做法和经验，亲自设计、谋划广东改革开放政策方案。

　　1978 年四五月间，中共中央和国务院选派三个代表团，分别到西欧、日本和港澳考察发展经济的先进做法和管理经验。港澳考察组外访团回到广州后，习仲勋不但自己倾听考察情况，而且还主持召开省委常委会议，专门听取参与西欧五国考察组的广东省同志的汇报。习仲勋思考在毗邻港澳的宝安、珠海等地建立"试验区"，将宝安、珠海两县改为省辖市，面向港澳"以经营出口副食品为主"，并开辟游览区，办好商业、服务业等。习仲勋还建议按照国际惯例，在深圳、珠海、汕头磐石、达濠设立对外加工贸易区。

广东省委同意习仲勋的构想，但对在深圳、珠海、汕头办出口工业区的名称一时定不下来，叫"出口加工区"，会与台湾的名称一样；叫"自由贸易区"，又怕被认为是搞资本主义；叫"贸易出口区"，那又不像，因此暂定名为"贸易合作区"。习仲勋认为，试办"贸易合作区"富有创意，决定将这一大胆设想在中央工作会议期间向中央领导作专门汇报。1979 年 4 月 5 日至 28 日，中央工作会议在北京召开。会上，时任中共中央委员、中共广东省委第一书记习仲勋公开向中央"要权"。他说，如果中央能给点权的话，"广东几年就可以搞上去，但是在现在的体制下，就不容易上去"。他尤其谈到，广东要求中央能在深圳、珠海、汕头划出一部分区域实行单独的管理，给些特殊的政策，自主权大一些，作为华侨回来投资办厂的地方，可以叫作"贸易合作区"。

邓小平非常赞同这一富有新意的设想。他敏锐地感到这是一种新思路，是中国实施开放政策、促进经济发展的一个重要突破口，他说："广东、福建实行特殊政策，利用华侨资金、技术，包括设厂，这样搞不会变成资本主义。如果广东、福建两省 8000 万人先富进来，没有什么坏处。"当听说"贸易合作区"的名称定不下来、大家意见不一致时，邓小平明确地说："还是叫特区好，陕甘宁开始时就叫特区嘛！"这是邓小平第一次提出"特区"这个概念，是以后正式名称"经济特区"的由来和简称。邓小平在不同场合还说："中央没有钱，可以给些政策，你们自己去搞，杀出一条血路来。""特区"二字，一锤定音，而"杀出一条血路"，这几个更为铿锵有力、掷地有声的字出自曾指挥千军万马的邓小平之口，更像是突出改革开放重围的一道"军令"。根据邓小平的提议，中央工作会议正式讨论了广东省的设想。7 月 15 日，中共中央、国务院批转中共广东省委、福建省委关于对外经济活动实行特殊政策和灵活措施的报告，决定在深圳、珠江、汕头、厦门试办特区。

1980 年 3 月，中央在广州召开广东、福建两省工作会议，将"出口特区"

定名为"经济特区"。5月16日，中共中央、国务院批转《广东、福建两省会议纪要》，正式将"特区"定名为"经济特区"。经济特区诞生了！在社会主义国家里举办经济特区，马克思列宁主义经典里找不到，是史无前例开创性的社会经济实验。邓小平关于兴办特区的倡议，犹如一块巨石击入碧波，迅即引起了积极而强烈的反响。这是一项重大决策，是"对外开放"的重要步骤。这项重大举措的出台，显著提高了人们的开放意识，启动了通过改革实行开放的进程。

第一个关于"三农"问题的中共中央"一号文件"

# 《中共中央批转〈全国农村工作会议纪要〉》

（1982年1月1日）

中央"一号文件"指中共中央每年发的第一份文件。该文件在国家全年工作中具有纲领性和指导性的地位，因为其中提到的问题往往是中央全年需要重点解决，也是国家亟须解决的问题。农业、农村、农民问题始终是我国关系国计民生的根本性问题。改革开放以来，截至2020年，党中央先后在1982年至1986年、2004年至2020年22次发布以"三农"为主题的中央"一号文件"，对农村改革和农业发展作出具体部署，推动中国农村发生了日新月异的变化。中国改革开放的伟大事业，是从农村发端的。说到第一个中央"一号文件"，就不得不提安徽省凤阳县小岗村。

1978年以前的小岗生产队和全国所有生产队一样，施行以人民公社为基本的管理体制，而这种体制的弊端，抑制了广大农民的积极性、主动性和创造性。1978年一个冬夜，18户小岗农民按下"红指印"，以"托孤"的形式立下生死状，签订"大包干"契约将土地承包到户，实际上就是希望在农业的具体经营形式上获取更大的自主选择权，用家庭承包的经营体制替换人民公社的集体统一经营体制。这项制度的口号是"交够国家的、留足集体的、剩下的都是自己的"。但是，当时还处于人民公社的体制下，"大包干"引起了很多人的质疑。

1980 年 5 月 31 日，邓小平在同胡乔木、邓力群谈话中，高度赞扬了安徽省肥西县实行包产到户和凤阳县搞"大包干"所引起的变化。1980 年 9 月，中央 75 号文件《关于进一步加强和完善农业生产责任制的几个问题》对"包产到户"定性为"依存于社会主义经济，而不会脱离社会主义轨道的，没有什么复辟资本主义的危险"，但该文件并没有完全正面肯定包产到户的社会主义性质，争论仍然存在。1981 年间，解放农村生产力的努力与探索在中央与地方齐头并进。在党中央指导与支持下，多个联合调查组分赴全国各省份调查包产到户。来自安徽省的调查组报告说："包产到户是农村的曙光，中国的希望。"1981 年 10 月 4 日至 21 日，中共中央召开了农村工作会议。会议在主管农业工作的国务院副总理兼国家农委主任万里和国家农委副主任杜润生的主导下，顺应亿万农民的意愿，正式肯定了土地的家庭承包经营制度，肯定了包产到户、联产承包等生产责任制都是社会主义集体经济的生产责任制，为包产到户、联产承包等生产责任制上了"社会主义户口"。会议形成的《全国农村工作会议纪要》，中共中央于 1982 年 1 月 1 日作为 1982 年"一号文件"下发。文件提出，包产到户、到组，包干到户、到组，都是社会主义集体经济的生产责任制，明确"它不同于合作化以前的小私有的个体经济，而是社会主义农业经济的组成部分"。并第一次以中央的名义取消了包产到户的禁区，且宣布长期不变。文件的另一要点是强调尊重群众的选择，不同地区，不同条件，允许群众自由选择。同时，提出疏通流通领域，把统购统销纳入改革的议程，有步骤地进行价格体系的改革。这样，第一个关于农村问题的中央"一号文件"，成为农村经济体制改革历史性突破的节点。

从 1982 年到 1986 年，中共中央连续出台了 5 个"一号文件"，家庭联产承包责任制被正式确立为中国农村的基本经营制度，这一制度改变了农民和土地的关系，激发了亿万农民的生产积极性，促进了农村经济的蓬勃发展，为农村乃至全国各行各业的改革开放奠定了重要的基础。2004 年，中央"一号文件"再提"三农"，题为《中共中央国务院关于促进农民增加收入若干政

2005 年 10 月，党的十六届五中全会提出了建设社会主义新农村的战略任务。图为中共中央、国务院连续出台的七个"一号文件"，文件制定了一系列支农惠农政策

策的意见》。此后，每年的中央"一号文件"都是与"三农"相关的政策，因此，中央"一号文件"也被视为中共中央重视"三农"问题、重视基础民生、坚定发挥农业这个"压舱石"作用的专有名词。

# 180

第一次正式提出"建设有中国特色的社会主义"

## 中国共产党第十二次全国代表大会

（1982 年 9 月）

　　1956 年 4 月 25 日，毛泽东在中央政治局扩大会议上作了《论十大关系》的讲话。以此为起点，以毛泽东同志为核心的党的第一代中央领导集体提出"以苏为鉴"的命题，开始了对中国特色的社会主义的最初的有益的探索。在这种背景下，很多领域开始大量出现"中国特色"这个概念。"中国的老百姓欢迎具有中国气派的、中国特色的音乐曲调，这一点是用不着怀疑的。"这句话就是来自 1957 年 1 月 3 日《人民日报》上一篇关于谈音乐问题的文章。改革开放以后，邓小平提出了"中国式的社会主义"的概念。1979 年 3 月 21 日，邓小平在会见以马尔科姆·麦克唐纳为会长的中英文化协会执行委员会代表团时指出："我们定的目标是在本世纪末实现四个现代化。我们的概念与西方不同，我姑且用个新说法，叫做中国式的四个现代化。"1979 年 3 月，在党的理论工作务虚会上，邓小平对"中国式的现代化"作了新的诠释。他指出："过去搞民主革命，要适合中国的情况，走毛泽东同志开辟的农村包围城市的道路。现在搞建设，也要适合中国的情况，走出一条中国式的现代化道路。"

　　根据目前所见到的资料，邓小平第一次提出"中国特色的社会主义"这一概念，出自于他与著名武侠小说家、香港《明报》社长查良镛（金庸）的会谈中。

　　1981 年 7 月 18 日，邓小平以中共中央副主席的身份在人民大会堂会见了查良镛。当时，在人民大会堂福建厅门口迎接的邓小平走上前，热情地握着查良镛的手，说："欢迎查先生。我们已是老朋友了。你的小说我读过，我这是第三次重出江湖啊！你书中的主角大多历经磨难才成大事，这是人生规律。""重出江湖"这句幽默的话，一下子就拉近了两个人的距离。查良镛满面春风，对邓小平微微躬身行礼，说："我一直对您很仰慕，今天能够见到您，感到荣幸。"邓小平笑着说："对查先生，我也是知名已久！"那天，穿着短袖衬衣的邓小平说："今天北京天气很热，请查先生除了外衣，咱们不用拘礼。"现场气氛一下子就融洽了许多。两人的会谈非常坦诚，而且涉及不少尖锐问题。

在谈到社会主义建设问题时，邓小平问："查先生，世界上有多少种社会主义？"查良镛说："我想自从法国的傅立叶、圣西门，英国的欧文首先提出

邓小平在十二大上致开幕词时指出，把马克思主义的普遍真理同我国的具体实际结合起来，走自己的道路，建设有中国特色的社会主义，这是总结长期历史经验得出的基本结论。图为十二大会场

社会主义理论以来，世界上已有许多种社会主义。邓副主席，请您指教。"邓小平笑了笑，说："我看世界上的社会主义，总有100多种吧""没有定规么，中国要走中国特色的社会主义道路。"

1982年9月1日，党的十二大召开，邓小平在开幕词中首次明确提出了"建设有中国特色的社会主义"这一基本命题，他说："我们的现代化建设，必须从中国的实际出发，无论是革命还是建设，都要注意学习和借鉴外国经验。但是，照抄照搬别国经验、别国模式，从来不能得到成功。这方面我们有过不少教训。把马克思主义的普遍真理同我国的具体实际结合起来，走自己的道路，建设有中国特色的社会主义，这就是我们总结长期历史经验得出的基本结论。""建设有中国特色的社会主义"这一主题的提出，标志着邓小平建设有中国特色社会主义理论的产生。

我们党在邓小平创造性地提出"走自己的道路，建设有中国特色的社会主义"后，根据邓小平的论述形成和提出了以"一个中心，两个基本点"为主要内容的基本路线。后来，党的十四大概括了邓小平建设有中国特色的社会主义理论的主要内容，党的十五大把它简称为"邓小平理论"，并把它同毛泽东思想一起作为党的指导思想写进了党章。

# 181

第一次总结"社会主义的本质"

# 邓小平"南方谈话"

（1992 年年初）

从改革开放的第一天起，姓"资"姓"社"问题就处于一切思想问题的中心。特区、农村联产承包、证券、私有企业、外资企业……总括起来就是市场经济，长久遭受姓"资"姓"社"的质问。解决这些尖锐、复杂的问题都需要一个基本前提——什么是社会主义的本质。

改革开放初期，邓小平对社会主义有重新认识。在邓小平看来，中国最大的社会现实，就是生产力落后，人民生活贫困。他强调，"贫穷不是社会主义"。

"贫穷不是社会主义"，这是从现象上对社会主义的重新认识，从而引发了关于社会主义本质的重新思考。在坚持"消灭剥削"为最终目标的前提下，邓小平提出了新的设想："我们是社会主义国家，社会主义制度优越性的根本表现，就是能够允许社会生产力以旧社会所没有的速度迅速发展，使人民不断增长的物质文化生活需要能够逐步得到满足。"显然，这是邓小平针对实际现象对社会主义本质进行的初步归纳。

现象归纳呼唤着理论总结。1980 年 5 月 5 日，邓小平在会见外宾时使用了"社会主义本质"一词。他说："社会主义是一个很好的名词，但是如果搞不好，不能正确理解，不能采取正确的政策，那就体现不出社会主义的本质。"在这次谈话中，他还使用了"社会主义优越性"的概念："根据我们自己的经验，讲社会主义，首先就要使生产力发展，这是主要的。只有这样，才能表明社会主义的优越性。社会主义经济政策对不对，归根到底要看生产力是否发展，人民收入是否增加。这是压倒一切的标准。空讲社会主义不行，人民不相信。"社会主义本质"这一概念的提出，表明此时邓小平已经开始从理论层面考虑社会主义本质的问题。

邓小平再一次明确谈到"社会主义本质"，是在5年后的1985年8月21日，这次他是为了说明改革的性质问题："改革的性质同过去的革命一样，也是为了扫除发展社会生产力的障碍，使中国摆脱贫穷落后的状态。从这个意义上说，改革也可以叫革命性的变革。我们的经济改革，概括一点说，就是对内搞活，对外开放"，"对内搞活经济，是活了社会主义，没有伤害社会主义的本质。"这次谈话，使"改革"与"社会主义本质"密切地联系起来，这是社会主义本质认识的重要一步。邓小平明确地提出"改革"是"为了扫除发展社会生产力的障碍""没有伤害社会主义的本质"，实际上是社会主义本质论中"解放生产力"的雏形。

1990年12月24日，邓小平在同江泽民等领导同志谈话时再次谈到"社会主义本质"。值得注意的是，这次他谈到了共同富裕问题。他指出："共同致富，我们从改革一开始就讲，将来总有一天要成为中心课题。社会主义不是少数人富起来、大多数人穷，不是那个样子。社会主义最大的优越性就是共同富裕，这是体现社会主义本质的一个东西。如果搞两极分化，情况就不同了，民族矛盾、区域间矛盾、阶级矛盾都会发展，相应地中央和地方的矛盾也会发展，就可能出乱子。"

1992年，邓小平已经宣布退休两年了。当时，党内和一部分干部群众中一度出现了对党和国家改革开放政策的模糊认识，甚至出现了姓"资"姓"社"的争论。这些实际上都涉及要不要坚持以经济建设为中心的党的"一个中心，两个基本点"的基本路线，中国走什么道路的问题。1月18日至2月21日，88岁的邓小平以普通党员的身份到武昌、深圳、珠海和上海视察，对有关改革开放的政策和理论作了系统阐述。其中最著名的论断之一，是不要纠缠于

"姓资"还是"姓社"的问题讨论,"改革开放的判断标准主要看是否有利于发展社会主义社会的生产力,是否有利于增强社会主义国家的综合国力,是否有利于提高人民的生活水平"。根据"三个有利于"标准,邓小平指出,社会主义的本质是解放生产力、发展生产力,消灭剥削,消除两极分化,最终达到共同富裕。

社会主义本质问题解决后,姓"社"姓"资"的死扣也就迎刃而解了:"计划多一点还是市场多一点,不是社会主义与资本主义的本质区别。"党的十四大报告主要依据邓小平"南方谈话"精神,从9个方面概括了建设有中国特色社会主义理论的主要内容。5年后的党的十五大,将这一理论命名为"邓小平理论",并写进党章,成为与马克思列宁主义、毛泽东思想并列的党的指导思想,中国改革开放的进程从此不可逆转。

# 182

第一次确定我国经济体制改革的目标是建立
社会主义市场经济体制

## 中国共产党第十四次全国代表大会

（1992 年 10 月）

　　1978 年年底，党的十一届三中全会作出把党和国家工作中心转移到经济建设上来、实行改革开放的历史性决策，中华巨轮驶入历史新航道。

　　改革开放的推进，进一步触及计划经济的内核，更深层次的矛盾和问题随之出现。1982 年 9 月 1 日，在党的十二大开幕词中，邓小平提出"走自己的道路，建设有中国特色的社会主义"这一重大历史命题，为社会主义中国寻找自己的发展道路，亮出最鲜明的旗帜。党的十二大报告强调"计划经济为主、市场调节为辅"的原则。但计划经济和商品经济的讨论，并未因此削弱。激烈的大辩论酝酿着经济改革的新变局。

　　1984 年 10 月，党的十二届三中全会通过《中共中央关于经济体制改革的决定》，突破了把计划经济同商品经济对立的传统观念，明确社会主义经济是"公有制基础上的有计划的商品经济"。

　　改革的锋芒突破了计划经济体制后，并非一路坦途。20 世纪 80 年代末90 年代初，寄望于一步到位的价格闯关受挫。在国内外复杂形势下，一些人把计划和市场的问题同社会主义制度联系起来，提出姓"社"还是姓"资"的疑问。中国能否抓住机遇，加快推进改革开放和发展？在这样重要历史关头，邓小平在南方谈话中强调："计划多一点还是市场多一点，不是社会主义与资本主义的本质区别。计划经济不等于社会主义，资本主义也有计划；市场经济不等于资本主义，社会主义也有市场。计划和市场都是经济手段。"这个精辟论断，从根本上解除了把计划经济和市场经济看作属于社会基本制度范畴的思想束缚，使我们在计划与市场关系问题上的认识有了新的重大突破，对加快推进改革开放产生了重大而深远的影响。

伟大时代孕育伟大理论，伟大理论指引伟大实践。党的十四大首次明确提出：我国经济体制改革的目标是建立社会主义市场经济体制，是要使市场在社会主义国家的宏观调控下对资源配置起基础性作用。把社会主义制度与市场经济结合起来，建立和完善社会主义市场经济体制，这是在马克思主义理论中找不到的伟大创举，是对中国特色社会主义理论和实践的重大发展。

随着改革开放的深入，我们党对市场作用的认识不断深化：党的十六大提出"在更大程度上发挥市场在资源配置中的基础性作用"；党的十七大提出"从制度上更好发挥市场在资源配置中的基础性作用"；党的十八大提出"更大程度更广范围发挥市场在资源配置中的基础性作用"。正因为正确处理政府和市场的关系，中国经济社会充满着生机和活力。

党的十八大以来，经济体制改革理论继续取得重大突破。党的十八届三中全会提出"使市场在资源配置中起决定性作用和更好发挥政府作用"。将市场在资源配置中的作用从"基础性"改为"决定性"，是经济理论的重大突破。在这一重大理论创新指引下，让"看不见的手"和"看得见的手"都发挥出各自作用，努力形成市场作用和政府作用有机统一、相互补充、相互协调、相互促进的格局，推动经济社会持续健康发展。党的十九大报告强调"坚持社会主义市场经济改革方向""加快完善社会主义市场经济体制"，并指出"经济体制改革必须以完善产权制度和要素市场化配置为重点，实现产权有效激励、要素自由流动、价格反应灵活、竞争公平有序、企业优胜劣汰"。这些重要论述，进一步深化了对社会主义市场经济规律的认识，进一步坚定了社会主义市场经济改革方向，明确了加快完善社会主义市场经济体制的重点任务，是习近平新时代中国特色社会主义思想在经济体制改革领域的具体体现。

# 183

第一次完整提出"三个代表"重要思想

# 江泽民广州讲话

（2000 年 2 月 25 日）

  1996 年，十四届六中全会作出决定，对县处级以上领导干部进行一次以"讲学习、讲政治、讲正气"为主要内容的党性党风教育。这次为期 3 年的教育活动，发扬了延安整风运动的精神，采取自上而下、分期分批进行、党内批评和自我批评相结合的方式，使全党同志，尤其使领导干部受到了一次深刻的党性党风教育，达到了预期的效果。1999 年年底，中央决定每一位政治局常委都到一个县去对县级党政领导干部开展"三讲"教育作一次讲话，直接抓县级领导干部的"三讲"教育。时任中共中央总书记江泽民从中选定了广东省茂名市代管的县级市——高州市。

  2000 年 2 月 20 日下午，在高州市礼堂召开了有近 600 人参加的高州市领导干部"三讲"教育会议。江泽民在会上发表了重要讲话，史称"高州讲话"。江泽民指出，在新的世纪里，我们要巩固和发展一个多世纪以来中国人民的伟大奋斗成果，把老一辈无产阶级革命家开创的社会主义事业全面推向前进，达到预期的宏伟目标；我们要正确应对国内外错综复杂的环境，坚定不移地完成改革和建设的各项任务；我们要使党始终保持工人阶级先锋队性质，始终代表最广大人民群众的利益，始终成为社会先进生产力的代表，始终领导全国各族人民促进社会生产力的发展，始终坚强有力地发挥好领导核心作用，必须结合新的历史条件进一步从思想上、组织上和作风上把党建设好。开展

"三讲"教育，就是为了更好地推进党的建设，为党在新世纪的奋斗进一步做好思想、政治和组织准备。

2月25日，江泽民在广州珠岛宾馆听取了广东省委的工作汇报之后，发表重要讲话，讲了两个小时。他郑重指出："总结我们党70多年的历史，可以得出一个重要的结论，这就是：我们党之所以赢得人民的拥护，是因为我们党在革命、建设、改革的各个历史时期，总是代表着中国先进生产力的发展要求，代表着中国先进文化的前进方向，代表着中国最广大人民的根本利益，并通过制定正确的路线、方针、政策，为实现国家和人民的根本利益而不懈奋斗。"这就是"三个代表"最初的完整提出。这次讲话，是江泽民在继"高州讲话"提出"代表最广大人民利益，代表社会先进生产力"的基础上，又提出了"代表中国先进文化的前进方向"，同时，在文字表述和排序上作了调整，并强调："人类又来到一个新的世纪之交和新的千年之交。在新的历史条件下，我们党如何更好地做到这'三个代表'，是一个需要全党同志特别是党的高级干部深刻思考的重大课题。"

提出"三个代表"重要思想后，江泽民于2000年5月在江苏、浙江、上海考察时进一步强调："始终做到'三个代表'，是我们党的立党之本、执政之基、力量之源。"此后，他在中央召开的经济工作会议、统战工作会议和中纪委会议上，从不同角度对新形势下加强和改善党的领导问题作了论述，使"三个代表"重要思想不断得到充实和完善。

2001年7月1日，江泽民代表中共中央在庆祝中国共产党成立80周年大会上发表讲话，系统阐述了"三个代表"重要思想的科学内涵，指出，总结80年的奋斗历程和基本经验，归结起来，就是必须始终做到"三个代表"。"三个代表"是统一的整体，相互联系，相互促进。发展先进的生产力，是发展先进文化，实现最广大人民根本利益的基础条件。人民群众是先进生产力和先进文化的创造主体，也是实现自身利益的根本力量。不断发展先进生产力和先进文化，归根到底都是为了满足人民群众日益增长的物质文化生活需要，不断实现最广大人民的根本利益。

　　"三个代表"重要思想，既是中国特色社会主义理论体系的重要组成部分，又是对中国特色社会主义理论体系的重大发展；既与马克思列宁主义、毛泽东思想、邓小平理论一脉相承，又是对马克思列宁主义、毛泽东思想、邓小平理论的继承与发展。2002年11月，党的十六大通过的党章修正案，把"三个代表"重要思想同马克思列宁主义、毛泽东思想、邓小平理论一道，确立为党必须长期坚持的指导思想。

# 184

## 第一次明确规定把其他社会阶层中的
## 先进分子纳入入党对象并写进党章

# 中国共产党第十六次全国代表大会

### （2002 年 11 月）

　　1989 年第 6 期《半月谈（内部版）》刊登了一篇题为《百万富翁的入党风波》的文章，文章的内容反映的是两位私营企业主申请入党的特殊经历。党的十一届三中全会给我国非公有制经济带来了春的气息，在"文化大革命"中惨遭"灭绝"的私营经济开始了艰辛而漫长的重生之旅。文中提到的两人最终均因其私营企业主的身份被拒于党的门外。当时，人们以《半月谈（内部版）》杂志为主阵地，通过文章、书信等方式展开激烈地争论。大家在对私营企业主剥削者身份的认同上几乎是没有异议的，争论的焦点是现阶段剥削现象存在的合理性，并由此去推断私营企业主该不该入党的问题。

　　党的历史上，在"吸收什么样人入党"方面曾有过经验教训。革命战争时期，既

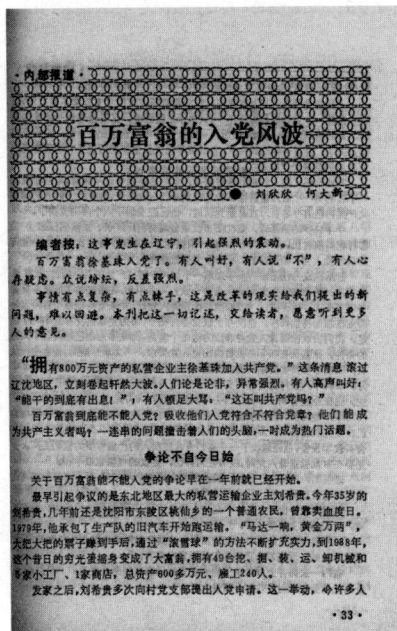

《半月谈（内部版）》1989 年第 6 期刊登题为《百万富翁的入党风波》的文章

279

有敌对分子、投机分子混入我们党内的情形，也有过"左"倾关门主义倾向。中华人民共和国成立后，又曾一度强调出身和成分，许多优秀人才被拒于党的大门之外。由于受当时认识所限和国际国内局势影响，1989年8月28日，中共中央发出《关于加强党的建设的通知》，明确规定：我们党是工人阶级的先锋队。私营企业主同工人之间实际上存在着剥削与被剥削的关系，不能吸收私营企业主入党。

在迷茫中论争，在论争中醒悟，在醒悟后升华思想。中国共产党是一个有着"解放思想、实事求是"优良传统的党，在与时俱进的理论创新中，不断修正和完善自身的路线、方针和政策。随着党对私营经济实践活动的不断推进，认识也逐渐清晰和明朗起来。

1992年10月召开的党的十四大率先实现了私营经济理论上的突破：私营经济首次被纳入我国所有制结构的模式。我国的经济所有制结构是"以公有制为主体，个体经济、私营经济、外资经济为补充、多种经济成分长期共同发展"。这一表述进一步稳固了私营经济的合法地位，私营经济不再是朝不保夕的简单"配角"，而是渐渐有了"自家人"的感觉。但真正把私营经济变成"自家人"的还是1997年党的十五大。党的十五大把包括私营经济在内的非公有制经济看作是"我国社会主义市场经济的重要组成部分"，不再只是"补充"。党的十五大后，私营经济进入了一个发展的黄金期。

随着私营经济的发展壮大，私营企业主的地位也不断得以提升，他们中许多人在当地政协、人大担任职务，受到了社会的尊重，也有少数私营企业主在当地党政部门的支持下加入中国共产党，并担任地方政府领导职务。

革新与争议历来都是一对孪生兄弟。在少数私营企业主入党的同时，相关的争议也接踵而至。这一轮争论的焦点不再是剥削现象存在的合理性问题，而是私营企业主是剥削者还是劳动者之争，并由此作出私营企业主能否入党的判断。

争论持续到2001年7月1日。江泽民在纪念中国共产党成立80周年大会上的讲话中，明确肯定了私营企业主是中国特色社会主义事业的建设者。

## 84

据此，私营企业主的定性问题解决了，作为社会主义建设者的私营企业主理应获得入党的政治权利。江泽民在讲话中进一步指出：“随着经济的发展，广大人民群众的生活水平不断提高，个人的财产也逐渐增加。在这种情况下，不能简单地把有没有财产、有多少财产当作判断人们政治上先进与落后的标准，而主要应该看他们的思想政治状况和现实表现，看他们的财产是怎么得来的以及对财产怎么支配和使用，看他们以自己的劳动对建设有中国特色社会主义事业所作的贡献”，“应该把承认党的纲领和章程、自觉为党的路线和纲领而奋斗、经过长期考验、符合党员条件的社会其他方面的优秀分子吸收到党内来，并通过党这个大熔炉不断提高广大党员的思想政治觉悟，从而不断增强我们党在全社会的影响力和凝聚力。”

2002 年党的十六大最终明确了私营企业主入党的问题。党的十六大报告指出：“要把承认党的纲领和章程、自觉为党的路线和纲领而奋斗、经过长期考验、符合党员条件的其他社会阶层的先进分子吸收到党内来，增强党在全社会的影响力和凝聚力。适应新形势，探索党员管理工作的新机制新方法。”同时，在十六大党章中，也明确写道：“年满十八岁的中国工人、农民、军人、知识分子和其他社会阶层的先进分子，承认党的纲领和章程，愿意参加党的一个组织并在其中积极工作、执行党的决议和按期交纳党费的，可以申请加入中国共产党。”

把私营企业主在内的其他社会阶层中的先进分子纳入入党对象并写进党章，这是中国共产党历史上破天荒的第一次，极大地鼓舞和振奋了私营企业主参与社会政治生活的积极性，圆了他们企盼了多年的梦。

# 185

第一次明确表述"科学发展观"的党的重要文献

## 《中共中央关于完善社会主义市场经济体制若干问题的决定》

（2003 年 10 月）

2003 年年初，我国国有企业在经历了数年改革阵痛后，正逐步恢复元气，民营企业发展迅速，社会矛盾比较缓和，外部没有太多的干扰，继 2002 年国内生产总值（GDP）首次突破 10 万亿元后，人均国内生产总值也突破 1000 美元……整个社会站在新的历史起点上，充满着一种乐观向上的氛围。

广东省作为我国改革开放的最前沿，经过 20 多年市场取向的改革，经济成果显著。但就在 2003 的 2 月，一场突如其来的"非典"疫情从这里开始蔓延。随着死亡人数的攀升，整个中国陷入了巨大的恐慌之中，给中国社会和作为执政党的中国共产党带来了重大考验。"非典"的肆虐，暴露出我国公共卫生发展严重滞后的问题。据媒体报道，除一些疫情严重的地区严重缺乏传染病医院，政府"各部门之间缺乏协调"也很关键，"即使在医疗系统内，医院也所属不同，有省属、市属、教育部所属、军队所属及行业所属等，指挥不顺畅"。这还仅仅是问题的一个侧面。可以说，"非典"疫情把我国经济社会发展不全面、城乡发展不协调、突发事件应急机制不健全、处理和管理危机能力不强等薄弱环节集中暴露了出来，让核心领导层比过去任何时候都更加深刻地认识到，当时全国经济社会发展存在"一条腿长、一条腿短"的鲜明反差，是不全面、不协调的。

282

2003 年 4 月，时任中共中央总书记胡锦涛在听取广东省委、省政府汇报工作时，针对发展中存在的问题，提出要坚持"全面的发展观"。

2003 年 7 月 28 日，全国防治"非典"工作会议在北京召开。在全面总结抗击"非典"斗争经验时，胡锦涛第一次用"全面发展、协调发展、可持续发展"概括了新的"发展观"，并且强调："这里的发展绝不只是指经济增长，而是要坚持以经济建设为中心，在经济发展的基础上实现社会全面发展。"一种新的发展思路呼之欲出。

一个月后，胡锦涛在江西围绕这一问题进行考察调研。其间，他提出，"要牢固树立协调发展、全面发展、可持续发展的科学发展观，积极探索符合实际的发展新路子，进一步完善社会主义市场经济体制"，首次将"科学发展观"与"完善社会主义市场经济体制"联系起来。这一点，成为党的十六届三中全会《决定》起草工作的重要指导原则。

胡锦涛多次对《决定》的总体思路、基本框架、重点要点作出指示，询问起草进展，对起草组上报的稿件逐字逐句审阅并作出修改。2003 年 10 月，十六届三中全会通过了《中共中央关于完善社会主义市场经济体制若干问题的决定》，正式提出"坚持以人为本，树立全面、协调、可持续的发展观"，并提出了进一步推进各方面改革的重大举措。自此，科学发展观在党的重要文献中得到了明确表述。

2004 年 2 月，党中央举办了省部级主要领导干部树立和落实科学发展观专题研究班，要求各级领导干部一定要自觉运用科学发展观来指导各项工作，推进中国特色社会主义事业顺利发展。2005 年以后，结合"十一五"规划的制定，党中央开始强调全面贯彻落实科学发展观。到党的十七大时明确指出，科学发展观不仅仅管经济发展，而且管政治发展、社会发展、文化发展和党的建设等各个方面。

上述过程表明，科学发展观的提出和确立是出于实践的需要，致力于解决我国发展过程中尤其是现阶段存在的主要问题，是为了实践而产生的一种理论，也是在实践基础上实现的理论创新。正是由于科学发展观的正确指导，我国才在随后的发展历程中从容应对了诸如汶川大地震、国际金融危机等一系列危机，克服了许多困难，经济社会发展和各方面工作都取得了丰硕成果。实践反过来证明了科学发展观的理论价值和实践意义。

2012年11月，党的十八大报告再次强调，必须把科学发展观贯彻到现代化建设全过程、体现到党的建设各方面，并将科学发展观同马克思列宁主义、毛泽东思想、邓小平理论、"三个代表"重要思想一起，列为党必须长期坚持的指导思想并写入新党章。这一重大决定是对科学发展观的理论地位和实践作用的新阐述，也是党今后长期坚持科学发展观不动摇的根本依据。

中国共产党第一部党内监督条例

# 《中国共产党党内监督条例（试行）》

（2003 年 12 月 31 日颁布）

党的十三届六中全会抓住党的建设中群众路线这个根本问题，作出《中共中央关于加强党同人民群众联系的决定》，明确提出要制定一部党内监督条例，以便能"进行铁面无私的监督检查"，以发展党内民主，加强党内监督，转变党的作风，密切党群关系。党的十四届四中全会、十五届六中全会再次提出这一任务，党的十六大进一步强调要加强对权力的制约和监督，要不断强化党内监督。

至 2003 年，中国共产党已经是一个拥有 300 多万个党组织和 6600 多万名党员的大党，担负着全面建设小康社会的历史任务。在这样的历史条件下，党内监督工作出现许多前所未有的新情况、新问题。伟大事业的推进，长期执政地位的巩固，党内队伍建设的现状和所处的时代环境，对党的自身建设提出了更高的新的要求。为此，中共中央于 2003 年 12 月 31 日颁布了《中国共产党党内监督条例（试行）》（以下简称《条例（试行）》）。

《条例（试行）》共 5 章 47 条，对党内监督的重点对象、重点内容和监督职责作了较为详细的规定，并制定了规范党内监督工作的 10 项制度。该条例是中国共产党建党 82 周年、执政 54 年以来制定的第一部党内监督条例，具有很强的突破意义和昭示作用。它看起来只是党风廉政法规制度建设的一小步，实际上则是发展党内民主、强化党内监督的一大步。它标志着党内监督工作

《人民日报》关于中共中央通知要求各地区各部门认真贯彻执行《中国共产党党内监督条例（试行）》的报道

从此进入规范化、制度化的新阶段。它的颁布实施，对于我们坚持党要管党、从严治党的方针，发展党内民主、加强党内监督，维护党的团结统一，保持党的先进性，始终做到立党为公、执政为民，起到了重要的作用。

随着形势任务发展变化，《条例（试行）》监督主体比较分散、监督责任不够明确、监督制度操作性和实效性不强等与新实践新要求不相适应的问题日益显现出来。为坚持党的领导，加强党的建设，全面从严治党，强化党内监督，保持党的先进性和纯洁性，2016年11月，党的十八届六中全会根据《中国共产党章程》，审议通过了新修订的《中国共产党党内监督条例》，对党内监督的指导思想、基本原则、监督主体、监督内容、监督对象、监督方式等重要问题作出规定，为新形势下强化党内监督提供了根本遵循。

第一次明确提出"构建社会主义和谐社会"

# 中国共产党第十六届中央委员会
# 第四次全体会议

（2004 年 9 月）

在中国几千年的历史中，一直都不缺少"和"的思想。从国泰民安、天下大同到夜不闭户、路不拾遗，从封建统治者到普通百姓，都在追求着"和"的思想境界。到了近代，孙中山认为这种理想社会应当是天下为公，博爱仁义。直到中国共产党团结带领全国人民建立了新中国，这个故事开始了崭新的篇章。

到 21 世纪初，中国现代化建设取得了巨大成就，上了一个大台阶。这突出表现在经过全党和全国各族人民的共同努力，我们实现了现代化建设"三步走"战略的第一步、第二步目标，人民生活总体上达到小康水平，为下一步发展奠定了坚实基础。但与此同时，我们实现的小康，还是低水平的、不全面的、发展很不平衡的，"发展起来以后的问题"也开始越来越多地出现。这既表现在经济体制和其他方面的管理体制还不完善，民主法制建设和思想道德建设等方面还存在一些不容忽视的问题，更表现在我国生产力和科技、教育还比较落后，城乡、区域发展不平衡，就业和社会保障压力增大，生态环境、自然资源和经济社会发展的矛盾日益突出。特别是由此引发的人民内部矛盾，包括群体性事件也开始比较集中地显现出来，日益成为影响社会稳定的一个突出问题。

中国的发展究竟应该怎样往前走？2002年11月召开的党的十六大，回答了在新世纪新阶段我们党举什么旗、走什么路、实现什么目标这样一些重大问题。十六大在阐述社会建设问题时，明确地提出要促使"社会更加和谐"。这在我们党的历史上，无疑具有开创性意义。改革开放前的一段时间里，由于我们对马克思主义存在教条式的理解，偏离了对基本国情的正确把握，常常讲斗争多，讲和谐少。把"和谐"的概念引入党的代表大会的政治报告、特别是把"和谐"引入社会建设领域，组成"社会和谐"这样一个全新概念，并明确把它作为党的奋斗目标的一项重要内容，是十六大的一个突出亮点，也是我们党立足新世纪新阶段的基本国情，对"什么是社会主义、怎样建设社会主义"问题探索的一个新的突破。从此，在全面建设小康社会的奋斗目标中有了社会建设的重要内容，明确了社会建设的目的是更好地促进社会和谐，这就不仅为和谐社会建设点了题，也为之后中国的发展指明了方向。

2004年9月，党的十六届四中全会深入分析了我们党治国理政面临的新形势新要求，从全面建设小康社会、开创中国特色社会主义事业新局面出发，明确提出了构建社会主义和谐社会的重大战略任务。2005年2月，胡锦涛在中央党校省部级主要领导干部"提高构建社会主义和谐社会能力"专题研讨班上，进一步阐明了构建社会主义和谐社会的基本内涵，

《人民日报》关于十六届六中全会通过《中共中央关于构建社会主义和谐社会若干重大问题的决定》的报道

指出："我们所要建设的社会主义和谐社会，应该是民主法治、公平正义、诚信友爱、充满活力、安定有序、人与自然和谐相处的社会。"2005 年 10 月，党的十六届五中全会把构建社会主义和谐社会确定为贯彻落实科学发展观必须抓好的一项重大任务，并提出了工作要求和政策措施。

2006 年 10 月，党的十六届六中全会着重研究建立和谐社会的一系列重大问题，作出了《中共中央关于构建社会主义和谐社会若干重大问题的决定》（以下简称《决定》）。这是对构建社会主义和谐社会具有重大指导意义的纲领性文件。《决定》明确指出，社会和谐是中国特色社会主义的本质属性，是国家富强、民族振兴、人民幸福的重要保证，并把我们党关于社会主义现代化建设的总目标由"建设富强民主文明的社会主义现代化国家"丰富发展为"建设富强民主文明和谐的社会主义现代化国家"，进一步突出了和谐社会建设的重大意义和战略地位。《决定》提出到 2020 年构建社会主义和谐社会的目标和主要任务，并强调要遵循以下原则：必须坚持以人为本，必须坚持科学发展，必须坚持改革开放，必须坚持民主法治，必须坚持正确处理改革、发展、稳定的关系，必须坚持在党的领导下全社会共同建设。

"构建社会主义和谐社会"是我们党理论创新的一个重大成果，具有重大的理论意义和现实意义。构建社会主义和谐社会战略任务的提出，丰富了马克思主义关于社会主义社会建设的理论，反映了中国共产党对中国特色社会主义事业发展规律的新认识，使中国特色社会主义事业总体布局，由社会主义经济建设、政治建设、文化建设三位一体发展为社会主义经济建设、政治建设、文化建设、社会建设四位一体，从而使中国特色社会主义的发展模式更加清晰。在当时历史条件下，为我们紧紧抓住和用好重要战略机遇期、实现全面建设小康社会的宏伟目标提供了重要的思想指导。

# 188

第一次提出"中国特色社会主义理论体系"

# 中国共产党第十七次全国代表大会

（2007 年 10 月）

　　党的十七大提出了中国特色社会主义理论体系的科学命题，明确指出：中国特色社会主义理论体系，就是包括邓小平理论、"三个代表"重要思想以及科学发展观等重大战略思想在内的科学理论体系。

　　新时代孕育新思想，新思想指导新实践。以当代中国国情和实践为基点，中国特色社会主义理论体系的发展轨迹紧紧围绕我们党对一系列重大理论和实践问题进行的探索和回答依次展开历史画卷，在坚持用马克思主义观察时代、解读时代、引领时代的同时，又主动自觉地用鲜活、丰富的当代中国实践推动马克思主义发展，开辟当代马克思主义新境界、写出科学社会主义"新版本"。党的十八大报告删除了"等重大战略思想"这几个字，对这一命题作出新的表述：中国特色社会主义理论体系，就是包括邓小平理论、"三个代表"重要思想、科学发展观在内的科学理论体系，是对马克思列宁主义、毛泽东思想的坚持和发展。党的十九大报告及十九大党章均列明，习近平新时代中国特色社会主义思想是中国特色社会主义理论体系的重要组成部分。

　　邓小平理论是中国特色社会主义理论体系的开篇之作，紧紧围绕"什么是社会主义、怎样建设社会主义"这一基本问题，在我国改革开放的实践基础上既继承前人又打破陈规，深刻揭示了社会主义本质，确立了社会主义初级阶段基本路线，科学回答了建设中国特色社会主义的一系列基本问题，开辟了马克思主义中国化的新境界。

"三个代表"重要思想在世界社会主义出现严重曲折的严峻考验面前，紧紧围绕"建设什么样的党、怎样建设党"这一基本问题，在科学揭示执政党建设规律的基础上，捍卫了中国特色社会主义，确立了社会主义市场经济体制的改革目标和基本框架，确立了社会主义初级阶段的基本经济制度和分配制度，成功把中国特色社会主义推向 21 世纪。

科学发展观在全面建设小康社会进程中推进实践创新、理论创新、制度创新，紧紧围绕"实现什么样的发展、怎样发展"这一基本问题，强调坚持以人为本、全面协调可持续发展，进一步丰富和深化了对社会主义建设规律、社会发展规律、共产党执政规律的认识，成功在新的历史起点上坚持和发展了中国特色社会主义。

习近平新时代中国特色社会主义思想准确把握中国特色社会主义的历史新方位、实践新要求，紧紧围绕"新时代坚持和发展什么样的中国特色社会

中国共产党第十七次全国代表大会会场

主义、怎样坚持和发展中国特色社会主义"这一重大时代课题，科学回答了当今时代和当代中国发展提出的重大理论和现实问题，形成系统科学的理论体系，推动中国特色社会主义进入新时代。习近平新时代中国特色社会主义思想使我们对共产党执政规律、社会主义建设规律、人类社会发展规律的认识达到了新高度，为发展马克思主义作出了原创性贡献，是当代中国马克思主义、21世纪马克思主义。

中国特色社会主义理论体系凝结着几代中国共产党人带领全国人民不懈探索实践的智慧和心血，是全党全国人民最宝贵的政治财富和精神财富。从邓小平理论到习近平新时代中国特色社会主义思想，既呈现为不同时期的中国特色社会主义理论彼此间的一脉相承，又表现为中国特色社会主义理论在实践中的不断创新和发展。它把中国特色社会主义和实现社会主义现代化、实现中华民族伟大复兴有机贯通起来，充分体现了中国人民高度的理论自信，也向世界展示了科学社会主义的光明图景。

# 189

## 第一次正式提出社会主义核心价值观

# 中国共产党第十八次全国代表大会

### （2012 年 11 月）

"每个时代都有每个时代的精神。我曾经讲过，实现中国梦必须走中国道路、弘扬中国精神、凝聚中国力量。核心价值观是一个民族赖以维系的精神纽带，是一个国家共同的思想道德基础。如果没有共同的核心价值观，一个民族、一个国家就会魂无定所、行无依归。为什么中华民族能够在几千年的历史长河中生生不息、薪火相传、顽强发展呢？很重要的一个原因就是中华民族有一脉相承的精神追求、精神特质、精神脉络。"这段话来自习近平总书记 2014 年 10 月 15 日在文艺工作座谈会上发表的重要讲话。在习近平总书记系列重要讲话中，关于培育和践行社会主义核心价值观是一个重要方面。党的十八大以来，习近平总书记多次作出重要论述并提出明确要求。

中国共产党凝练和提出社会主义核心价值观，经历了一个长期的逐渐深化认识的过程。

早在民主革命时期，中国共产党就注重价值观的培养和教育。"全心全意为人民服务""毫不利己、专门利人"等马克思主义的价值观，成为那个时期的主流价值观。中华人民共和国成立后，社会主义基本政治制度、基本经济制度的确立和以马克思主义为指导思想的社会主义意识形态，为社会主义核心价值体系建设奠定了政治前提、物质基础和文化条件。在有关价值观的培养、教育方面，毛泽东等老一辈无产阶级革命家为雷锋同志题词开启全国学

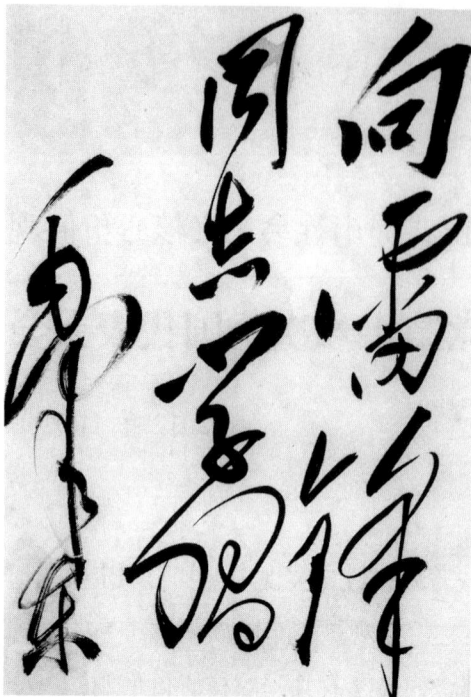

1963年3月5日,《人民日报》发表毛泽东题词"向雷锋同志学习",全国掀起学习雷锋的热潮

雷锋的历史篇章是其中的典型代表。随着学雷锋活动的深入开展,全国各行各业和各条战线上,涌现出成千上万雷锋式的先进人物,社会上迅速呈现出一种奋发图强、积极向上的精神风貌。正如习近平总书记指出的:"雷锋精神是永恒的,是社会主义核心价值观的生动体现。"

进入改革开放新的历史时期,党更加重视价值观的培养和教育。中国的对外开放大门打开后,我们在利用西方资金、技术的同时,一些不适合中国甚至腐朽没落的东西也夹带而入,对我们的精神文明建设带来挑战。1979年,十一届四中全会首次提出要建设高度的社会主义精神文明。1980年5月,《中国青年》杂志编发了署名为"潘晓"的一封读者来信,随即引发了一场长达半年、覆盖全国的关于人生观、价值观的大讨论。参加讨论的人众说纷纭,莫衷一是,由此凸显的人生观、价值观方面的巨大分歧与混乱,成为改革开放之初亟待解决的问题。1981年2月25日,全国总工会、团中央等9个单位联合发出倡议,号召全国人民特别是广大青少年开展以"讲文明、讲礼貌、讲卫生、讲秩序、讲道德"和"语言美、心灵美、行为美、环境美"为主要内容的文明礼貌活动。随着"五讲四美"深入人心,其内容也在不断充实。到了1983年年初,"五讲四美"又增加了"三热爱",即热爱祖国、热爱社会主义、热爱中国共产党,从而使其价值指向更加明确。

几十年来,在中国共产党的团结带领下,各类群众性精神文明创建活动有序开展，优秀精神文化产品广泛传播，道德模范人物不断涌现，全国各族人民不懈奋斗，不但创造了巨大的物质财富，而且创造了巨大的精神财富，国家的面貌、人民的面貌、中华民族的面貌都发生了前所未有的变化。进入新世纪以来，国际国内形势都发生了深刻变化。一方面，西方主要资本主义国家意识形态和文化渗透的深度和广度都在拓展和外延，方式不断变化；另一方面，国内人们思想活动的独立性、选择性、多变性、差异性日益增强，社会思想空前活跃，各种思想观念相互交织，各种文化相互激荡，社会意识出现多样化的趋势。尤其是我国的改革开放进入一个全面推进和深化的阶段，各种深层次的矛盾日益突出，各种利益的博弈更加激烈。面对全面推进深化改革的艰巨重任，全党上下以及全社会需要统一思想，同心协力，攻克难关。

2006年3月4日，胡锦涛在关于树立社会主义荣辱观的讲话中提出的"八个为荣、八个为耻"，全面阐述了树立正确价值观的具体要求，对明确是非、善恶、美丑界限，推动形成良好社会风气，具有重要的现实指导意义，深化了我们党对社会主义道德建设规律的认识。至此，社会主义核心价值体系的基本框架和内容呼之欲出。同年10月，党的十六届六中全会通过的《中共中央关于构建社会主义和谐社会若干重大问题的决定》，明确提出了社会主义核心价值体系的基本内容，即马克思主义指导思想、中国特色社会主义共同理想、以爱国主义为核心的民族精神和以改革创新为核心的时代精神、社会主义荣辱观。2007年10月，党的十七大进一步指出了"社会主义核心价值体系是社会主义意识形态的本质体现"。社会主义核心价值体系的提出，为社会主义核心价值观的凝练和提出提供了基础和前提条件。

2011年10月，党的十七届六中全会强调，社会主义核心价值体系是"兴国之魂"，建设社会主义核心价值体系是推动文化大发展大繁荣的根本任务。提炼和概括出简明扼要、便于传播践行的社会主义核心价值观，对于建设社会主义核心价值体系具有重要意义。2012年11月，党的十八大正式提出了社会主义核心价值观。胡锦涛在党的十八大上所作的报告中指出，要加强社会主义核心价值体系建设，深入开展社会主义核心价值体系学习教育，用社会主义核心价值体系引领社会思潮、凝聚社会共识，"倡导富强、民主、文明、和谐，倡导自由、平等、公正、法治，倡导爱国、敬业、诚信、友善，积极培育社会主义核心价值观"。"三个倡导"分别从国家层面、社会层面和个人层面高度凝练和概括了社会主义核心价值观的基本内容。党的十九大报告进一步指出，社会主义核心价值观是当代中国精神的集中体现，精辟论述了社会主义核心价值观与当代中国精神之间的关系，标志着中国共产党对社会主义核心价值观精神实质的认识提升到了一个新的高度。

面对世界范围思想文化交流交融交锋形势下价值观较量的新态势，面对改革开放和发展社会主义市场经济条件下思想意识多元多样多变的新特点，积极培育和践行社会主义核心价值观，对于巩固马克思主义在意识形态领域的指导地位、巩固全党全国人民团结奋斗的共同思想基础，对于促进人的全面发展、引领社会全面进步，对于集聚全面建成小康社会、实现中华民族伟大复兴中国梦的强大正能量，具有重要现实意义和深远历史意义。

## 第一次提出和阐述"中国梦"

# 习近平总书记参观《复兴之路》展览时的讲话

### （2012 年 11 月 29 日）

国家富强、民族振兴、人民幸福，是近代以来几代中国人心中的梦想。

当封建王朝的落日辉煌黯然消退，有着 5000 年文明历史的中华民族"国破山河在"。每一个想挽救民族危亡、改造中国社会的炎黄子孙，有谁不"夜阑卧听风吹雨，铁马冰河入梦来"……

我们做过中体西用的"洋务梦"。采西学、制洋器，自强、求富，穿新鞋走老路，最终梦断甲午海战的炮火中。

我们做过救亡图存的"变法梦"。康有为、梁启超的维新变法，试图按照英、日等国的模式，在中国实行君主立宪制，但梦断"有心杀贼，无力回天"的六君子的血泊中。

我们做过资本主义的"宪政梦"。孙中山领导辛亥革命建立了中华民国，提出"五权宪法"和"军政、训政、宪政"的路线图，但最终演变成军阀割据、国家分裂、连年战乱、民不聊生的噩梦。

我们还做过科学民主的梦，尝试过各种主义：改良主义、自由主义、社会达尔文主义、无政府主义、实用主义、民粹主义、工团主义……热热闹闹"你方唱罢我登场"。但是，当人们"把吴钩看了、栏干拍遍"之后，中国的问题依然没有解决，梦醒时分，不知路在何方……

唯有马克思列宁主义、社会主义，像一道历史的阳光，照亮了中国的舞台，照亮了中国人前进的道路。中国共产党领导的人民革命的胜利，彻底结束了中国内忧外患、积贫积弱的悲惨历史，彻底改变了中国人民和中华民族的前途命运，开启了中华民族不断发展壮大、走向伟大复兴的历史进程。

社会主义的道路并非一帆风顺。中华人民共和国成立后，由于经验不足，我们也走过不少弯路。一度照抄苏联模式，在党的指导思想上出现"左"的错误，甚至发生了"文化大革命"那样的悲剧，经验和教训都十分深刻。但是，尽管探索艰辛坎坷，这段曲折的历程也为新时期开创中国特色社会主义提供了宝贵经验、理论准备、物质基础。改革开放以来，邓小平带领全党解放思想、实事求是，以巨大的政治勇气和理论勇气实行改革开放，走出了一条中国特色社会主义的新路，成就举世瞩目。这一时期，一些发展中国家照搬不适合本国国情的发展模式，造成党争纷起、社会动荡、人民饱受苦难。与之形成对照的是，中国在东欧剧变、国际金融危机的冲击下，在各种挑战风险相连、矛盾陷阱叠加的复杂情况下，没有停顿，没有后退，更没有崩溃，反而综合国力与日俱增，人民生活水平不断提高，"风景这边独好"。

历史给人以深刻的启示：道路决定命运。历史作出了明确的结论：只有社会主义才能救中国，只有中国特色社会主义才能发展中国。中国特色社会主义，是人民的选择、历史的必然。

坚持和发展中国特色社会主义是一篇大文章，一代又一代中国共产党人呕心沥血、接力续写精彩纷呈的新篇章。"历史的接力棒已经交到了我们手中"，"建成社会主义现代化强国，实现中华民族伟大复兴，是一场接力跑，我们要一棒接着一棒跑下去，每一代人都要为下一代人跑出一个好成绩。"党的十八大召开后不久，2012 年 11 月 29 日，习近平总书记和其他中央政治局常委来到国家博物馆，参观《复兴之路》展览。习近平总书记在参观展览时提出和阐述了"中国梦"。他指出：每个人都有理想和追求，都有自己的梦想。现在，大家都在讨论中国梦，我以为，实现中华民族伟大复兴，就是中华民族近代以来最伟大的梦想。这个梦想，凝聚了几代中国人的夙愿，体现了中华民族和中国人民的整体利益，是每一个中华儿女的共同期盼。历史告诉我们，每个人的前途命运都与国家和民族的前途命运紧密相连。国家好，民族好，大家才会好。实现中华民族伟大复兴是一项光荣而艰巨的事业，需要一代又一代中国人共同为之努力。空谈误国，实干兴邦。我们这一代共产党人一定要承前启后、继往开来，把我们的党建设好，团结全体中华儿女把我们国家建设好，把我们民族发展好，继续朝着中华民族伟大复兴的目标奋勇前进。

此后，习近平总书记多次深刻阐述实现中华民族伟大复兴的中国梦。强调中国梦的基本内涵是国家富强、民族振兴、人民幸福；中国梦归根到底是人民的梦，人民对美好生活的向往就是我们的奋斗目标；实现中国梦，必须坚持中国道路、弘扬中国精神、凝聚中国力量；全体中华儿女要同心共圆中华民族伟大复兴的中国梦；中国梦是和平、发展、合作、共赢的梦，不仅造福中国人民，而且造福世界人民。

中国梦生动形象地表达了全体中国人民的共同理想追求，昭示着国家富强、民族振兴、人民幸福的美好前景，为坚持和发展中国特色社会主义注入新的内涵和时代精神。中国梦已经成为凝聚党心民心、激励中华儿女为实现中华民族伟大复兴而奋斗的强大精神力量。

# 191

第一次提出"一带一路"倡议

## 习近平主席在出访哈萨克斯坦和印度尼西亚时先后提出共建"丝绸之路经济带"和"21世纪海上丝绸之路"

（2013年秋）

丝绸之路，又称丝路，包括陆上丝绸之路和海上丝绸之路，是自古以来联系东方与西方、贯通亚非欧及拉美许多国家和地区的主要通道。千年丝路，跨越古今。漫长岁月里，这条古老通道上的不同民族、文化、文明相遇交融、相互滋养，共同书写了互通有无、交流互鉴的辉煌篇章。

2013年9月7日，习近平主席在哈萨克斯坦纳扎尔巴耶夫大学发表演讲，提出了共同建设"丝绸之路经济带"的畅想。同年10月3日，他在印度尼西亚国会发表演讲，提出共同建设"21世纪海上丝绸之路"。这二者共同构成了"一带一路"重大倡议。在新的历史条件下，习近平主席以共建"一带一路"倡议唤起了沿线国家的共同历史记忆，赋予古丝绸之路精神全新的时代内涵。

在世界发展与全球治理的复杂体系中，"一带一路"是一个新事物，"新"在合作理念设计，也"新"在它是中国这样一个发展中国家提出的国际合作倡议。今天，经济全球化深入发展是历史大势，但也面临收入分配不平等、发展空间不平衡等突出问题。治理赤字、信任赤字、和平赤字、发展赤字是横亘在全人类面前的严峻挑战。"世界怎么了、我们怎么办？"习近平主席在联合国日内瓦总部演讲时发出"时代之问"。共迎挑战，将人类前途命运掌握

　　参与国际规则的制定，参与全球治理是中华民族伟大复兴的机遇，也是中国作为一个主权国家的义务和担当。中国声音获得越来越多国家的响应，中国方案正成为国际共识。图为"一带一路"国际合作高峰论坛在北京雁栖湖国际会议中心举行圆桌峰会

在自己手中，需要各国积极做行动派、不做观望者。"在'一带一路'建设国际合作框架内，各方秉持共商、共建、共享原则，携手应对世界经济面临的挑战，开创发展新机遇，谋求发展新动力，拓展发展新空间，实现优势互补、互利共赢，不断朝着人类命运共同体方向迈进。这是我提出这一倡议的初衷，也是希望通过这一倡议实现的最高目标。"习近平主席给出了中国答案。

　　"一带一路"倡议提出来后，各国纷纷响应，全球为之瞩目，古老丝路就此焕发新光。一种理念之所以应者云集，一个重要原因是它体现出新的全球治理观，从而引发了并肩偕行、逐梦未来的时代共鸣。贯穿"一带一路"建设的一个核心理念、本质要求和基本原则就是"共商共建共享"，这也是全球治理应该遵循的新的治理观，它明确回答和解决了"一带一路"国际合作建设怎么建、谁来建、为谁建的重要问题。"共商"意味着"一带一路"建设尊重各方愿望、关切各方利益，相互多商量，集思而广益，多谋而共断，共商

而后定。"共建"意味着合作建设的各方对于共同建设和发展的项目切实做到同心协力、同舟共济，不仅要共享发展机遇，还要共同应对挑战并共同克服困难、化解矛盾、承担风险。"共享"意味着合作建设项目所形成的利益和成果要按照公平、公正的原则，由合作各方共同分享，绝不能以强凌弱、以大欺小。通过共商共建共享最终达到共赢，这是共建"一带一路"同以往不公正不合理的国际合作的最大不同之处，也是其受到国际社会普遍欢迎的重要原因。

共建"一带一路"秉持古丝绸之路形成的丝路精神，符合各国人民的共同愿望，顺应时代发展潮流，因而具有重要现实依据和现实动力。我们完全有理由相信，共建"一带一路"作为历史发展的必然产物，将不断为自己开辟前进的道路，直至到达成功的彼岸。

# 192

## 第一次提出中国特色社会主义最本质特征

# 习近平总书记在中央经济工作会议上的讲话

（2013 年 12 月 10 日）

1943 年，19 岁的曹火星看到延安《解放日报》发表的社论《没有共产党就没有中国》，便结合自己的亲身感受，在房山县霞云岭堂上村一间土房的小炕桌上，创作出歌曲《没有共产党就没有中国》。一传十，十传百，这首歌很快响遍了各抗日根据地。"没有共产党，就没有中国，共产党辛劳为民族，共产党一心救中国……"这熟悉的曲调、滚烫的旋律，伴随着中国革命的胜利唱遍了全中国。1950 年的一天，毛泽东听到女儿李讷唱这首歌，便纠正说，没有共产党的时候，中国早就有了，应当改为"没有共产党就没有新中国"。一个"新"字，成为点睛之笔。这首歌因道出了人民的心声而传唱至今，也赢得了广泛的赞誉。

"没有共产党，就没有新中国。"这已为历史所证明，而且历史还证明了，没有中国共产党，就没有中国的社会主义；没有中国共产党，就没有中国特色社会主义。中国共产党不仅是中国特色社会主义道路的开辟者，而且是中国特色社会主义制度的确立者和发展者。新时代，需要宏伟方略的指引。2013 年 12月 10 日，习近平总书记在中央经济工作会议上，正式提出了一个重大论断："中国特色社会主义有很多特点和特征，但最本质的特征是坚持中国共产党领导。"

之后，无论在中央政治局集体学习、省部级主要领导干部专题研讨班还是在基层民主生活会上，习近平总书记都反复阐述中国特色社会主义最本质特征这个论断。2014年9月5日，习近平总书记在庆祝全国人民代表大会成立60周年大会上的讲话中强调指出："中国共产党的领导是中国特色社会主义最本质的特征。没有共产党，就没有新中国，就没有新中国的繁荣富强。坚持中国共产党这一坚强领导核心，是中华民族的命运所系。"2016年7月1日，习近平总书记在庆祝中国共产党成立95周年大会上的讲话中再次强调："办好中国的事情，关键在党。中国特色社会主义最本质的特征是中国共产党领导，中国特色社会主义制度的最大优势是中国共产党领导。坚持和完善党的领导，是党和国家的根本所在、命脉所在，是全国各族人民的利益所在、幸福所在。"党的十九大进一步指出："中国特色社会主义最本质的特征是中国共产党领导，中国特色社会主义制度的最大优势是中国共产党领导，党是最高政治领导力量。"这一重大论断是党的十八大以来以习近平同志为核心的党中央关于中国共产党历史地位的新概括。其全新的意义就在于，深刻揭示了党的领导与中国特色社会主义的关系，是对科学社会主义基本特征和邓小平社会主义本质论的丰富与发展，是对中国特色社会主义实践发展的新概括，这标志着我们党对中国特色社会主义本质的认识提升到了新高度。

2018年1月18日至19日，党的十九届二中全会在北京举行，审议通过了《中共中央关于修改宪法部分内容的建议》。一个多月后，十三届全国人大一次会议召开，审议宪法修正案（草案）是这次大会的主要议程。3月11日，大会举行第三次全体会议，表决通过了《中华人民共和国宪法修正案》，把"中国共产党领导是中国特色社会主义最本质的特征"写入宪法总纲第一条，以国家根本大法的形式确定了党在国家中的领导地位。

中国特色社会主义进入新时代，中华民族日益走近世界舞台中央，但"发展起来以后的问题并不比不发展的时候少"，来自政治、意识形态、经济、科技、社会、外部环境、党的建设等领域重大风险层出不穷，国际形势依然波谲云诡，改革发展稳定任务依然艰巨繁重。牢牢把握中国共产党领导这一中国特色社会主义最本质的特征、中国特色社会主义制度的最大优势，是我们战胜一切困难和风险的"定海神针"！

## 193

## 第一次将"全面从严治党"提升到"四个全面"战略高度

# 习近平总书记在江苏调研时的讲话

（2014 年 12 月）

丰泽园，20 世纪七八十年代北京有名的高级饭庄。这里一度常有"特殊宾客"光顾，一顿饭菜几十元，而他们只付一二元，名为"吃客饭"，实为搞特权。其中一位，是时任商业部部长王磊。对这些职高权重的"特殊宾客"，丰泽园饭庄职工表面不敢吭声，背地里常议论。丰泽园饭庄有个青年厨师，名叫陈爱武，是全国劳动模范、新长征突击手。对于"吃客饭"的事，他先

1980年10月17日 星期五 第四版

## 青年厨师陈爱武敢于向特权挑战

在我们的现实生活中，还存在着一些搞特权的领导干部。当遇到这些人的时候，你该怎么办？

让我们看一看，全国劳动模范、新长征突击手、北京市丰泽园饭庄青年厨师陈爱武是怎样做的吧！

丰泽园饭庄，因中南海"丰泽园"而取名，是首都数得上的高级饭店。它独具风味，驰名中外，生意兴隆。

然而，局外人哪里知道，这家饭店却时常有一些"特殊宾客"来光顾。这些人到饭店大吃大喝，一顿饭菜几十元钱，而他自己只付一、二元，名之曰吃"客饭"。在这些"特殊宾客"中，有一位就是商业部部长王磊。他仅自1977年以来，到这里吃"客饭"有据可查的就有16次，以当年的菜价计算，仅菜一项就是124.92元，而他自己只付给19.52元。如果以饭庄所存"王磊部长饭票一份"的单据计算，该部长吃"客饭"少付的钱数，就更为可观了。

对这些职高权大的"特殊宾客"，丰泽园饭庄职工表面不敢吭声，背地里常议论：

议论："哎！王磊部长又来吃'客饭'了，一顿饭菜几十元，付的不过是一碗汤钱！""象这样的人领导搞四化，我们咋能有信心！"……

陈爱武心里更是不平静。他想，纠正党内的不正之风，中央领导应该带头，向中央反映！"就这样，他写了一封揭发信，于1980年7月12日寄到了中央纪律检查委员会。

一石激起千层浪。小陈投书中纪委，上级派来了调查组，在丰泽园饭庄引起了一场风波，有支持，有非议。

有的讲：吃"客饭"在饭店系统算不了什么问题，吃不光是丰泽园一家，该吃还得吃，社会这样，我们就这样！

但是，许多同志都同情和支持陈爱武。服务局职工，去报名告状。回来后，饭庄有位领导同志训他，说要以矿工论处。厨房一组组长主持正义，鼓励陈爱武不要胆怯。他说："只有他先把我的组长撤了，才能

楼里谁不知道这位部长的"秘密"？就是没有人捅破窗户纸呀？

怎么办？很难怨这些同志，他们确实管不了啊！"地方管不了，还有党中央。

算你矿工。"

面对这一切，陈爱武思绪万千。

几年来，自己在为人民服务的平凡岗位上做出了一点成绩，党和人民给了自己很高的荣誉。作为一个共产党员，自己当然要奋力在本职岗位上创优异成绩，但更应当对党负责，使自己成为党联系人民群众的桥梁和纽带，而不应计较个人名利！而今，虽说是"得罪"了部长，顶头上司，但这样做，符合党的决心扫除种种不正之风的精神。想到这里，小陈心里更加豁亮了："有党在，我不怕！"

是的，我们的党是完全可以信赖的。书记在陈爱武投书中纪委，不光是丰泽园，中央领导同志就对反映的问题作作了重要批示。因中央寻找他谈了话，给予鼓励和支持。同时，中纪委决定在严肃处理王磊同志搞特殊化问题的同时，表扬了陈爱武同志，对他敢于同不正之风作斗争的精神给予了很高评价。

（摘《中国青年报》）

《人民日报》关于"青年厨师陈爱武敢于向特权挑战"的报道

后反映到饭庄党支部、北京市服务局，都得不到解决。怎么办？他一封举报信寄到了中央纪律检查委员会。中央纪律检查委员会立即派人调查，情况属实，随即向全党发出通报，责成有关部门整改。部长王磊写了书面检查。《中国青年报》《人民日报》相继进行了报道。此事在高级干部中引起不小震动，有的认为处理过重。对此，时任中央纪律检查委员会常务书记黄克诚在列席中央书记处会议时严肃地说："现在群众对干部搞特殊不满，不就是因为领导干部不自觉、搞特殊化吗？难道领导干部就不能批评了？做错事就不能见报了？有什么不得了？舆论监督，听听老百姓的声音有什么不好？"

在领导中国革命、建设、改革的奋斗历程中，我们党为什么能够在各种政治力量的反复较量中脱颖而出？为什么能够始终走在时代前列、成为中国人民和中华民族的主心骨？根本原因就在于我们党始终保持自我革命精神，一次次拿起手术刀来革除自身病症，一次次靠自己解决了自身问题。1992 年 10 月，十四大党章首次将"从严治党"写入总纲，"从严治党"正式成为管党治党的总遵循和根本原则。勇于自我革命、从严管党治党，是我们党最鲜明的品格。

2014 年 10 月 8 日，习近平总书记在党的群众路线教育实践活动总结大会上的讲话中首提"全面推进从严治党"。2014 年 12 月 13 日至 14 日，习近平总书记在江苏调研，第一次提出"全面从严治党"，并将其与全面建成小康社会、全面深化改革、全面依法治国并列提出，形成"四个全面"战略布局。党的十八届六中全会专题研究全面从严治党重大问题，充分展现了党中央坚定不移推进全面从严治党的决心和信心。党的十九届五中全会在全面建成小康社会胜利在望之际，遵循实践中探索、探索中实践的规律，将"四个全面"战略布局中"全面建成小康社会"表述更新为"全面建设社会主义现代化国家"，对实现第二个百年奋斗目标具有更强的针对性和指导性。

党的十八大以来，以习近平同志为核心的党中央身体力行、率先垂范，坚持思想建党、组织建党和制度治党紧密结合，集中整饬党风，严厉惩治腐败，净化党内政治生态，重点从六个方面推进全面从严治党：一是抓思想从严，坚持用马克思主义中国化最新成果武装头脑、凝心聚魂，用理想信念和党性教育固本培元、补钙壮骨，着力教育引导全党坚定理想、坚定信念，增强中国特色社会主义道路自信、理论自信、制度自信、文化自信；二是抓管党从严，坚持和落实党的领导，引导全党增强政治意识、大局意识、核心意识、看齐意识，着力落实管党治党责任，不断增强各级党组织管党治党意识和能力；三是抓执纪从严，坚持把纪律挺在前面，严明党的政治纪律和政治规矩，坚持有令必行、有禁必止，坚决查处各种违反纪律的行为，使各项纪律规矩真正成为"带电的高压线"，用铁的纪律从严治党，保证全党团结统一、步调一致；四是抓治吏从严，坚持正确用人导向，深化干部人事制度改革，破解"四唯"难题，着力整治用人上的不正之风，优化选人用人环境；五是抓作风从严，从落实八项规定和整治"四风"入手，坚持以上率下，锲而不舍、扭住不放，着力解决许多过去被认为解决不了的问题，推动党风政风不断好转；六是抓反腐从严，坚持无禁区、全覆盖、零容忍，坚持重遏制、强高压、长震慑惩治腐败，"老虎""苍蝇"一起打，着力扎紧制度的笼子，特别是清除了周永康、薄熙来、郭伯雄、徐才厚、令计划等腐败分子，有效遏制腐败蔓延势头。

经过几年的努力，全面从严治党取得显著成效，党内正气在上升，党风在好转，社会风气在上扬。这些变化是全面深刻的变化、影响深远的变化、鼓舞人心的变化，为党和国家事业发展积聚了强大正能量。这充分表明，党中央作出全面从严治党的战略抉择是完全正确的，是深得党心民心的。

办好中国的事情，关键在党。全面从严治党不仅是党长期执政的根本要求，也是实现中华民族伟大复兴的根本保证。我们党要团结带领人民进行伟大斗争、推进伟大事业、实现伟大梦想，必须毫不动摇地把党建设得更加坚强有力。全面从严治党永远在路上。

# 194

第一次提出"不忘初心"

## 习近平总书记给国家测绘地理信息局第一大地测量队 6 位老队员、老党员的回信

（2015 年 7 月 1 日）

　　上海，兴业路 76 号；浙江嘉兴，南湖红船。两个具有重要标志性意义的中国革命原点，在时隔近百年之后的华夏大地上依然闪耀着指引未来的光芒。2017 年 10 月 31 日，在党的十九大胜利闭幕一周之际，习近平总书记带领中共中央政治局常委专程赶赴这里，沿着早期共产党人的历史足迹，探寻我们党一往无前的精神密码。在上海、嘉兴，习近平总书记多次讲到"初心"二字。

　　初心是什么？中共一大会址纪念馆播放的视频短片《追梦》吸引了政治局常委们的目光：共产党领航，中国从生灵涂炭、一穷二白，到世界第二大经济体；从铁钉、火柴都要进口，到自力更生造出"两弹一星"，"嫦娥"奔月、"蛟龙"入海……一个政党的成长和一个国家的复兴紧密相连。"中国共产党人的初心和使命，就是为中国人民谋幸福，为中华民族谋复兴。这个初心和使命是激励中国共产党人不断前进的根本动力。"短片播放的习近平总书记在十九大报告中所讲的一席话，听来更令人心潮澎湃。

　　党的十八大以来，习近平总书记在多个场合对共产党人的"初心"作了阐释。

　　2013 年 12 月 26 日，在纪念毛泽东同志诞辰 120 周年座谈会上的讲话中，

308

习近平总书记指出："一切向前走，都不能忘记走过的路；走得再远、走到再光辉的未来，也不能忘记走过的过去。"话语里虽然没有"初心"二字，但"不忘初心"的寓意已经蕴藏在字里行间。

2015年5月25日，国家测绘地理信息局第一大地测量队6位老队员、老党员用攀登过珠峰的手，写信向习近平总书记汇报。7月1日，习近平总书记回信，充分肯定他们爱国报国、勇攀高峰的感人事迹和崇高精神，同时谆谆告诫全体共产党人：忠于党、忠于人民、无私奉献，是共产党人的优秀品质。党的事业，人民的事业，是靠千千万万党员的忠诚奉献而不断铸就的。不忘初心，方得始终。全国广大共产党员要始终在党爱党、在党为党，心系人民、情系人民，忠诚一辈子，奉献一辈子，以自己的实际行动，团结带领亿万人民为实现"两个一百年"奋斗目标、实现中华民族伟大复兴的中国梦而共同奋斗。这应是"不忘初心"最早的表述。

2016年7月1日，在庆祝中国共产党成立95周年大会上的讲话中，习近平总书记系统阐述了"不忘初心、继续前进"的基本思想，并就此明确提出八个方面要求，指出："我们党已经走过了95年的历程，但我们要永远保持建党时中国共产党人的奋斗精神，永远保持对人民的赤子之心……面向未来，面对挑战，全党同志一定要不忘初心、继续前进。"至此，"不忘初心"成为新时代中国共产党人奋斗的主题词。

2017年10月18日，党的十九大把"不忘初心，牢记使命，高举中国特色社会主义伟大旗帜，决胜全面建成小康社会，夺取新时代中国特色社会主义伟大胜利，为实现中华民族伟大复兴的中国梦不懈奋斗"确立为大会的主题。在十九大报告中，习近平总书记深刻阐明了初心和使命的内涵与意义。"不忘初心、牢记使命"正式写入我们党的最重要文件——党代会文件中，成为习近平新时代中国特色社会主义思想的重要内容。

2017年12月1日，习近平总书记出席中国共产党与世界政党高层对话会开幕式并发表题为《携手建设更加美好的世界》的主旨讲话，他指出："中国共产党所做的一切，就是为中国人民谋幸福、为中华民族谋复兴、为人类谋和平与发展。"首次把中国共产党人的初心和使命，与中国所倡导的构建人类命运共同体理念紧密联系起来。这是对同年1月18日他在联合国日内瓦总部发表题为《共同构建人类命运共同体》的主旨演讲中提出的"构建人类命运共同体，实现共赢共享"的中国方案的呼应。

2018年4月8日，在会见联合国秘书长古特雷斯时，习近平总书记进一步提出："我们所做的一切都是为人民谋幸福，为民族谋复兴，为世界谋大同。""为世界谋大同"的表述充分展示了中华民族自古以来关于人类社会发展的美好图景，即"大道之行也，天下为公，选贤与能，讲信修睦"，也赋予"不忘初心、牢记使命"世界意义。

今天，嘉兴南湖游人如织；上海一大会址纪念馆，每日迎接着来自五湖四海的瞻仰者。在这些地方生起的火种，一代代共产党人接续前行。"秀水泱泱，红船依旧；时代变迁，精神永恒。"党的一大会议闭幕时的场景令习近平总书记感怀，"让我们再喊一遍口号吧！记得声音要轻一点"。"嗯！""中国共产党万岁！"……政治局常委们声音低沉却铿锵有力。

从中国共产党第一个纲领、第一份决议，到党的十九大报告，中国共产党带领人民一步接一步，从蓝图到现实，前所未有接近中华民族伟大复兴的梦想。不忘初心、牢记使命、永远奋斗——这是中国共产党人永葆青春活力的秘诀，这是一个肩负历史重托的政党对人民的承诺。"只要我们团结一心、苦干实干，就一定能乘风破浪……"习近平总书记挥动手臂，笑着说，"从小船一直划到巨轮上，驶向光辉的彼岸"。

## 195

第一次提出增强"四个意识"作为广大党员、干部和各级党组织政治上的一项基本要求

# 中共中央政治局会议

（2016 年 1 月 29 日）

　　中国共产党领导中国革命、建设和改革的不同历史时期，关于增强政治意识、大局意识、核心意识、看齐意识（合称"四个意识"）的内容和经验是十分丰富的。在党中央和红军进行伟大长征的生死关头，是遵义会议确立毛泽东在中共中央和红军中的领导地位，开始形成以毛泽东同志为核心的党的第一代中央领导集体，才使中国革命转危为安、化险为夷。刚刚结束了"文化大革命"的中国，在党和国家面临向何处去的重大历史关头，是十一届三中全会沿着邓小平指引的方向开辟了中国特色社会主义道路，并逐步形成以邓小平同志为核心的党的第二代中央领导集体，才使中国走上了改革开放的康庄大道。十三届四中全会在世界社会主义面临重大历史考验的关头，选举产生以江泽民同志为核心的党的第三代中央领导集体，确保了十一届三中全会以来党的路线方针政策的全面贯彻，才使中国特色社会主义成功推向 21 世纪。

　　党的十八大以来，党和国家事业又站在一个新的历史起点上，正在进行具有许多新的历史特点的伟大斗争。这场伟大斗争，面对着许多可预料和不可预料的艰难险阻，如发展中的"中等收入陷阱"、大国关系中的"修昔底德陷阱"、创新发展中的"阿喀琉斯之踵"、网络舆情中的"塔西佗陷阱"，等等。

要赢得这场伟大斗争的胜利，没有党和国家的集中统一，没有党中央坚强领导核心，没有强有力的中央权威，是不行的、不可想象的。维护党中央权威，绝不是一般性问题和个人的事，而是方向性、原则性问题，是党性，是大局，关系党、国家、民族前途命运。为此，2016年1月29日，中共中央政治局召开会议，根据世情国情党情变化对党的建设提出的新要求，把增强政治意识、大局意识、核心意识、看齐意识首次整合为一组完整概念，明确把它作为对广大党员、干部和各级党组织政治上的一项基本要求，极大地丰富升华了"四个意识"的思想内涵。

"四个意识"的提出，标志着中国政治、中国治理进入一个新阶段，党中央以及习近平总书记，将以更大的权威与担当，带给中国人民更多获得感。党的十八大以来，以习近平同志为核心的党中央团结带领全党和全国各族人民，把治国理政推向新水平、开创新境界、打开新局面。这一成功实践有力地证明，治国必先治党，治党务必从严。为此，就要不断夯实打牢政治意识、大局意识、核心意识、看齐意识。这是凝聚全党和全国人民共识，凝心聚力、攻坚克难，为实现中华民族伟大复兴中国梦而不懈奋斗的关键。牢固树立政治意识，就是要在大是大非上不糊涂，始终在思想上政治上行动上同以习近平同志为核心的党中央保持高度一致，做到令行禁止；牢固树立大局意识，就是要在事关大局的问题上勇于打破利益固化的藩篱，决不能搞"上有政策、下有对策"，始终自觉聚焦于和服务于统筹推进"五位一体"总体布局和协调推进"四个全面"战略布局；牢固树立核心意识，就是要自觉拥护和维护党中央的领导核心，自觉拥护和维护以习近平同志为核心的党中央的权威，在关键时刻不迷航、不转向；牢固树立看齐意识，就是要自觉向习近平总书记看齐，向以习近平同志为核心的党中央看齐，向党的理论和路线方针政策看齐。增强"四个意识"，作为对广大党员、干部和各级党组织政治上的一项基本要求，归结为一句话，就是要坚持以党的旗帜为旗帜、以党的方向为方向、以党的意志为意志，自觉在思想上政治上行动上同以习近平同志为核心的党中央保持高度一致，坚决维护党中央权威，坚决维护习近平总书记的核心地位，坚决贯彻党中央的决策部署。这当中，"自觉同党中央保持高度一致是关键"，增强政治意识、大局意识、核心意识、看齐意识，都是围绕同党中央保持高度一致、坚决维护习近平总书记的核心地位这一关键来展开的。

有人以为，现在是强调党内民主、强调尊重党员权利的时代了，强调"四个意识"是限制党内民主、不尊重党员权利。这是对党的民主集中制的误解。党章明确规定，民主集中制作为党的根本组织原则，是民主基础上的集中和集中指导下的民主相结合。这就决定了发扬党内民主、尊重党员权利与不断增强"四个意识"，都是加强民主集中制建设的应有之义。一方面，必须充分发扬党内民主，尊重党员主体地位，保障党员民主权利，这样才能充分发挥各级党组织和广大党员的积极性创造性。另一方面，党内民主必须充分保证党中央的权威，必须实行正确的集中，保证全党的团结统一和行动一致，保证党的决定得到迅速有效的贯彻执行。

习近平总书记深刻指出："'四个意识'不是空洞的口号，不能只停留在口头表态上，要切实落实到行动上。"增强"四个意识"，既是一个重大理论问题、政治问题和思想认识问题，也是一个重大实践问题。增强"四个意识"，需要坚持表里如一、知行合一，既要加强党性锻炼，提高政治素养，内化于心，更要加强落实，外化于形，切实把增强"四个意识"体现在各项工作中。只有增强"四个意识"，自觉在思想上政治上行动上同以习近平同志为核心的党中央保持高度一致，才能使我们党更加团结统一、坚强有力，始终成为中国特色社会主义事业的坚强领导核心。

# 196

第一次提出"四个自信"

## 习近平总书记在第十八届中央政治局
## 第三十三次集体学习时的讲话

（2016 年 6 月 28 日）

习近平总书记在党的十九大报告中指出，实现伟大梦想，必须推进伟大事业。全党要更加自觉地增强道路自信、理论自信、制度自信、文化自信，既不走封闭僵化的老路，也不走改旗易帜的邪路，保持政治定力，坚持实干

中国共产党第十九次全国代表大会会场

兴邦，始终坚持和发展中国特色社会主义。坚定"四个自信"对进一步推进中国特色社会主义伟大事业、实现"两个一百年"奋斗目标和实现中华民族伟大复兴的中国梦具有重要意义。

以马克思主义基本原理为理论基础，以中外建设社会主义的经验教训为经验借鉴，以中华优秀传统文化为思想资源，经过几代中国共产党人的接力创造，我们党"四个自信"理论的形成经历了从"一个自信"到"两个自信""三个自信"再到"四个自信"这样一个逐步发展、不断深化拓展的过程。

2002年11月召开的党的十六大，第一次概括总结了我们党领导人民建设中国特色社会主义的十条基本经验，指出"十一届三中全会以来，我们党找到建设中国特色社会主义的正确道路，赋予民族复兴新的强大生机"，并强调我们党对这条道路"充满信心"。这是我们党的代表大会文件对中国道路自信的初步表述。

2007年10月召开的党的十七大，第一次把改革开放以来我们取得一切成绩和进步的根本原因，归结为"开辟了中国特色社会主义道路，形成了中国特色社会主义理论体系"，并强调"全党同志要倍加珍惜、长期坚持和不断发展党历经艰辛开创的中国特色社会主义道路和中国特色社会主义理论体系"，始终保持"对马克思主义、对中国特色社会主义、对实现中华民族伟大复兴的坚定信念"，保持对完成党的各项目标任务"充满信心"。这是我们党的代表大会文件对中国道路自信、理论自信合在一起的最早表述。

2012年11月召开的党的十八大，第一次把党和人民90多年奋斗、创造、积累的根本成就概括为"中国特色社会主义道路，中国特色社会主义理论体系，中国特色社会主义制度"，并强调"全党要坚定这样的道路自信、理论自信、制度自信"。这是我们党的代表大会文件对中国道路自信、理论自信、制度自信合在一起的最早表述。

2016年6月28日，在中共中央政治局第三十三次集体学习时，习近平总书记第一次把"文化自信"与"三个自信"并列提出，要求全党坚定中国特色社会主义道路自信、理论自信、制度自信、文化自信。几天后，习近平总书记在庆祝中国共产党成立 95 周年大会上的讲话中向全党明确提出了坚持"四个自信"的整体战略要求，强调"坚持不忘初心、继续前进，就要坚持中国特色社会主义道路自信、理论自信、制度自信、文化自信"，"全党要坚定道路自信、理论自信、制度自信、文化自信"。习近平总书记提出"四个自信"，不仅在原来讲的"三个自信"基础上补充了"文化自信"，而且使"四个自信"成为一种内涵丰富、内容精深的系统化理论，凸显了中国特色社会主义的文化根基、文化本质和文化理想，标志着我们党对中国特色社会主义有了更加明确而开阔的文化建构。

关于坚持"四个自信"的内在原因，习近平总书记指出：我们党之所以必须坚持中国特色社会主义"四个自信"，最根本的原因就是"中国特色社会主义不是从天上掉下来的，是党和人民历尽千辛万苦、付出巨大代价取得的根本成就。中国特色社会主义，既是我们必须不断推进的伟大事业，又是我们开辟未来的根本保证"。关于坚持"四个自信"的基本内涵，习近平总书记指出："我们要坚信，中国特色社会主义道路是实现社会主义现代化的必由之路，是指引中国人民创造自己美好生活的必由之路。我们要坚信，中国特色社会主义理论体系是指导党和人民沿着中国特色社会主义道路实现中华民族伟大复兴的正确理论，是立于时代前沿、与时俱进的科学理论。我们要坚信，中国特色社会主义制度是当代中国发展进步的根本制度保障，是具有鲜明中国特色、明显制度优势、强大自我完善能力的先进制度。文化自信，是更基础、更广泛、更深厚的自信。"关于坚持"四个自信"的目标任务，习近平总书记指出："牢固树立中国特色社会主义道路自信、理论自信、制度自信、文化自信，确保党和国家事业始终沿着正确方向胜利前进。""四个自信"是一个有机统一体，既相对独立，又相辅相成。文化自信是更基础、更广泛、更深厚的自信，道路自信、理论自信、制度自信，是文化自信的具体表现。作为一个国家、一个民族的灵魂、信仰、信念，文化自信是支撑道路自信、理论自信、制度自信的基础，并且渗透于道路自信、理论自信、制度自信之中，如果缺乏文化自信，道路自信、理论自信、制度自信就很难支撑起来。只有坚持文化自信，才能进一步做到道路自信、理论自信和制度自信，也只有坚定文化自信，才能推动社会主义文化的繁荣兴盛。

"四个自信"作为中国共产党创新理论的一个重要成果，作为习近平新时代中国特色社会主义思想的重要内容，是我们党总结百年来团结带领中华民族和中国人民进行不懈奋斗的实践历程和历史经验的战略抉择，是立足当下并面向未来对中国特色社会主义内涵的总体性、主体性和普遍性的科学诠释与意义把握，标志着中国特色社会主义达到了一种更新、更高的整体自信水平。在这个意义上可以说，习近平总书记关于"四个自信"的重要论述及其对中国特色社会主义的文化建构，正在与实现中华民族伟大复兴的中国梦、"四个全面"战略布局、新发展理念等一系列党中央治国理政新理念新思想新战略一道，推动着中国特色社会主义的发展迈向一种新的、具有总体性的话语表达和理论建构，必将随着我们党领导中国特色社会主义事业的不断发展而继续丰富和发展。

# 197

## 第一次将构建人类命运共同体理念
## 写入联合国决议

（2017 年 2 月 10 日）

中国政府自改革开放以来调整了自己与国际体系的关系，越来越重视人类的共同利益，使自己成为国际社会的"利益攸关者"。正如党的十八大报告所强调的那样，中国将坚持把中国人民利益同各国人民共同利益结合起来，以更加积极的姿态参与国际事务，发挥负责任大国作用，共同应对全球性挑战。在这种背景下，习近平总书记提出了构建人类命运共同体这一倡议。

人类命运共同体，顾名思义，就是每个民族、每个国家的前途命运都紧紧联系在一起，风雨同舟，荣辱与共，努力把我们生于斯、长于斯的这个星球建成一个和睦的大家庭，把世界各国人民对美好生活的向往变成现实。构建人类命运共同体这一倡议已被多次写入联合国文件，正在从理念转化为行动，产生日益广泛而深远的国际影响，成为中国引领时代潮流和人类文明进步方向的鲜明旗帜。

国际社会对"构建人类命运共同体"的态度如何？下面让我们通过几个片断，来理解、认知习近平总书记提出的这一伟大倡议。

2012 年 12 月 5 日，习近平主席在北京同在华工作的外国专家代表座谈。座谈会在党的十八大召开后不久举行。参加座谈会的世界核物理学界的领军人物之一的日本核物理学教授谷畑勇夫说，他当时同许多外国专家都有预感，"习近平希望通过与外国专家的交流，向世界传递更加清晰明确的信号"。座谈时，习近平指出，"我们的事业是向世界开放学习的事业"，"国际社会日益成为一个你中有我、我中有你的命运共同体"。谷畑勇夫说，习近平的讲述深刻而生动，这一理念意味着各国之间既彼此尊重、和而不同，又能够携手合作、同舟共济。"中国应该继续大力倡导人类命运共同体理念，让全世界认识到每个国家既可以各具特色，也可以和谐相处。"谷畑勇夫说，"这样的国际交流才能培育真合作、真友谊，世界才能更加和谐和幸福。"

2013 年 3 月，习近平当选国家主席后首次出访。3 月 23 日，在莫斯科国际关系学院，习近平主席发表题为《顺应时代前进潮流促进世界和平发展》的演讲，讲述了影响深远的两个重要概念——"命运共同体"和"新型国际关系"。俄罗斯国际事务理事会主任安德烈·科尔图诺夫密切关注了这场演讲："习近平的'命运共同体'理念首次提出时，就以长远眼光和宏大目标给人留下深刻印象。随着这些年的发展，命运共同体的蓝图日益清晰，影响范围远远超出欧亚大陆，这对阻止世界向单极化方向发展具有重要意义。"

2015 年秋天，在纽约召开的联合国成立 70 周年系列峰会上，联合国秘书长潘基文第一次感受到这一理念的感召力和影响力。"习近平第一次站在联合国的讲坛上发表演讲，在联大系列峰会上全面论述了人类命运共同体的主要内涵。"9 月 28 日，联大一般性辩论首日，习近平主席再次登上联合国讲台，声音坚定有力："携手构建合作共赢新伙伴，同心打造人类命运共同体。让铸剑为犁、永不再战的理念深植人心，让发展繁荣、公平正义的理念践行人间！"话音落下，掌声经久不息。随着同中国接触日益增多、对中国观察日渐深入，潘基文致辞提到命运共同体的次数也越来越多。他说："人类命运共同体的理念鼓舞人心，能改善国际治理体系，让各国更好地应对目前面临的困难和挑战。"

2017 年 1 月 17 日，在瑞士日内瓦达沃斯年会开幕式上，在"全球化"和"逆全球化"思潮交锋之际，习近平主席为世界经济"把脉开方"。在日内瓦万国宫，他回答了人类社会抉择的时代之问，提出构建人类命运共同体的"五个坚持"，讲到关键处几乎句句有掌声。世界经济论坛创始人兼执行主席克劳斯·施瓦布见证了各国政要、专家无数次演讲，但唯有这一次，他认为"具有重大历史意义""如冬日阳光""习近平主席讲话成为全球历史上的一个参照点"……演讲发表后，世界各大媒体几乎无一例外播报了这一"最令人瞩目的事件"。美国《外交政策》杂志说，这是"具有分水岭意义的时刻"；西班牙《国家报》指出，习近平成为全球化和自由贸易的"世界领导者"；英国《金融时报》中文网的文章说，全世界都在问，中国是否有意愿及能在多大程度上接过经济全球化领袖重任？演讲开始不过几分钟，已经有了肯定答案……

2017年2月10日，构建人类命运共同体理念写入联合国决议；3月17日，载入安理会决议；3月23日，载入联合国人权理事会决议……思想的光芒绽放，时代的价值永恒。

2018年3月11日，第十三届全国人民代表大会第一次会议通过的宪法修正案，将宪法序言第十二自然段中"发展同各国的外交关系和经济、文化的交流"修改为"发展同各国的外交关系和经济、文化交流，推动构建人类命运共同体"。

党的十九届四中全会在13个坚持中明确提出了"坚持独立自主和对外开放相统一，积极参与全球治理，为构建人类命运共同体不断作出贡献的显著优势"。这表明构建人类命运共同体不仅是"中国之治"的制度优势，也是在未来的"中国之治"不会改变和确定要坚持的。

昼夜星驰、风云变幻，人类面临百年未有之大变局。唯有凝聚共识的思想，方有拨云破雾的穿透力；唯有洞察未来的远见，方有指引前行的感召力。习近平主席提出"共同构建人类命运共同体"，显示出卓越政治家和战略家的高瞻远瞩和宏大视野，成为中国引领时代潮流和人类文明进步的鲜明旗帜。

# 198

第一次明确作出"中国特色社会主义进入
新时代"重大政治论断

## 习近平总书记在中国共产党第十九次
## 全国代表大会上所作的报告

（2017 年 10 月 18 日）

　　1987 年，党的十三大报告作出了我国将长期处于社会主义初级阶段的判断：我国从 20 世纪 50 年代生产资料私有制的社会主义改造基本完成，到社会主义现代化的基本实现，至少需要上百年时间，都属于社会主义初级阶段。这个阶段，既不同于社会主义经济基础尚未奠定的过渡时期，又不同于已经实现社会主义现代化的阶段。并指出"我们现阶段所面临的主要矛盾，是人民日益增长的物质文化需要同落后的社会生产之间的矛盾"。

　　时代是表述特定社会历史阶段的范畴，不同时代有不同内涵。我们坚持和发展中国特色社会主义，面对的最大国情是我国正处于并将长期处于社会主义初级阶段。但是，社会主义初级阶段是一个很长时期，其特点不可能不发生某些阶段性变化。因此，在社会主义初级阶段这个长历史过程中，我国社会主要矛盾也必然随着社会发展而变化。与时俱进地对中国特色社会主义所处的历史方位作出清醒判断，是我们党领导人民不断开创中国特色社会主义新局面的必然要求，也是党的创造力、领导力的具体体现。

　　几十年来，中国特色社会主义取得了历史性成就、党和国家事业发生了历史性变革。特别是党的十八大以来，我们党团结带领全国各族人民取得了全方位、开创性成就和深层次、根本性变革。这些成就和变革的重大意义，主要体现在习近平总书记提出的"三个意味着"：意味着近代以来久经磨难的中华民族迎来了从站起来、富起来到强起来的伟大飞跃，迎来了实现中华民族伟大复兴的光明前景；意味着科学社会主义在 21 世纪的中国焕发出强大生机活力，在世界上高高举起了中国特色社会主义伟大旗帜；意味着中国特色社会主义道路、理论、制度、文化不断发展，拓展了发展中国家走向现代化的途径，给世界上那些既希望加快发展又希望保持自身独立性的国家和民族提供了全新选择，为解决人类问题贡献了中国智慧和中国方案。这"三个意味着"，从中华民族的命运、社会主义的命运和世界发展的命运三个维度，勾画出中国特色社会主义进入新的阶段的参照坐标。

2017 年 10 月 18 日，中国共产党第十九次全国代表大会开幕。习近平总书记在党的十九大报告中明确作出中国特色社会主义进入新时代的重大政治论断。这一重大政治论断，最关键的理论和实践基础是我国社会主要矛盾已经从"人民日益增长的物质文化需要同落后的社会生产之间的矛盾"转化为"人民日益增长的美好生活需要和不平衡不充分的发展之间的矛盾"。我国社会主要矛盾的变化，是中国特色社会主义进入新时代的重要标志，也是新时代的重要特征。

中国特色社会主义进入新时代，使中国的发展站到一个更高层级的历史方位上。从这个历史方位往前看，新时代的内涵，在国家层面是决胜全面建成小康社会，进而全面建设社会主义现代化国家；在人民层面是不断创造美好生活，逐步实现全体人民共同富裕；在中华民族层面是奋力实现中华民族伟大复兴；在中国和世界的关系层面是中国日益走近世界舞台中央，不断为人类作出更大贡献。显然，这些内涵和使命是紧扣中国梦包括的国家富强、民族振兴、人民幸福具体目标来说的。也就是说，新时代是通过努力奋斗更真切地贴近实现中国梦的时代。

作出中国特色社会主义进入新时代的重大政治论断，彰显了中国共产党审时度势的非凡能力。习近平总书记曾指出："历史总是要前进的，历史从不等待一切犹豫者、观望者、懈怠者、软弱者。只有与历史同步伐、与时代共命运的人，才能赢得光明的未来。"中国共产党在革命、建设、改革的不同历史时期之所以能不断取得巨大成功，关键在于能够在时代变化的关头准确判断历史方向、正确把握形势发展的趋势和时代大潮的走向。作出中国特色社会主义进入新时代的重大政治论断，从新的历史起点和时代条件出发谋划发展，必将不断开创中国特色社会主义新局面。

# 199

第一次提出"两个伟大革命"

## 习近平总书记在新进中央委员会的委员、候补委员和省部级主要领导干部学习贯彻习近平新时代中国特色社会主义思想和党的十九大精神研讨班开班式上的讲话

（2018 年 1 月 5 日）

　　马克思认为"革命是历史的火车头"；恩格斯引用马克思的话说，革命"是每一个孕育着新社会的旧社会的助产婆"。马克思主义经典作家的重要论述，阐明了革命在人类社会历史发展中的重大作用，是实现社会形态更替的重要手段。

　　中国共产党继承和发扬了马克思主义的革命观。在新民主主义革命时期，我们党团结带领中国人民进行浴血奋战，打败日本帝国主义，推翻国民党反动统治，推翻压在中国人民头上的帝国主义、封建主义、官僚资本主义三座大山，完成了新民主主义革命，建立了中华人民共和国，实现了中国从几千年封建专制政治向人民民主的伟大飞跃。

　　在社会主义革命和建设时期，我们党团结带领中国人民完成社会主义革命，消灭一切剥削制度，确立社会主义基本制度，推进社会主义建设，完成了中华民族有史以来最为广泛而深刻的社会变革，为当代中国一切发展进步奠定了根本政治前提和制度基础，实现了中华民族由近代不断衰落到根本扭转命运、持续走向繁荣富强的伟大飞跃。

在改革开放和社会主义现代化建设新时期，我们党团结带领人民进行改革开放新的伟大革命，破除阻碍国家和民族发展的一切思想和体制障碍，开辟了中国特色社会主义道路，使中国大踏步赶上时代，使中华民族迎来了实现伟大复兴的光明前景，迎来了从站起来、富起来到强起来的伟大飞跃。党在团结带领全国人民开辟、探索、建设中国特色社会主义道路的艰难历程中，又赋予了"革命"崭新的时代意义。邓小平深刻指出："革命是要搞阶级斗争，但革命不只是搞阶级斗争。生产力方面的革命也是革命，而且是很重要的革命，从历史的发展来讲是最根本的革命。"对于我国改革开放的性质，邓小平强调："改革是中国的第二次革命。""改革是社会主义制度的自我完善。""革命是解放生产力，改革也是解放生产力。"江泽民指出："改革开放是一场新的革命，是建设有中国特色社会主义的强大动力。""这场新的伟大革命也给党的思想政治建设注入了新的活力。"胡锦涛指出："我们党领导的改革开放这场新的伟大革命，引领中国人民走上了中国特色社会主义广阔道路，迎来中华民族伟大复兴光明前景。"

党的十八大以来，习近平总书记反复强调，改革开放是一场深刻革命。党的十九大闭幕的第二天，习近平总书记在十九届中央政治局常委同中外记者见面时强调：实践充分证明，中国共产党能够带领人民进行伟大的社会革命，也能够进行伟大的自我革命。我们要永葆蓬勃朝气，永远做人民公仆、时代先锋、民族脊梁。全面从严治党永远在路上，不能有任何喘口气、歇歇脚的念头。2018年1月5日，习近平总书记在新进中央委员会的委员、候补委员和省部级主要领导干部学习贯彻习近平新时代中国特色社会主义思想和党的十九大精神研讨班开班式上的讲话中指出："在新时代，我们党必须以党的自我革命来推动党领导人民进行的伟大社会革命"；"要把新时代坚持和发展中国特色社会主义这场伟大社会革命进行好，我们党必须勇于进行自我革命，把党建设得更加坚强有力"。习近平总书记第一次关于协同推进社会革命和自我革命的论述，不仅深刻阐述了新时代加强党的建设、不断进行自我革命对我们党永远立于不败之地的重大意义，而且阐述了不断进行自我革命对我们党领导人民把伟大社会革命进行到底的重大意义。2018 年 12 月 18 日，习近平总书记在庆祝改革开放 40 周年大会上的讲话中指出："改革开放是中国人民和中华民族发展史上一次伟大革命，正是这个伟大革命推动了中国特色社会主义事业的伟大飞跃！"这场"伟大革命"包含着党领导改革开放和社会主义现代化建设的伟大社会革命和推进党的建设新的伟大工程的自我革命。"两个伟大革命论"的提出，继承和发展了马克思主义革命观和党的历史上形成的正确革命理论，既把革命同改革贯通起来，又把社会革命和自我革命贯通起来，是党的革命理论的又一次重大创新。

在新时代，所谓社会革命，是在党要实现的奋斗目标和奋斗历程中展示出的革命精神和革命斗志，突出的是党的政治功能、社会功能和历史使命。它要求把新时代中国特色社会主义看作是党历史上领导人民进行革命、建设和改革之伟大社会革命的继续。要求全党不忘初心、牢记使命，继续保持革命者的精神姿态，在全面建成小康社会和社会主义现代化强国建设的新征程中，决不能因为胜利而骄傲、因为成就而懈怠、因为困难而退缩。所谓自我革命，是指我们党作为马克思主义执政党和中国特色社会主义事业的领导核心，面对各种严峻风险、挑战和考验，在推进新时代党的建设伟大工程中始终要坚持全面从严治党，突出的是在立党、管党、治党过程中所体现出来的敢于自我革命的勇气和能力水平。

回顾中国共产党的奋斗历程，我们党之所以能够领导人民在革命、建设和改革事业中不断从胜利走向胜利，其中很重要的一个原因就是始终重视加强自身建设，敢于坚持真理、修正错误，始终以勇于自我革命的精神不断打造和锤炼自身，保持党组织的纯洁和生机。伟大的社会革命和伟大的自我革命辩证统一、相辅相成，两者之间相互促进，相互制约，相互作用，相互影响，是一个不可分割的整体。纵观我们党领导中国革命、建设和改革事业的奋斗历程，正是以广泛而深刻的社会革命和持续开展的自我革命，推动了中国社会性质的根本变革，实现了民族独立、人民解放、社会进步和党的发展壮大。

20 世纪 40 年代，毛泽东在延安与黄炎培有一段著名的"窑洞对"。针对

1945 年 7 月，毛泽东等到机场迎接来延安访问的国民参政会参政员褚辅成、黄炎培等一行六人。在这次访问期间，毛泽东回答了黄炎培提出的中国共产党如何跳出历史周期率的问题

黄炎培提出的中国共产党如何跳出历史周期率的问题，毛泽东给出的办法就是民主与监督。"两个伟大革命论"对毛泽东这一思想给予了丰富和发展，为我们党跳出历史周期率提供了根本的方法和具体路径，这就是全面加强党的自身建设，全面从严治党，发扬我们党彻底的自我革命精神。习近平总书记深刻指出，在新时代，我们党必须以党的自我革命来推动党领导人民进行的伟大社会革命，把党建设成为始终走在时代前列、人民衷心拥护、勇于自我革命、经得起各种风浪考验、朝气蓬勃的马克思主义执政党，这既是我们党领导人民进行伟大社会革命的客观要求，也是我们党作为马克思主义政党建设和发展的内在需要。只有两个伟大的革命都搞好，我们党才能跳出历史周期率。习近平总书记关于跳出历史周期率的思想，不是从几十年、上百年的时间维度和时间节点来衡量的，而是着眼于在中国完全建成社会主义社会，直至最后实现共产主义的伟大理想。

# 100

第一次在党内文件中确认"坚决做到'两个维护'"

## 《中国共产党纪律处分条例》

（2018 年 8 月 26 日印发）

唯物史观认为，历史是人民创造的，人民群众才是历史的创造者，是推动社会变革的决定性因素；但同时要看到领袖人物、英雄群体在推动社会变革、历史发展和文明进步中的关键引领作用。对一个政党来讲也是如此，一个庞大的马克思主义政党，如果没有一个坚强的组织核心、领导核心，就可能变得群龙无首、一盘散沙，也无法真正形成强大的凝聚力、向心力、战斗力。

马克思、恩格斯在总结巴黎公社革命失败的教训时指出："巴黎公社遭到灭亡，就是由于缺乏集中和权威。"20 世纪初，列宁在俄国工人革命运动中面对国际修正主义等各种思潮，也从实践层面回答了如何树立和捍卫权威问题，他认为，"在历史上，任何一个阶级，如果不推举出自己的善于组织运动和领导运动的政治领袖和先进代表，就不可能取得统治地位"。正是因为有列宁为政治领袖的布尔什维克党的坚强领导，俄国十月革命才取得成功，建立了世界上第一个社会主义国家。

必须有成熟的、稳定的领导集体和一个坚强的领导核心，对于这条马克思主义政党的建设规律，行进在为中华民族筑梦、追梦、圆梦的征途中的中国共产党有深深的体悟。回顾中国共产党的历史，凡是党中央拥有一个有能力的领导集体和领导核心，党领导的各项事业就能顺利推进；凡是领导集体和领导核心任何一个遭到削弱，党领导的各项事业就或多或少遭受挫折甚至失败。

遵义会议以前，由于党的领导经验不足，并没有形成一个成熟的、稳定的党中央领导集体。一个承载着艰巨历史使命而力量明显薄弱的马克思主义政党，在面对严峻复杂的革命任务和各种反动势力肆无忌惮破坏时，缺乏有能力的领导集体就意味着革命失败。遵义会议和党的扩大的六届六中全会分别确立了以毛泽东同志为代表的正确军事路线、政治路线，延安整风所形成的实事求是的思想路线巩固了这个政治路线，而德才兼备的组织路线和党的群众路线保障了这个政治路线。当几大路线汇为一体形成党的路线体系时，党中央和全党的领导核心就自然形成了。因此，党的七大在党的历史上是一次"团结的大会，胜利的大会"，维护毛泽东同志在党中央和全党的领导核心地位，成为全党的共识，得到全党衷心拥护。而一旦形成一个有能力的领导集体和领导核心，党领导的民主主义革命和社会主义建设事业就势如破竹，胜利前进。"文化大革命"结束以后，全党深刻总结教训，意识到必须强化党中央和各级党委的集体领导。1980年2月，党的十一届五中全会通过《关于党内政治生活的若干准则》，强调要发扬党内民主，坚持党的集体领导。1989年，邓小平深刻反思改革开放以来我国的政治体制改革，提出"任何一个领导集体都要有一个核心，没有核心的领导是靠不住的"。邓小平关于党的领导核心的论述被写进了党的十四届四中全会报告："党的历史表明，必须有一个在实践中形成的坚强的中央领导集体，在这个领导集体中必须有一个核心。如果没有这样的领导集体和核心，党的事业就不能胜利。这是坚持民主集中制的一个重大问题。"

党的十八大以来，以习近平同志为核心的党中央挺立时代潮头，引领"中国号"巨轮向着实现中华民族伟大复兴的光辉彼岸前进。从"两个一百年"奋斗目标到"中国梦"，从统筹"五位一体"总体布局到协调推进"四个全面"战略布局，从把握中国经济发展新常态到牢固树立五大发展理念……党中央治国理政的新理念新思想新战略不断发展，推动着中国特色社会主义不断迈向新境界。

习近平总书记在领导进行伟大斗争、建设伟大工程、推进伟大事业、实现伟大梦想的新长征中展现出马克思主义政治家、理论家、战略家的非凡理论勇气、卓越政治智慧、强烈使命担当。在群众眼中,习近平总书记代表党中央和全党,心中时刻牢记人民,坚决捍卫并实现公平正义;在党员心中,习近平总书记率先垂范,坚守理想信念,兑现使命担当;在许多国家人民心中,习近平总书记是中国人民的形象大使,深刻塑造并展示党和国家的光辉形象。

事在四方,要在中央;船行大海,掌舵一人。党的全部历史昭示我们:在我们这样的大党、大国,必须有一个在实践中形成的坚强的中央领导集体,在这个领导集体中必须有一个核心。习近平总书记成为党中央的核心、全党的核心是自然形成的,具有坚实的政治基础、理论基础、实践基础和群众基础。党的十八届六中全会明确习近平总书记为党中央的核心、全党的核心,这是中国共产党人的郑重选择,是党心军心民心所向。党的十九大把党的政治建设纳入党的建设总体布局并摆在首位,把保证全党服从中央、坚持党中央权威和集中统一领导作为党的政治建设的首要任务。2018 年 8 月 18 日,中共中央印发的新修订的《中国共产党纪律处分条例》,特别强调严明政治纪律和政治规矩,把坚决维护习近平总书记党中央的核心、全党的核心地位,坚决维护党中央权威和集中统一领导作为出发点和落脚点。2019 年 1 月 31 日,中共中央印发的《中共中央关于加强党的政治建设的意见》指出:"坚持和加强党的全面领导,最重要的是坚决维护党中央权威和集中统一领导;坚决维护党中央权威和集中统一领导,最关键的是坚决维护习近平总书记党中央的核心、全党的核心地位。"这个重大结论深刻阐释了"两个维护"的内在联系和政治逻辑。

党的十八大以来党和国家的事业之所以能够取得历史性成就、发生历史性变革,党的十九大以后我们之所以能够战胜各种风险挑战、推动经济高质量发展,究其根本就是因为有以习近平同志为核心的党中央坚强有力领导,有党中央的权威和集中统一领导。在实现中华民族伟大复兴的漫漫征程中,广大党员干部特别是领导干部坚决做到"两个维护",既是根本政治任务,也是根本政治纪律和政治规矩。

# 后 记

中国共产党的历史中有无数个"第一"，本书所列的只是部分有代表性的中国共产党党内（反映马克思主义在中国传播和筹建中国共产党时期的人和事也在收录范围）的"第一"，属于中华人民共和国成立后的国家和政府行为则一般未予收录。

在本书写作过程中，得到逄先知、金冲及、闫建琪、刘金田等著名专家学者的鼓励和指导，德高望重的原中共中央文献研究室主任逄先知同志还亲自为本书作序。在此，特向这些同志致以由衷的感谢！还要感谢人民出版社的支持，特别是为此书付出心血的领导和编辑同志，我们之间通过这部书稿的合作建立了友谊和信任。

本书的编写出版，参考了相关的图书、报刊等资料，借鉴和吸收了其中的研究成果，引用了一些相关回忆、口述文献和历史照片，在此一并致谢。

因本人水平所限，书中难免有疏误或不当之处，敬请广大读者批评指正。

史全伟

2021 年 5 月